債権法改正対応

民法択一問題集

Civil Law

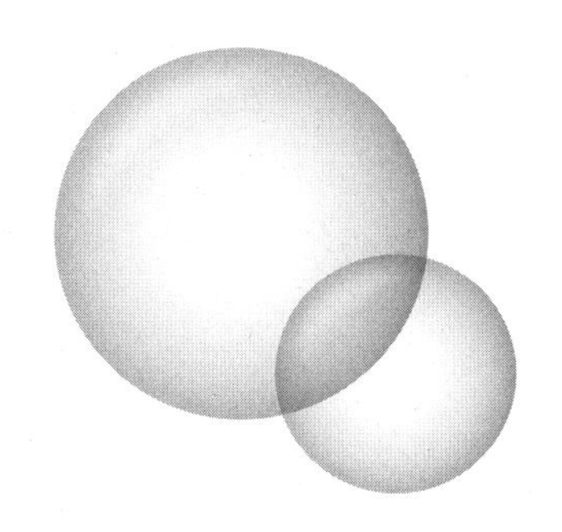

法学検定試験委員会　編

商事法務

刊行にあたって

平成 29（2017）年 5 月 26 日，第 193 回国会において，かねてより検討されていた「民法の一部を改正する法律」およびその整備法が成立し（いわゆる債権法改正），同年 6 月 2 日に公布されました（平成 29 年法律第 44 号・第 45 号）。施行は，今から約 2 年後の 2020 年 4 月 1 日の予定です。

すなわち，現在はちょうど過渡期ということになります。各種国家試験等の資格試験においては，2020 年 3 月 31 日までは基本的に現行法に関する問題が出題されることになるはずですが，あと 2 年も経たずに改正法が施行されますので，学生のみなさんが社会に出た際に改正法の知識を持っていることが必要となります。したがって，大学等における民法の講義は，今後改正法を中心に展開されることになるでしょう。また，2020 年 4 月以降に資格試験の受験を考えている方々にとっては，改正法を学び，早くから改正法に関する問題に取り組むことが必要になってくると思います。

そこで，法学検定試験委員会は，そのような方々のニーズに応えるため，いち早く改正法に関する問題を作成し，2018 年の問題集においては，ベーシック〈基礎〉コース・スタンダード〈中級〉コースともに改正法に準拠した問題を収録し，学習の便宜をはかっています。しかし，法学検定試験問題集は，検定試験の受験者向けのものですので，民法以外の科目の問題も収録されていますから，必ずしも改正民法の学習者すべてにとって便利なものとはいえません。そこで，上記両コースの問題集から民法部分のみを抜粋し，体系順に並べ直した問題集を，緊急出版することとしました。

なお，改正法成立後間もない段階で，資料も少ないなか，問題作成にあたってくれた出題委員に心より感謝するとともに，判例・学説がない段階での作題となりましたので，その集積を土台とした現行法に関する問題とは，若干性質が異なることもありますが，この点については，利用者にあらかじめご了解いただきたいと思います。

最後に，この問題集が，改正民法を学習するみなさんの手助けとなることを願っています。

平成 30 年 4 月

法学検定試験委員会

目　次

凡　　例

(1) 法令名の略記（50音順）

関係法令名の略記については以下のとおりとし，その他は概ね有斐閣版「六法全書」巻末の「法令名略語」に基づいている。

一般法人　→　一般社団法人及び一般財団法人に関する法律
会社　→　会社法
憲　→　日本国憲法
国公　→　国家公務員法
裁　→　裁判所法
裁弾　→　裁判官弾劾法
商　→　商法
動産債権譲渡特　→　動産及び債権の譲渡の対抗要件に関する民法の特例等に関する法律
任意後見　→　任意後見契約に関する法律
不登　→　不動産登記法
民　→　民法
民執　→　民事執行法
民訴　→　民事訴訟法

(2) 判例の表示

最判昭58・10・11民集37・8・1221
（最高裁判所昭和58年10月11日判決，最高裁判所民事判例集37巻8号1221頁）

(3) 判例集・判例諸誌の略称

〈大審院時代〉

民　録　→　大審院民事判決録
刑　録　→　大審院刑事判決録
民　集　→　大審院民事判例集
判決全集　→　大審院判決全集
新　聞　→　法律新聞

〈最高裁判所時代〉

民　集　→　最高裁判所民事判例集
刑　集　→　最高裁判所刑事判例集
判　時　→　判例時報

(4) 本書の基準日

本書は，原則として，2017（平成28）年10月1日現在施行している法律を基準としている。もっとも，「民法」については，2017年6月2日に公布された「民法の一部を改正する法律」（債権法改正）による改正後の法律を基準とする。

(5) その他

本書は，『2018年法学検定試験問題集』ベーシック〈基礎〉コース，スタンダード〈中級〉コースの民法の問題を体系順に収録し直したものである。

各問題末尾の【B○】【S○】は，以下を示すものである。
Ex：【B 5】＝2018年法学検定試験問題集ベーシック〈基礎〉コース　問題5
　　【S 25】＝2018年法学検定試験問題集スタンダード〈中級〉コース　問題25

●ベーシック

総則と債権法に相対的な重きを置きつつ，物権法（担保物権法は含まない）も含めて，基本的な制度について条文と通説の正確な理解度を問う。家族法や民法典に密接に関連する借地借家法等の特別法に関する初歩的な基礎知識を問う問題も含まれる。

●スタンダード

民法典全分野における基本的な法制度について，判例を含めて，簡単な事例問題も用いて，正確に理解しているか否かを問う。密接に関連する制度の相互関係を問う問題や特別法（一般法人法，借地借家法等）に関する基礎的な問題も含み，担保物権法については初歩的な基礎知識を問う問題に限る。

本書の利用のしかた

本書は，『2018年法学検定試験問題集』ベーシック＜基礎＞コースおよびスタンダード＜中級＞コースから民法部分のみを抜粋し，体系順に並べ直したものです。

学習の進捗確認のため，または講義後の復習のため，各分野においてどのような問題として出題されるか，実際に問題を解いてみることは非常に有益です。

本書に収録された問題を解くことによって，民法の基本問題について基本的な理解ができているか否かを検証することができます。

各自の教科書と照らし，「必要な箇所から」，「苦手なところを中心に」，自由に利用してください。

下記の【理解進捗度達成シート】は，民法全体が見渡せるものとなっています。各自が今どの部分を学習しているか常に意識することも重要です。

表の右端の自由記載欄には，授業で学習した日，試験範囲のマーカー，「きちんと理解できた印」の等の記載に自由に利用してください。

（「内容」欄は各問題末尾のキーワードです）

【理解進捗度達成シート】

編	小見出し	内容（キーワード）	問題NO	自由記載欄		
I 総則	1 総論	民法の沿革	1			
		民法の内容・構成	2			
	2 通則	信義則・権利濫用の禁止	3			
		信義則	4			
	3 権利能力	人の能力	5			
		胎児の法的地位	6			
		権利能力	7			
	4 制限行為能力	行為能力	8			
		未成年者の行為能力	9			
		未成年者の行為能力	10			
		未成年者が親権者の同意なく行った契約の効力	11			
		成年後見	12			
		成年後見制度	13			
		保佐・補助	14			
	5 失踪宣告	失踪宣告	15			
		失踪宣告の取消し	16			
		失踪宣告	17			
	6 法人	法人	18			
		法人	19			
		法人の目的による制限	20			
		一般財団法人の組織	21			
	7 物	物	22			
		物権の客体	23			
	8 法律行為一般	法律行為	24			
		法律行為の内容に関する効力否定要件	25			
		契約内容に関する有効要件	26			

I　総　則

問題１　民法の沿革に関する以下の記述のうち，誤っているものを１つ選びなさい。

1．民法の制定・施行は，いわゆる不平等条約改正問題を解決するための前提として，19 世紀後半に進められた。
2．民法の起草にあたっては，外国法も参考にされた。
3．民法の第１編・第２編・第３編は，施行以来，内容に変更が加えられることはなかった。
4．民法の第４編・第５編は，第２次世界大戦後，新憲法の理念にあわせて，全面的な改正を受けた。

【B 1】

解説　日本の民法典は，前３編が 1896（明治 29）年，後２編が 1898（明治 31）年に制定され，同年に施行されている。本問は，その制定の背景および制定から今日までの沿革に関する問題である。

1．正しい。明治維新後に政府が近代的な法典を編纂する方針をとったのは，そうした法整備が，江戸時代末期に幕府が欧米と結んだ不平等条約を改正するための前提条件として欧米諸国から要求されていたからである。
2．正しい。現在の民法を起草するにあたっては，当時草案が発表されていたドイツ民法の構成（→問題２肢３および４の解説）に範をとりつつ，フランスやイギリスなど多くの国の法律・判例も参考にされた。
3．誤り。民法の前３編（総則・物権・債権。あわせて財産法という）は，施行以来ほぼそのままの姿を保ってきたが，2017 年に総則・債権の編の大幅な改正が行われた。このほかにも，後２編の全面改正（→肢４の解説）と呼応して，総則編中に規定されていた妻の行為能力の制限に関する規定（1947〔昭和 22〕年改正前民 14 条～18 条）が削除され，また，民法の基本原理にかかわる１条および２条（2004〔平成 16〕年改正前民１条ノ２）も新設された。その他，前３編に関する大きな変更としては，根抵当権に関する規定の新設（1971〔昭和 46〕年改正。民 398 条の２以下），行為能力に関する規定の大幅な改正（1999〔平成 11〕年改正。いわゆる成年後見法の中心部分。民７条以下），担保物権（抵当権）法の大幅な改正（2003〔平成 15〕年改正），一般社団法人及び一般財団法人に関する法律の制定にともなう法人関係規定の大幅な削除（2006〔平成 18〕年改正）があった。
4．正しい。民法の後２編（親族・相続。あわせて家族法という）は，第２次大戦後，基本的人権や両性の平等を尊重する日本国憲法の理念にあわせて，1947（昭和 22）年に全面的な改正を受けた（施行は 1948〔昭和 23〕年。特に家制度の廃止が重要である）。

正解　3

民法の沿革

問題2　民法の内容・構成に関する以下の記述のうち，誤っているものを1つ選びなさい。

1．民法は，私法に属する。
2．民法は，消費者保護を目的としている。
3．民法は，5つの編からなる。
4．民法は，私法関係に広く共通するルールとして，第1編に「総則」をおいている。

【B 2】

解説　「民法」という言葉は，「民法」という表題をもつ法律という形式的意義の民法（民法典ともいう）を指すことも，私法の一般法という実質的意義の民法を指すこともあり，文脈に応じて判断することが必要である。

1．正しい。実質的意義の民法は，私法に属する。公法が，国や地方自治体と私人の関係，あるいは国や地方自治体の機関の構成や相互関係を律する法であるのに対して，私法は私人と私人の関係を律する法である。たとえば，私人間の取引や不法行為，あるいは家族の関係を定めるのが私法である。
2．誤り。実質的意義の民法は，一般法である。一般法とは，広い領域に適用される原則となる法をいう。これに対して，適用領域を限って（たとえば契約の中でも「消費者」の締結した契約に限定して）適用される例外則は，特別法とよばれる個別の法律（たとえば消費者契約法）で定められている。
3．正しい。実質的意義の民法の規律対象は広範に及ぶが，形式的意義の民法はそれを，総則・物権・債権・親族・相続の5つの編に分けて規定している。これはドイツ民法の構成に倣ったものである。
4．正しい。形式的意義の民法第1編は「総則（民法総則）」とよばれ，誰が権利の主体となりうるか，誰が有効な意思表示を行うことができるかといった，私法関係に広く共通するルールを定めるものとして置かれている。共通するルールをまとめて規定するという方針は，民法全体を通じてとられている。たとえば贈与や売買などの諸契約に共通する準則は，第3編第2章第1節に（契約）総則として，また契約や不法行為などの債権に共通する規定は，第3編第1章に（債権）総則として置かれている。こうした立法方針は，同じ規定を繰り返す必要がなくなる点では合理的である。しかし，共通点をくくり出すことで条文が抽象的なものになりやすく，内容がつかみにくくなるという欠点がある。さらに，たとえば売買契約に適用される規定が，「売買」の節だけでなく，契約総則，債権総則，民法総則に分けて置かれることになるため，関連する規定を見つけるのが難しくなるという問題もある。

正解　2

民法の内容・構成

問題3　信義則および権利濫用の禁止原則に関する以下の記述のうち，誤っているものを１つ選びなさい。

1．形式的には権利の行使にあたる行為でも，信義則に反するときは，権利行使の効果が生じないことがある。
2．形式的には義務の履行にあたる行為でも，信義則に反するときは，義務の履行としての効果を生じないことがある。
3．信義則は，当事者のした契約の趣旨を解釈する際の基準となる。
4．権利の濫用にあたるというためには，権利者が不当な意図をもっていることが必要である。

【B３】

解説　民法第１編第１章通則は，私権に関する基本原則として，公共福祉の原則，信義誠実の原則（「信義則」ともいう），権利濫用の禁止，個人の尊厳・男女平等の原則の４つを定めている。なかでも信義則（民１条２項）と権利濫用の禁止（同条３項）は，実際にもよく用いられており特に重要である。

信義則とは，一般に社会生活上一定の状況の下において相手方がもつであろう正当な期待に沿うように一方の行為者が行動することを意味している。

権利の濫用とは，外形的には権利の行使とみられるが，その行為が行われた具体的な状況と実際の結果とに照らしてみると，権利の行使として法律上認めることが妥当でないと判断される場合をいう。

1．正しい。たとえば，貸金の返済を受けた際に，ごくわずかの不足をとがめて履行の提供がなかったとの主張をすることは，取引社会の信義誠実の原則に反するとした判例がある（大判昭13・6・11民集17・1249）。
2．正しい。たとえば，借金返済のため貸主の自宅を訪れたとしても，それが真夜中であったような場合には，有効な弁済の提供とは認められない。
3．正しい。信義則は，条文上は「権利の行使及び義務の履行」（民１条２項）に適用されると定められているが，その文言を超えて法の全般に及ぶものと解されている。その一例として，契約の解釈においても信義則がはたらくと解されている。
4．誤り。権利者側の意図が不当な場合でなくても，権利の行使が相手方に過大な損害をもたらす場合には，権利の濫用とされることがある。たとえば，最判昭40・３・９民集19・２・233（板付飛行場事件）は，米軍の基地として提供されている土地について，借地契約が終了したとして土地所有者が国に対して土地の明渡しを求めた事案で，明渡しによって所有者の得る利益に比較して国の被る損害がより大であること，期間満了後も基地としての使用継続を要する間は明渡しを求めえないと所有者は予期していたはずであることなどを理由に，権利の濫用にあたるとした。

正解　4

信義則・権利濫用の禁止

問題4　信義則に関する以下の記述のうち，判例に照らして誤っているものを1つ選びなさい。

1．債務者が，消滅時効の完成後に，時効完成を知らないままに債務を承認した場合には，その完成した時効を援用することができる。
2．不動産の二重売買において，第1買主への所有権移転登記が未了であることを利用して，これを同人に高値で売りつけて不当な利益を得ることを目的として不動産を買い受けた第2買主は，先に登記を備えたとしても，第1買主に対して所有権の取得を対抗することができない。
3．契約締結の交渉過程において，契約成立に対する相手方の信頼を惹起しながら交渉を打ち切った者には，それによって相手方が被った損害を賠償する責任が生ずることがある。
4．債務者が債権者に対して弁済の提供をしたが，提供額が債務額に対して不足していた場合において，その不足額がごくわずかなものにとどまるときは，債権者は受領を拒絶することが許されない。

【S 1】

解説　本問は，信義則（民1条2項）が具体的にどのように機能しているかを確認する問題である。一般条項を媒介として新たな法理・原則が多く確立されている点にも留意しよう。

1．誤り。時効完成後の債務承認は時効援用と相いれない行為であり，債務者は時効援用をしないであろうという相手方の信頼を保護する必要があることから，信義則に従って時効の援用を許さないのが判例（最大判昭41・4・20民集20・4・702）・通説である。
2．正しい。判例（最判昭43・8・2民集22・8・1571等）は，「登記の欠缺を主張することが信義に反する」と認められる者は民法177条の第三者にあたらないとして，背信的悪意者排除論を確立させている。本肢はこれに該当する。
3．正しい。判例（最判昭59・9・18判時1137・51）は，信義則上の注意義務違反を根拠としてこのような責任を肯定する。
4．正しい。判例（大判昭13・6・11民集17・1249）は，債務者が元金，利息および強制競売手続費用の合計797円55銭を債権者に対して提供したところ，競売手続費用の計算を誤り7円40銭の不足があったため，債権者が受領を拒絶したという事案において，この受領拒絶は信義則に反するものであると判示している。

正解　1

信義則

問題5　能力に関する以下の記述のうち，誤っているものを1つ選びなさい。
1．権利能力がなければ，権利の主体となることはできない。
2．意思能力のない者がした法律行為は，無効である。
3．行為能力を制限された者がした法律行為は，無効である。
4．責任能力のない者は，不法行為による損害賠償責任を問われない。
【B 4】

解説　民法上問題となる「能力」として，権利能力，意思能力，行為能力，責任能力の違いを理解することが重要である。
1．正しい。権利能力とは，権利および義務の主体となることのできる資格をいう。これを欠く場合には，権利を取得したり，義務を負ったりすることができない。もっとも，人間（自然人）は新生児から高齢者にいたるまでみな権利能力をもつ（→問題7の解説）。これを権利能力平等の原則という。
2．正しい。意思能力とは，自分のしている行為の法的な意味や，その利害得失を判断する知的能力をいう（行為の複雑性・重大性にもよるが7歳から10歳くらいまでには身に付く程度の能力とされている）。この能力を欠く者が法律行為をしたとしても，その法律行為は，法律効果の発生に向けた意思に基づいたものとはいえないため，無効になるとされている（民3条の2）。
3．誤り。行為能力とは，単独で有効な法律行為をすることができる法律上の地位あるいは資格をいう（→問題8～14）。行為能力の制限に反する法律行為は，当然に無効となるわけではない。その行為は，取消可能なものとなり，取消権者が取消しの意思表示をしたときにはじめて無効となる（無効と取消しの違いについて→問題48）。
4．正しい。責任能力とは，不法行為責任を負担するのに要求される精神的な判断能力をいう。責任能力を欠くとされると，その者は不法行為責任を負わない（民712条および713条）。責任能力の有無は，自己の行為が不法な行為であって法律上の責任が生ずることを弁識するに足りるだけの知能を備えているか否かによって判断するものとされている。この知能は，大体12歳前後で備わるとされている。

正解　3

人の能力

問題6　胎児に関する以下の記述のうち，誤っているものを1つ選びなさい。

1．Aが胎児であった時に，Aの身体を害する不法行為が発生した。この場合，Aは，出生後に加害者に対して損害賠償を請求することができる。

2．Aの母は，Aが胎児であった当時に，Aを代理してB所有の不動産の贈与を受ける契約を締結した。この場合，Aは，出生後に贈与契約の履行を請求することができる。

3．Aの父は，Aが胎児であった当時に死亡した。この場合，Aは，出生後に父の相続人としての権利を行使することができる。

4．Cは，Aが胎児であった当時に，Aに甲土地を遺贈する旨の遺言を残して死亡した。この場合，Aは，出生後に甲土地の所有権を行使することができる。

【S 2】

解説　本問は，胎児の法的地位に関する問題である。民法3条1項は，「私権の享有は，出生に始まる」と規定し，人は出生の時点から権利能力を取得し，権利義務の主体となるという原則を示している。しかし，民法は，例外的に個別的事項に限って胎児に権利能力を認めている。本問では，いかなる場合について，胎児に権利能力を認めているかが問われている。

1．正しい。民法721条により，胎児は，損害賠償の請求権については，すでに生まれたものとみなされる。なお，判例（阪神電鉄事件：大判昭7・10・6民集11・2023）は，胎児中には権利能力がなく，生きて生まれたときに，その権利能力が不法行為時にまでさかのぼって発生すると解する停止条件説を採用している。

2．誤り。民法は，胎児に贈与契約について権利能力を認める特別の規定を置いていない。そこで，Aの母親がした代理行為の効果は，Aに帰属しないこととなる。

3．正しい。民法886条により，胎児は，相続についてはすでに生まれたものとみなされる。

4．正しい。遺言に関する民法965条は，相続に関する886条を準用しており，胎児は，遺言についてもすでに生まれたものとみなされる。

正解　2

胎児の法的地位

問題 7　権利能力に関する以下の記述のうち，誤っているものを１つ選びなさい。

1．自然人の権利能力は，出生に始まる。
2．胎児は，遺贈について，すでに生まれたものとみなされる。
3．外国人は，権利能力を有しない。
4．自然人の権利能力は，死亡によって終了する。

【B 5】

解説　権利能力は，権利・義務の主体となること，すなわち権利を取得し，または義務を負うことのできる資格を意味する。民法においては，権利能力平等の原則により，自然人はみな権利能力をもつとされている。このほか，人の集団（社団）や財産（財団）に対して法が特に権利能力を認めることがある。このように法が特に認めることで権利の主体となるものを法人（→問題 18）とよぶ。これに対して，人間でない動物は権利能力をもたないので，「ペットの犬に全財産を与える」といった遺言がされても，この犬は財産を取得することができない。

1．正しい。民法３条１項が，出生時に権利能力が生ずることを定めている。このため，新生児であっても，代理人を通じて契約を締結するなどして，権利の主体となることができる。

2．正しい。胎児は，出生前の段階であるから，原則として権利能力を有しない。しかしながら例外的に，不法行為による損害賠償請求権（民 721 条），相続（民 886 条），遺贈（民 965 条）については，「生まれたものとみなす」，すなわち権利能力をもつことが定められている。これは，いずれ人間として権利能力者になることが予想される存在でありながら，出生の時が少し早いか遅いかという単なる偶然によって，権利を取得することができたり，できなくなったりするのは不公平だと考えられるからである。

3．誤り。権利能力は，日本人のみならず，外国人にも認められる（民３条２項）。ただし，法令または条約により制限されうるとされており，たとえば外国人は原則として鉱業権を取得することができないと定められている（鉱業 17 条）。

4．正しい。権利能力の終期について民法に規定はないが，死亡によって権利能力が消滅することに異論はない（それまで所有していた財産が相続によって他人に移転することは，これを裏づける）。

正解　3

権利能力

問題8　行為能力に関する以下の記述のうち，正しいものを1つ選びなさい。

1．行為能力は，家庭裁判所の審判がなければ制限されない。
2．行為能力を制限されるのは，意思能力のない者である。
3．制限行為能力者には，この者を保護するための機関が付される。
4．制限行為能力者のした行為は，すべて，取消可能な行為となる。

【B 6】

解説　行為能力とは，確定的に有効な法律行為を単独でする資格をいう。意思無能力を理由とする契約の無効が認められるためには，取引当時に意思能力が欠けていたことの立証が必要である。ところが，ある時点での知的能力を後から証明することは困難である。そのため，意思能力制度では，意思無能力者の保護が十分に行われない可能性がある。また逆に，意思無能力者の相手方からみれば，意思能力の有無は必ずしも外見的に明らかではないため，後から無効を主張されて不測の損害を被ることがありうる。これらの不都合を回避するために，知的能力が十分でないと認められうる者について，年齢や家庭裁判所の審判の有無という形式的な基準によって確定的に有効な法律行為を単独ですることができない行為をあらかじめ定め，その行為が単独でされたときにはこれを後から取り消すことができることとしたのが制限行為能力者の制度である。

行為能力の制限には，年齢が基準となる未成年と，家庭裁判所の審判の有無が基準となる成年後見制度の２つの類型がある。

未成年者の制度（→問題9）は，満20歳未満（民4条）であることを理由に，家庭裁判所の審判なしに行為能力を制限する制度である（ただし，民法753条により，婚姻すると成年者であると擬制され，完全な行為能力が認められる）。未成年者は，親権者の保護に服するが（民818条），親権者がいない場合には，最後に親権を行う者の遺言による指定，または家庭裁判所の審判により選任される未成年後見人の保護に服する（民838条1号）。

成年後見制度（→問題12～14参照）は，精神上の障害により事理を弁識する能力が低下した者に対して，親族等の申立てに基づいて，家庭裁判所が審判によって行為能力の制限その他の保護を与える制度である。1999（平成11）年の民法改正により，従前の禁治産・準禁治産制度を大幅に改正したものが今日の制度であるが，その際には，ノーマライゼーションの理念や，保護を受ける者の自己決定の尊重という理念が取り込まれている。

成年後見制度には，審判の対象となる者の事理弁識能力の低下の程度が重い順に，後見，保佐，補助の３つの類型が設けられている。それぞれの類型で保護を受ける者は成年被後見人，被保佐人，被補助人とよばれ，保護機関として成年後見人，保佐人，補助人が選任される。

事理弁識能力の低下の程度が最も重い類型である後見類型においては，成年被後見人は，一部の例外を除くほぼすべての財産上の行為について行為能力を制限され，しかも保護者である後見人の同意を得てした法律行為であっても取り消すことができるとされるなど，行為能力の制限の程度が最も大きい。これに対して，事理弁識能力の低下の程度が最も軽い被補助人の場合には，行為能力が制限される場合でも，制限を受ける行為は限定されており，また，家庭裁判所は，補助人に同意権を与えない（代理権のみを与える）ことで，被補助人の行為能力を制限しないものとすることもできる。

1．誤り。制限行為能力制度のうち，成年後見制度は家庭裁判所の審判により行為能力を制限する制度であるが，未成年者の制度は，家庭裁判所の審判を経ずに，年齢が満20歳未満であることをもって行為能力を制限する制度である。

2．誤り。意思能力の有無が個別の事情に応じて判断されるのに対して，行為能力の有無は，年齢や家庭裁判所の審判の有無という形式的な基準で決定される。このため，意思能力の有無と行為能力の有無は，完全に一致するわけではない。実際にも，意思能力は10歳程度で備わるとされているので，未成年者でも意思能力をもつことは多い。

3．正しい。行為能力を制限される者は，確定的に有効な行為を単独ですることのできる範囲が制限されるが，その代わりに，保護のための機関が付される。保護機関としては，未成年者には法定代理人（親権者または未成年後見人），成年被後見人には後見人，被保佐人には保佐人，被補助人には補助人がそれぞれつけられる。これらの保護機関には，制限行為能力者の行為に対する同意権，同意なくして行われた行為の取消権および追認権，制限行為能力者に代わって行為をする代理権の，全部または一部が与えられる。

4．誤り。制限行為能力者であっても，確定的に有効な行為を単独でする余地がある。1つは，行為能力を制限されていない行為（未成年者について民5条1項ただし書・同条3項・6条，成年被後見人について民9条ただし書を参照）をするときである。もう1つは，保護者の同意を得て行為をするときである（ただし，成年被後見人については，成年後見人の同意を得てした行為であっても取消可能であるとされている）。

正解　3

行為能力

問題 9　未成年者に関する以下の記述のうち，誤っているものを 1 つ選びなさい。

1．未成年者として行為能力が制限されるのは，満 20 歳未満の者である。
2．未成年者が，親権者からもらった小遣いでノートを買った場合，この売買契約は，未成年であることを理由に取り消すことができない。
3　未成年者が，策を弄して成年者であると相手方に信じさせて契約を結んだ場合，この契約は，未成年であることを理由に取り消すことができない。
4．未成年であることを理由に契約が取り消された場合，未成年者は，その契約によって受け取ったものを返さなくてよい。

【B 7】

解説　本問は，制限行為能力者の制度のうち，未成年者に関する問題である。

1．正しい。未成年者とは，満 20 歳に達しない者をいう（民 4 条。ただし，婚姻による成年擬制〔民 753 条〕がある）。未成年者が法定代理人の同意を得ずにした法律行為は，原則として取消可能となる（民 5 条 1 項本文・2 項）。
2．正しい。例外的に，未成年者が単独で有効な行為をすることができる場合がある。①負担のない贈与を受ける契約や債務を免除してもらう契約をするといったように，単に権利を得，または義務を免れる行為（民 5 条 1 項ただし書）。②法定代理人が処分を許した財産を処分する行為。法定代理人は，たとえば「教科書の購入」というように目的を定めて処分を許すことも（同条 3 項前段），小遣いとして渡すように目的を定めることなく処分を許すことも（同条 3 項後段）できる。③法定代理人から許された営業に関する行為。法定代理人は，未成年者に営業の種類を特定して営業を許すことができ，この許可を得た未成年者は，その営業に関する行為については，成年者と同一の行為能力を有する（民 6 条 1 項）。
3．正しい。未成年者（を含む制限行為能力者）が行為能力者であると信じさせるため詐術を用いたときは，そのような制限行為能力者を保護する必要はなく，法律行為の有効に対する相手方の信頼を保護する必要があるので，その行為を取り消すことができなくなる（民 21 条）。
4．誤り。契約の取消しにより，それまで有効に存在していた権利・義務関係は，最初から発生しなかったことになる（民 121 条）。このため，制限行為能力者も，その契約により受け取ったものがあれば，それを相手方に返還しなければならない（民 121 条の 2 第 1 項）。ただし，その返還の範囲は「現に利益を受けている限度」で足りる（同条 3 項後段）。制限行為能力者に不利益を与えないようにするという趣旨を貫徹するため，制限行為能力者の手元に利益が残っていない場合には，その範囲で返還義務を免れるとしたのである。

正解　4

問題 10　未成年者Aは，Bの単独親権に服している。この場合に関する以下の記述のうち，誤っているものを1つ選びなさい。

1．Aが，Bの同意を得ずに，日常生活で使用する自転車を購入した場合，Bは，この売買契約を取り消すことができる。
2．Aが，学費に充てるためとしてBからもらった50万円で，Bの同意を得ずにバイクを購入した場合，Bは，この売買契約を取り消すことができる。
3．Aが，自由に使ってよいとして祖父Cからもらった10万円で，Bの同意を得ずにパソコンを購入した場合，Bは，この売買契約を取り消すことができる。
4．Aが，Bの許可を得て食品の販売業を営んでいる場合において，Bの同意を得ずに販売用の商品を仕入れる売買契約を締結したときは，Bは，この売買契約を取り消すことができる。

【S 3】

解説　本問は，未成年者の行為能力の制限に関する問題である。

1．正しい。成年被後見人は「日用品の購入その他日常生活に関する行為」について行為能力の制限を受けない（民9条ただし書）。しかし，未成年者の場合には，こうした定めはない。したがって，未成年者が自転車を購入することが「日常生活に関する行為」にあたるとしても，（親権者を含む）法定代理人の同意がなければ，その行為は取り消すことができる行為となる（民5条1項本文・2項）。そして，この取消権は，法定代理人も行使することができる（民120条1項）。
2．正しい。未成年者は，法定代理人が目的を定めて処分を許した財産を，その定められた目的の範囲内で自由に処分することができる（民5条3項前段）。ところが，本問の売買契約は，目的の範囲外の処分であるため，取り消すことができる行為となる。
3．正しい。法定代理人が目的を定めないで処分を許した財産については，未成年者は，自由に処分することができる（民5条3項後段）。しかし，法定代理人以外の者が処分を許しても，未成年者の行為能力は制限されたままである。したがって，本問の売買契約は取り消すことができる行為となる。
4．誤り。親権者または未成年後見人は，未成年者に営業を許すことができる（民823条1項・857条）。この場合，未成年者は，その営業の範囲内では成年者と同一の行為能力を有する（民6条1項）。

正解　4

未成年者の行為能力

問題 11　未成年者が，親権者の同意が必要な契約を，その同意を得ずに行った。この場合に関する以下の記述のうち，正しいものを１つ選びなさい。

1．未成年者が親権者の同意を得ることなしに契約を取り消した場合には，その取消しの意思表示は取り消すことができる。
2．相手方が追認するかどうかを1ヵ月以内に確答するように親権者に催告したのに，親権者が1ヵ月経過後も返答しない場合には，契約は取り消されたものとみなされる。
3．相手方は，有効な追認がされる前であれば，親権者の同意がないことを理由に，契約を取り消すことができる。
4．未成年者が，契約締結に際して，親権者の同意がないのに相手方を信頼させるために同意があると告げ，これによって相手方が親権者の同意があると信じていた場合には，この契約は取り消すことができない。

【S 5】

解説　本問は，未成年者が親権者の同意なく行った契約の効力に関する問題である。

1．誤り。制限行為能力者自身も，取消しについては単独ですることができる。同意なしにされた取消しは，取消しの対象とならない。
2．誤り。追認の催告を受けた親権者が催告の期間内に確答を発しない場合には，追認したものとみなされる（民 20 条 2 項）。
3．誤り。無権代理の場合（民 115 条）と異なり，相手方に取消権は与えられていない。
4．正しい。制限行為能力者の詐術（民 21 条）には，未成年者が年齢を偽る場合のほか，条文上は必ずしも明確ではないが，当該行為について行為能力を有すると偽ること（たとえば，親権者の同意を得たと偽ること）も含むと一般に解されている（準禁治産者が保佐人の同意を得たとの詐術を用いた事案につき，大判大 12・8・2 民集 2・577）。

正解　4

未成年者が親権者の同意なく行った契約の効力

問題 12　成年被後見人に関する以下の記述のうち，正しいものを1つ選びなさい。

1．成年被後見人とは，精神上の障害により事理を弁識する能力を欠く常況にあるとして，家庭裁判所により後見開始の審判を受けた者をいう。
2．成年被後見人は，一切の法律行為について，行為能力を制限される。
3．成年被後見人は，成年後見人の同意を得れば，確定的に有効な法律行為を自らすることができる。
4．成年被後見人は，事理弁識能力を回復することにより，当然に，行為能力者となる。

【B 8】

解説　成年後見制度のうち，事理弁識能力の低下の程度が最も重い者を対象とする類型が，後見類型である。

1．正しい。家庭裁判所は，精神上の障害により事理を弁識する能力を欠く常況にある者について，本人，配偶者，4親等内の親族等の請求により，後見開始の審判をすることができる（民7条）。後見開始の審判を受けた者は成年被後見人とよばれ，成年後見人による保護を受ける（民8条）。
2．誤り。成年被後見人の法律行為は，原則として取り消すことができる（民9条本文）。しかし，一切の法律行為について，取消可能となるわけではない。ここにいう「法律行為」は財産上の法律行為を指し，婚姻などの家族法上の行為は，特に本人の意思が重視されるため，含まれない（民738条を参照）。また財産上の法律行為の中でも，「日用品の購入その他日常生活に関する行為」については，例外的に行為能力が制限されない（民9条ただし書）。日常行為についての例外は，ノーマライゼーションの理念，成年被後見人の自己決定の尊重という趣旨をもつとともに，成年被後見人が日常生活を送る際の便宜を考慮したものである。
3．誤り。成年被後見人は，事理弁識能力を欠く「常況」にある者，すなわち，ほぼ常に事理弁識能力を欠く状態にある者であるため，法律行為の時点で同意どおりの行為をすることができるとは限らない。そこで，成年被後見人が成年後見人の同意を得て行為をした場合でも，取り消すことができる行為になるとされている。
4．誤り。成年被後見人が行為能力の制限を解かれるためには，事理弁識能力を回復するだけではなく，家庭裁判所が，本人，配偶者，4親等内の親族等の請求により，後見開始の審判を取り消すことが必要である（民10条）。

正解　1

成年後見

問題13　成年後見に関する以下の記述のうち，正しいものを1つ選びなさい。

1．後見開始，保佐開始または補助開始の審判は，本人，配偶者のみならず，検察官も請求することができる。

2．後見開始，保佐開始または補助開始の審判をするために，本人の同意は不要である。

3．後見開始，保佐開始または補助開始の審判がされると，その旨が戸籍に記載される。

4．任意後見契約が登記されているときは，後見開始，保佐開始または補助開始の審判はされない。

【S 4】

解説　本問は，成年後見制度に関する問題である。

1．正しい。民法7条・11条・15条1項で，公益の代表者として，検察官も後見開始等の審判を請求することができるものとされている。

2．誤り。補助開始の審判に限り，本人以外の者の請求による場合には，本人の同意が必要とされている（民15条2項）。補助は，後見や保佐に比べて事理弁識能力の低下の程度が軽微である者についての法定後見類型であり，これを利用するかどうかに関する本人の意思を尊重するという趣旨である。

3．誤り。後見登記等に関する法律が定めるところの後見登記等ファイルに記録することによって登記がされるのであって，戸籍に記載されることはない。1999（平成11）年の民法改正以前は，禁治産・準禁治産の身分関係が戸籍に記載されていたが，これに対しては強い批判があったので，戸籍への記載の制度が廃止され，登記制度が新設された。

4．誤り。任意後見契約が登記されている場合であっても，本人の利益のために特に必要があると認められるときには，家庭裁判所は，後見開始の審判等をすることができる（任意後見10条1項）。この場合，任意後見受任者，任意後見人または任意後見監督人も後見開始の審判等の請求を行うことができる（同条2項）。そして，後見開始の審判等があると，任意後見契約は終了するものとされている（同条3項）。

正解　1

成年後見制度

問題14　保佐・補助に関する以下の記述のうち，正しいものを1つ選びなさい。

1．保佐開始の審判を行うためには，被保佐人となる者の同意が必要である。
2．保佐開始の審判がされれば，保佐人は，被保佐人の一定の行為に対する同意権をもつ。
3．保佐開始の審判がされれば，保佐人は，被保佐人を代理する権限をもつ。
4．補助開始の審判がされれば，補助人は，被補助人の一定の行為に対する同意権をもつ。

【B 9】

解説　成年後見制度のうち，精神上の障害により事理弁識能力が「著しく不十分」となっている者を対象とするものが保佐類型,「不十分」となっている者を対象とするものが補助類型である。後見類型に比べると，対象者の事理弁識能力の低下の程度が軽く，行為能力が制限される程度もそれに応じて軽くされている。

1．誤り。家庭裁判所が保佐開始の審判を行う際に，本人の同意は必要とされていない（民 11 条)。これに対して，補助開始の審判は，本人が審判を請求した場合か，本人が同意をした場合にしか行うことができない（民 15 条 2 項)。補助の対象となる者は，不十分とはいえなお相当の事理弁識能力を有しているため，その意思を尊重するべきと考えられているからである。
2．正しい。被保佐人は，民法 13 条 1 項各号に掲げられた行為（および家庭裁判所により指定された行為〔同条 2 項〕）をするには，保佐人の同意を得ることが必要となる。同意を得ずにこれらの行為がされると，その行為は取り消しうるものとなる（同条 4 項)。
3．誤り。保佐人が被保佐人を代理する権限をもつためには，保佐開始の審判とは別に，保佐人に代理権を付与する旨の審判（民876条の 4 第 1 項）が必要である。この審判は，被保佐人本人が請求した場合か，本人が同意をした場合にしか行うことができない（同条 2 項)。
4．誤り。補助人の権限は，補助開始の審判ではなく，①補助人の同意を要する旨の審判（民 17 条）または②補助人に代理権を付与する旨の審判（民 876 条の 9）によって与えられる。①の審判は補助人に同意権を与えるものであり，その裏返しとして，被補助人の行為能力が制限されることとなる。これに対して②の審判によっては，被補助人の行為能力は制限されない。被補助人は，事理弁識能力の低下の程度が軽いため，その保護は，行為能力を制限しないことも含めて柔軟に行うものとされている。このため補助人に与える権限も，補助開始の審判とは別個の審判で与えることとしている。

正解　2

保佐・補助

問題15　失踪宣告に関する以下の記述のうち，誤っているものを1つ選びなさい。

1．不在者の生死が7年間明らかでないときは，家庭裁判所は，利害関係人の請求により，失踪の宣告をすることができる。
2．死亡の原因となるような危難に遭遇した者の生死が，その危難が去ってから1年間明らかでないときは，家庭裁判所は，利害関係人の請求により，失踪の宣告をすることができる。
3．失踪宣告を請求することができる利害関係人には，親族以外の者も含まれる。
4．失踪宣告がされると，宣告を受けた者は，宣告の時点で死亡したものとみなされる。

【B 10】

解説　失踪宣告の制度は，不在者の生死不明の状態が一定期間継続した場合に，家庭裁判所の宣告によりその者が死亡したものと擬制する制度である。これによって，たとえば相続が開始し，婚姻関係が終了する。しかし，失踪者が実は生存していた場合，失踪宣告はその失踪者の権利能力を奪うものではないため，たとえば失踪者がアパートを借りたり，日用品を購入したりすれば，その契約は有効に成立する。

1．正しい。失踪宣告は，原則として，不在者の生死が7年間明らかでないことが要件となる（民30条1項）。この場合を，普通失踪という。
2．正しい。普通失踪とは別に，不在者が死亡の蓋然性が高い事変に巻き込まれた場合には，より短い期間の生死不明で失踪宣告を行うことができるとされている。これを，特別失踪または危難失踪という。その要件は，不在者が戦争や船舶の沈没，その他「死亡の原因となるべき危難」に遭遇することと，その危難が「去った後」1年間不在者の生死が不明であることである（民30条2項）。
3．正しい。失踪宣告を請求することができる利害関係人とは，失踪宣告によって不在者の死亡が擬制されることで権利を取得したり，義務を免れたりする者をいう。不在者の配偶者や推定相続人のほか，不在者の死亡保険金受取人などが典型例であり，親族以外の者であっても構わない。
4．誤り。失踪宣告による死亡擬制時は，普通失踪の場合には7年間の失踪期間の満了時，特別失踪の場合には死亡の原因となるべき危難が去った時であり（民31条），いずれにせよ失踪宣告の時ではない。普通失踪と特別失踪で死亡擬制時が異なるのは，前者については生死不明となった直後に死亡したと考えるのは不自然であるのに対し，後者については危難が去った後も生存していたと考えるのは不自然であるからである。

正解　4

問題 16　Aに対する失踪宣告がされ，BがAを相続した。この場合における失踪宣告の取消しに関する以下の記述のうち，正しいものを1つ選びなさい。

1．失踪宣告が取り消されるためには，Aが現に生存していることの証明が必要である。

2．Aが生存していることが判明した場合でも，家庭裁判所が失踪宣告を取り消さない限り，相続の効果は失われない。

3．Aの生存が判明してAに対する失踪宣告が取り消されたが，その前にBは，相続により取得した現金の一部を慈善事業に寄付していたとする。この場合，Aの生存についてBが善意であったとしても，Bは相続した額の全額をAに返還しなければならない。

4．Aの生存が判明してAに対する失踪宣告が取り消されたが，その前にBは，相続により取得した土地をCに売却していたとする。この場合，Aの生存についてBが善意であれば，Aは，Cに対して土地の返還を請求することができない。

【B 11】

解説　本問は，失踪宣告の取消しに関する問題である。

1．誤り。失踪宣告の取消しは，失踪者が生存している場合だけでなく，失踪者が，失踪宣告によって擬制された死亡時と異なる時に死亡していたことが明らかになった場合にもされうる（民32条1項前段）。

2．正しい。失踪宣告の効果は，死亡の「推定」ではなく「擬制」であるから，単に真実が証明されるだけでは効果は失われない。失踪宣告の効果は，家庭裁判所が新たに審判を行い，失踪宣告を取り消すことによって消滅する。

3．誤り。失踪宣告の取消しにより，失踪宣告ははじめからなかったことになるため（遡及効），Bははじめから権利を取得しなかったものとして，相続した全額をAに返還することが原則となる（民32条2項本文）。しかし，民法32条2項ただし書は「現に利益を受けている限度」でのみ返還すればよいと定めている。条文上は，Aの生存についてのBの善意・悪意は問われていないが，通説は，失踪宣告を信頼した者の保護という規定の趣旨から，善意の取得者のみがこの保護を受けられると解している。

4．誤り。失踪宣告の後その取消しの前に，失踪宣告による財産の取得者（B）が第三者（C）とした契約の効力については，民法32条1項後段が，取消しの遡及効の例外として，「善意でした行為の効力に影響を及ぼさない」と定めている。ここでは，少なくとも契約により土地を取得したCが善意でない限り，Cを保護する必要はないから，AはCに対して土地の返還を求めることができると解されている（そのうえで，Bの善意も要求する判例・通説と，Bの善意・悪意を不問とする有力説が対立している）。

正解　2

失踪宣告の取消し

問題17　Aの父Bが搭乗していた飛行機が墜落し，Bの生死不明の状態が続いた。この場合に関する以下の記述のうち，誤っているものを1つ選びなさい。

1．Aは，家庭裁判所に対して，Bのために財産管理人の選任を請求することができる。
2．事故から1年を経過した後にAから請求があったときには，家庭裁判所は，Bについて失踪の宣告をすることができる。
3．Bの失踪宣告がされた場合には，Aは，その時から7年間，Bが生存している場合に備えてBの財産を管理しなければならない。
4．Bの失踪宣告がされた後に，Bが生存していることが判明した。この場合，Bは，失踪宣告の取消しを家庭裁判所に対して求めることができる。

【S6】

解説　本問は，失踪宣告に関する問題である。

1．正しい。Bのような「従来の住所又は居所を去った者」（不在者という）が，その財産の管理人を置かなかった場合には，その財産について利害関係を有する者（親族や債権者など）が不利益を被ることがある。そこで，利害関係人等の請求により，家庭裁判所は，財産管理人の選任など不在者の財産の管理につき必要な処分を命じることができるとされている（民25条1項）。そして，Aのような不在者の子は，利害関係人に該当する。
2．正しい。長期間不在であり，音信もまったくない者は，死亡した蓋然性が高い。そこで，利害関係人のために，家庭裁判所の宣告によりその者を「死亡したものとみなす」失踪宣告の制度が設けられている（民30条以下）。失踪には普通失踪（民30条1項の場合）と特別失踪（同条2項の場合）の2種類があるが，Bは飛行機の墜落事故という「死亡の原因となるべき危難に遭遇した」のであるから後者に該当し，「危難が去った後1年間」生死不明であれば，利害関係人の請求により失踪宣告がされる（同条2項）。本問のAは，Bの相続人となるべき者であり，利害関係人に該当する。
3．誤り。失踪宣告をされたBは，死亡したものとみなされ（民31条），相続が開始する（民882条）。Aは，Bの財産を相続により取得するのであり，Bの帰還に備えて当該財産を管理する義務を負うことはない。
4．正しい。失踪宣告により，失踪者は死亡したものとみなされるが，それが事実と異なる場合もありうる。そこで，民法32条において，本人または利害関係人の家庭裁判所に対する請求による失踪宣告の取消しが認められている。失踪宣告の取消しがされた場合，失踪宣告ははじめからなかったことになり，相続は開始されなかったことになる。

正解　3

失踪宣告

問題 18　法人に関する以下の記述のうち，誤っているものを 1 つ選びなさい。

1．法人とは，自然人以外で権利能力が認められるものをいう。
2．法人は，法律の規定によらなければ成立しない。
3．法人には，社員のいる法人と，社員のいない法人がある。
4．営利法人とは，収益事業を行う法人をいう。

【B 12】

解説　本問は，法人の定義，設立，分類に関する問題である。

1．正しい。わが国では，自然人とは別に，人の団体や一定の目的のために拠出された財産に権利能力（法人格ともいう）を与える制度がある。こうした制度を通じて権利・義務の主体となるものを，法律により法人格が認められたものという意味で，法人とよぶ。

2．正しい。民法 33 条 1 項がこのことを定めている。法人の設立に関するこうした考え方を，法人法定主義という。法人の設立を私人の自由にゆだねていないのは，取引の安全の保護や法的安定性の確保といった観点から，どのような団体・財産が，いつの時点から権利主体となり，どのような方法で意思決定をして取引を行うのか，そしてその存在をどのようにして社会に公示するのかといった法制度を整備し，法人をそうした規制に従わせることが必要だと考えられるからである。

3．正しい。法人は，その基礎にある実体に応じて，社団法人と財団法人に区別される。社団法人は，人の団体を基礎とする法人であり，その構成員たる人を社員とよぶ（ここでの社員は日常用語でいう会社の従業員という意味ではないことに注意）。一般社団法人や，会社がその代表例である。これに対して財団法人は，一定の目的のために提供された財産を基礎とする，社員のいない法人である（もちろん財団法人にも，法人のために意思決定をしたり活動をしたりする評議員や理事，従業員はいるが，これらの者は法人の構成員たる社員ではない）。一般財団法人や学校法人がその代表例である。

4．誤り。法人は，その存在目的により，営利を目的とする営利法人と，営利を目的としない非営利法人に分けられる。ここでいう営利・非営利とは，法人が収益を上げる目的で事業を行うか否かによる区別ではなく，法人が上げた収益を構成員（社員）に分配することを目的とするか否かによる区別である。株式会社が得た利益を株主に配当することが，「営利」の典型例である。非営利法人には，公益社団法人・公益財団法人のほか，一般社団法人・一般財団法人，NPO法人（特定非営利活動法人）などがある。

正解　4

問題19　法人に関する以下の記述のうち，誤っているものを1つ選びなさい。

1．法人は，法律の規定によってのみ成立する。

2．設立手続を要せずに成立する法人が存在する。

3．不法な行為は法人の「目的の範囲内」の行為になりえないから，法人が不法行為責任を負うことはない。

4．法人の社員の債権者は，法人の財産を差し押さえることができない。

【S 7】

解説　本問は，法人に関する問題である。

1．正しい。法人は，法律の規定によらなければ成立しない（民33条1項）。これを法人法定主義という。

2．正しい。民法951条の相続財産法人など，無主の財産が生じることを防ぐために，一定の財産が法律上当然に法人となるとされている例がある。

3．誤り。法人は，目的の範囲内において権利を有し，義務を負うとされている（民34条）。しかし法律上，理事（たとえば，一般法人78条）や被用者（たとえば，民715条）がその職務を行うにつき他人に加えた損害について，法人が賠償する責任を負うことが定められている。このため，法人が不法行為責任を負うことはある。

4．正しい。法人の財産は法人の単独所有に属し，社員（ここでは社団法人の構成員〔例：株式会社における株主〕をいう。日常用語でいう会社の従業員という意味ではないことに注意）は法人財産に持分を有しない。したがって，社員個人に対する債権に基づいて法人の財産を差し押さえることはできない。

正解　3

法人

問題 20　民法 34 条は「法人は，法令の規定に従い，定款その他の基本約款で定められた目的の範囲内において，権利を有し，義務を負う。」と規定する。この条文について説明した以下の文中のカッコ内に入る語句の組み合わせとして，判例がある場合には判例に照らして，正しいものを1つ選びなさい。

この規定は（　a　）について定めたものである。このため，目的の範囲外の行為については（　b　）。ここでいう「目的の範囲」は，（　c　）ので，非営利法人についてみると，収益事業は目的の範囲（　d　）。

1．a＝法人の権利能力　b＝法人は権利義務を取得することができない
　c＝基本約款に明示されたものに限られる
　d＝外となる
2．a＝法人の権利能力　b＝法人は権利義務を取得することができない
　c＝目的遂行に直接・間接に必要な行為を含む
　d＝内となりうる
3．a＝理事の代理権　b＝無権代理として扱われる
　c＝基本約款に明示されたものに限られる
　d＝外となる
4．a＝理事の代理権　b＝無権代理として扱われる
　c＝目的遂行に直接・間接に必要な行為を含む
　d＝内となりうる

【S 8】

解説　本問は，法人の目的による制限に関する問題である。

判例は，民法 34 条（平 18 改正前民 43 条）を，権利能力の範囲を定めた規定と解し，法人は，目的外の行為によって権利義務を取得することができないとしていた（最大判昭 41・4・26 民集 20・4・849 など）。このため，a には「法人の権利能力」が，b には「法人は権利義務を取得することができない」が入る。もっとも，学説では，同条を，理事の代理権の範囲を定めた規定と解する立場も有力である。

判例によると，目的の範囲内の行為とは，定款等の基本約款に明示された目的に該当する行為に限られず，その目的を遂行するために直接または間接に必要な行為一切を含む（大判大元・12・25 民録 18・1078，最判昭 27・2・15 民集 6・2・77）。このため c には「目的遂行に直接・間接に必要な行為を含む」が入る。

営利法人，非営利法人というときの「営利」とは，法人の得た経済的利益を法人構成員に分配することをいう（株式会社における配当はその例である）。したがって，営利を目的としないとは，そのような利益分配をしないことを意味する。法人が収益事業を行うことは，この意味での非営利目的に矛盾するわけではない。非営利法人が収益事業をすることも，「目的遂行に直接・間接に必要な行為」に該当するのであれば，目的の範囲内とされる。このため d には「内となりうる」が入る。

正解　2

法人の目的による制限

問題 21　一般財団法人の機関に関する以下の文中のカッコ内に入る語句の組み合わせとして，正しいものを 1 つ選びなさい。

理事その他の役員等の選出は（　a　）によって行われる。業務執行は 3 人以上の理事からなる理事会で決定され，そこで決定された業務執行については（　b　）が権限をもつ。さらに監督機関として（　c　）が必ず置かれる。

1．a＝社員総会　b＝代表理事および業務執行理事のみ　c＝会計監査人
2．a＝社員総会　b＝全ての理事　c＝監事
3．a＝評議員会　b＝代表理事および業務執行理事のみ　c＝監事
4．a＝評議員会　b＝全ての理事　c＝会計監査人

【S 9】

解説　本問は，一般財団法人の組織に関する問題である。

一般財団法人には，一般社団法人と異なり，社員がいない。このため，社員総会は存在しない。そのかわりに，評議員（3 人以上置くことが定められている。一般法人 173 条 3 項）全員からなる評議員会が必置機関とされ（一般法人 170 条 1 項・178 条 1 項），役員の選出など，法律および定款で定められた事項について決議を行う。したがって，a には「評議員会」が入る。

さらに一般財団法人では，理事間の相互監視を期待して，理事（3 人以上置くことが定められている。一般法人 177 条が 65 条 3 項を準用）全員で構成される理事会が必置機関とされている（一般法人 170 条 1 項。一般社団法人では設置は任意である。一般法人 60 条 2 項）。このため，理事会設置一般社団法人の規定が準用され，理事のうち代表理事および業務執行理事のみが法人の業務執行にあたる（一般法人 197 条が 91 条 1 項を準用）。したがって，b には「代表理事および業務執行理事のみ」が入る。

一般財団法人では，監査機関として監事が必置機関とされている（一般法人 170 条 1 項。一般社団法人では原則として任意設置であり〔一般法人 60 条 2 項〕，理事会設置一般社団法人および会計監査人設置一般社団法人では必置とされる〔一般法人 61 条〕）。なお，監査機関としてはこのほか，計算書類および附属明細書の監査を行う会計監査人がある。会計監査人は，最終事業年度にかかる貸借対照表の負債の部に計上した額の合計額が 200 億円以上である大規模一般社団法人および大規模一般財団法人において必置とされている（一般法人 62 条・171 条）が，それ以外の一般社団法人および一般財団法人においては，任意設置である（一般法人 60 条 2 項・170 条 2 項）。したがって，c には「監事」が入る。

正解　3

一般財団法人の組織

問題 22　物に関する以下の記述のうち，誤っているものを 1 つ選びなさい。

1．民法において，物とは，有体物をいう。
2．物は，不動産または動産に二分される。
3．不動産は，土地または建物に二分される。
4．従物は，主物と別に処分することができる。
5．木から収穫される木の実は，天然果実とよばれる。

【B 13】

解説　本問は，「物」の定義と分類に関する問題である。

1．正しい。所有権の客体となるものが「物」である。このため民法は，所有権の客体としてふさわしいもの，すなわち排他的・全面的な支配に適するものをもって「物」とする趣旨で，「物」とは空間の一部を占める気体・液体・固体という意味の「有体物」をいうと規定した（民 85 条）。なお，所有権以外の物権では，たとえば質権が債権などの権利を目的として設定することもできるとされているように（民 362 条 1 項），「物」以外のものを目的とすることができる場合がある。

2．正しい。不動産以外の物はすべて動産とされる（民 86 条 2 項）ので，「物」は不動産と動産に分類されることとなる。

3．誤り。不動産とは，「土地及びその定着物」をいう（民 86 条 1 項）。定着物とは，土地に固定され，取引観念上継続的に固定されて使用されるものをいうので，建物以外に，銅像，線路，樹木や植物の苗なども含まれる。

4．正しい。宅地に設置された石灯籠，レストランの建物に設置された厨房設備のように，ある物の常用に供するために付属させた別の物を従物といい（民 87 条 1 項），従物を付属させる対象となる物を主物という。従物は，主物の継続的な経済的効用を増すために付属させられるため，主物が処分されるとき（たとえば売却されるとき）には，従物もそれにともなって処分するというのが，当事者の通常の意思と考えられる。このため民法は，従物は主物の処分に従うものと規定した（同条 2 項）。ただし，これは任意規定であり，当事者が契約で，主物または従物の一方のみを処分すると定めることも認められる。

5．正しい。ある物が他の物を産出するとき，産出する物を元物，産出される物を果実とよぶ。果実は，物の用法に従い収取される産出物である天然果実（民 88 条 1 項）と，物の使用の対価として受けるべき金銭その他の物である法定果実（同条 2 項）とに分かれる。木から木の実を収穫することは，物の用法に従った産出物の収取であるから，木の実は天然果実である。法定果実の典型例は，土地や建物を賃貸することによって得られる地代や家賃である。

正解　3

問題23　以下の記述のうち，正しいものを1つ選びなさい。
1．甲土地に，庭木乙が生えている。このとき，甲土地に設定された抵当権の効力は，乙にも及ぶ。
2．甲土地に，庭木乙が生えている。このとき，庭木乙だけを売却することはできない。
3．甲土地に，丙建物が建っている。このとき，甲土地に設定された抵当権の効力は，丙にも及ぶ。
4．甲土地に，丙建物が建っている。このとき，丙建物だけを売却することはできない。

【S 10】

解説　本問は，取引の目的物としての不動産に関する問題である。
1．正しい。土地の定着物は土地の一部であり，原則として独立の所有の対象にはならない。成育中の樹木（立木）も土地の定着物であり，原則として土地の一部として取り扱われ，土地の処分に従って買主に所有権が移転する抵当権の効力が及ぶ。
2．誤り。前述の通り，立木は，原則として土地の一部として取り扱われるが，例外として，立木だけを土地と切り離して独立の所有権の対象とし，売却などの処分を行うことができる。樹木を植える権原を有する者（例：地上権者）が植栽した場合（民242条ただし書）のほか，立木法上の立木登記がされた場合，および当事者の合意によって独立の取引の対象とした場合がこれにあたる。
3．誤り。建物も土地の定着物であり，不動産の一種である（民86条1項）。しかし，立木の場合と異なり，土地と建物は別個の不動産とされている（民388条参照）。このため，土地について行われた処分は，建物には及ばない。
4．誤り。前述の通り，建物は土地と別個の不動産であり，土地と切り離して独立に売却などの処分を行うことができる。

正解　1

物権の客体

問題24　法律行為に関する以下の記述のうち，誤っているものを1つ選びなさい。

1．法律行為は，権利変動原因の1つである。
2．法律行為は，意思表示を不可欠の要素として含む。
3．契約は，法律行為の一種である。
4．法律行為の効力は，法律行為をした当事者の承諾がなければ，失われることがない。

【B 14】

解説　法律行為という概念は，わが国の民法を理解するうえで重要な概念である。しかし，その定義が「意思表示を要素として含む権利変動原因の統括概念」などと非常に抽象的に語られるなど，理解が大変難しい概念でもある。以下の各選択肢の解説を通じて，①法律行為という制度がどのような効果をもっているのか，②法律行為の不可欠の要素である「意思表示」がどのようなものであるか，③法律行為に包括される制度にどのようなものがあるのか，④民法は法律行為について主として何を定めているのかといった事柄を確認することが必要である。

1．正しい。民法は，どのような場合に権利変動（権利の発生，消滅，内容の変更）が生ずるのかということについて，多くの制度を定めている。たとえば不法行為という制度によって損害賠償請求権という権利が発生するし，消滅時効という制度によって権利が消滅する。こうした権利変動を生じさせる制度を，権利変動原因とよんでいる。

　法律行為も，そうした権利変動原因の1つである。もっとも，「法律行為」によって生ずる権利変動は，これら諸制度のそれぞれが定めるところによって，権利の発生であることも，権利の消滅であることも，権利の内容の変更であることもある。法律行為は，契約・単独行為・合同行為という3つの制度を包括するものであり，しかもこれらの3つの制度も，さらにさまざまな制度の総称である（たとえば「単独行為」には，取消し，追認，遺言などが含まれる）からである。

2．正しい。法律行為は，各種の権利変動原因のうち，意思表示を不可欠の要素として含むものの総称である。

　意思表示とは，当事者が，権利変動を目指した意思を形成し，それを外部に表明することをいう。その過程は伝統的に，一定の権利義務関係の変動を欲する意思である「効果意思」が当事者の内心で形成され，その効果意思を表明しようという意思である「表示意思」のもと，実際に意思を外部に表明するための「表示行為」が行われると分析されてきた。このうち特に重要なのが効果意思と表示行為である。たとえば売買契約において買主は，「買う」という効果意思（商品の所有権を取得し，代金支払義務を負うという意思）を形成する。この意思を，「買います」と述べたり，申込書に記入したりすることによって売主に伝える行為が，表示行為にあたる。逆に売主は,「売る」という効果意思を形成し，それを表示行為によって外部に表明する。

法律行為は，このような意思表示があったときに，その内容どおりの権利変動を生じさせる制度である。こうした法律行為制度は，自らの意思に基づいて自らの権利義務関係を形成していくための制度であり，民法が伝統的に尊重してきた私的自治の原則（「自分の生活関係は自分で形成することができる」という考え方）を実現するために，特別の重要性をもった制度といえる。

3．正しい。法律行為は，契約・単独行為・合同行為の３つの制度を包括する概念である。このうち「契約」は，対立した内容の複数の意思表示（たとえば「パソコンを20万円で売る」という意思表示と「パソコンを20万円で買う」という意思表示）が合致して成立する法律行為である。これに対して「単独行為」は，１個の意思表示だけで成立する法律行為であり，例として契約の取消し・追認・解除や，遺言があげられる。「合同行為」は，会社などの社団法人の設立が典型例であるが，複数の意思表示によって成立する点は契約と共通する。しかし契約においては複数の意思表示が内容において対立している（「売る」に対して「買う」と答える）のに対して，合同行為では，その複数の意思表示がすべて同じ内容である（全員が「会社を設立する」という同じ意思表示をする）点で，契約と異なる。

4．誤り。一定内容の法律行為（契約・単独行為・合同行為）が成立すると，その要素となっている意思表示の内容どおりに権利義務関係が発生・消滅・変更するのが原則である。もっとも，たとえば未成年者が法律行為をした場合や，当事者が相手方からだまされたり脅されたりして意思表示を行った場合など，成立した法律行為にそのままの効力を認めるべきではない場合もある。

このような法律行為の効力否定原因は，大きく分けると，①法律行為（またはその要素となっている意思表示）の成立過程に問題があった場合と，②法律行為の内容に問題がある場合（→問題 25）の２つがある。

このうち①はさらに,（1）法律行為をした者の判断能力に問題がある場合（→意思能力・行為能力について，問題 5 および問題 8～14）と,（2）意思表示に瑕疵がある場合（→問題 27～35）にわかれる。さらに（2）には,（ⅰ）効果意思がないままに表示行為を行う意思の不存在（意思の欠缺）とよばれるものと,（ⅱ）効果意思の形成過程に問題がある瑕疵ある意思表示とよばれるものがある。

正解　4

法律行為

問題25　法律行為の無効に関する以下の記述のうち，誤っているものを1つ選びなさい。

1．法律行為は，解釈を尽くしてもその内容を確定することができないときには，無効となる。
2．法律行為は，その法律行為が成立した後に内容を実現することが不可能となったときには，無効となる。
3．法律行為は，その内容が法律の規定と異なるときであっても，無効とならないことがある。
4．法律行為は，その内容が社会的に不当であることを理由として，無効となることがある。

【B 15】

解説　法律行為は，その内容に問題があることを理由に，無効とされることがある。

1．正しい。法律行為の内容は，（広義の）解釈とよばれる作業を通じて確定される。したがって，たとえば契約の文言があいまいであるというだけでは，契約がただちに無効になることはない。しかし，解釈を尽くしても法律行為の内容を確定することができないときには，当事者の権利義務が定まらないため，その法律行為は無効となる。
2．誤り。法律行為の内容が実現不可能である場合を不能という。かつての通説は，法律行為成立の時点ですでに不能である場合（原始的不能）と，法律行為の成立後に不能となった場合（後発的不能）をわけ，原始的不能の法律行為は，内容を実現させようがないから無効であるとしてきた。しかし，有力説は，不能になったタイミングのわずかな違いで法律行為が無効になるのは不当だとして，原始的不能の法律行為も当然に無効になるわけではないと批判してきた。平成29年改正民法412条の2第2項は，債務の履行がその契約の成立の時に不能であったとしても，損害賠償の請求は妨げられないと規定し，有力説と同様の結論をとることとしている。
　いずれにしろ，本問のような後発的不能において，法律行為が無効になるとする見解はない。
3．正しい。民法91条が定めるように，法令中の規定であっても「公の秩序に関しない規定」については，それと異なる内容の法律行為をしても無効とはならない。法令の規定よりも当事者の意思が優先されるこうした規定を，任意規定という。これに対して，それと異なる内容の法律行為を無効とする法令中の規定を強行規定という。
4．正しい。民法90条は，「公の秩序又は善良の風俗」（略して公序良俗という）に反する法律行為は無効であると定める。公序良俗とは，一般に社会的妥当性のことであるとされる。

正解　2

法律行為の内容に関する効力否定要件

問題 26　契約の内容に関する有効要件についての以下の記述のうち，誤っているものを1つ選びなさい。

1．商品の売買契約において，代金が「3万ドル」と定められている場合において，解釈によってもこれがアメリカドルか香港ドルかを確定することができないときには，この契約は無効である。

2．ある絵画の売買契約が締結された後，この絵画が焼失したため契約の履行が不可能となった場合でも，この契約は有効である。

3．行政上の考慮から一定の行為を禁止し，違反に対して刑罰や行政上の不利益を課す規定が設けられている場合，この規定に違反する契約は無効である。

4．犯罪をすることの対価として金銭を支払う契約のみならず，犯罪をしないことの対価として金銭を支払う契約も無効である。

【S 11】

解説　本問は，契約の内容に関する有効要件についての問題である。

1．正しい。契約が有効となるためには，契約内容を確定することができるものでなければならない。契約内容は，契約書の文言から明らかでなくても，解釈を通じて確定することができればよく，また，契約の細部にわたってすべてが明らかになる必要はない。しかし，目的物や対価など，契約の主要な部分が解釈によっても確定しないときには，契約は無効になる。

2．正しい。契約締結後に履行が不可能となったこと（後発的不能）を理由として契約が無効になることはない。この場合，債務不履行に基づく損害賠償や解除，あるいは危険負担の問題として処理される。これに対して，契約締結前にすでに履行が不可能となっていた場合（原始的不能）については，契約は無効であるとする説がかつては通説といえたが，平成29年改正民法412条の2第2項は，原始的不能の契約も損害賠償の請求は妨げられないと規定している。

3．誤り。行政上の考慮から一定の規制を行う規定を取締規定とよぶ。取締規定のなかには，違反に対して契約の無効といった私法上の不利益も課すタイプの規定（効力規定）もあるが，そうでないタイプのものもある。判例（最判昭35・3・18民集14・4・483）では，食品衛生法の定める都道府県知事からの食肉販売業の許可を得ないままに精肉を販売したという事案で，契約を無効にすることまでは必要ないとしたものがある。

4．正しい。犯罪行為に対価を支払う契約のみならず，犯罪行為をしないことに対価を支払う契約も，公序良俗に反して無効と解されている。犯罪行為をしないことは当然であり，そのことに対価を認めれば，対価が支払われない場合に犯罪行為を助長する結果にもなりかねないからである。

正解　3

問題27　意思表示に関する以下の記述のうち，誤っているものを1つ選びなさい。

1．心裡留保とは，自らの真意でないことを知りながらする意思表示のことである。
2．虚偽表示とは，虚偽の情報による勘違いを原因としてする意思表示のことである。
3．詐欺とは，相手方を欺罔して意思表示をさせることである。
4．強迫とは，相手方を畏怖させて意思表示をさせることである。

【B 16】

解説　法律行為の効力否定原因（→問題24肢4の解説）のうち，意思の不存在と瑕疵ある意思表示について，その意義を問うものである。前者には，心裡留保，虚偽表示が含まれ，後者には詐欺および強迫が含まれる。錯誤（→問題31）は，伝統的には意思の不存在に分類されていたが，平成29年の民法改正により意思の不存在にとどまらない射程をもつようになり，効果も瑕疵ある意思表示と同様，錯誤に基づく意思表示が取消可能なものになるとされた。

1．正しい。心裡留保とは，表意者が自らの意思の不存在を知りながらする意思表示をいう。たとえば，相手をからかうつもりで，贈与する意思もないままに「100万円を贈与する」との意思表示をすることがこれにあたる。この場合，効果意思が存在しないにもかかわらず，意思表示は原則として有効になる（民93条1項本文）。なぜなら，表意者にはわざわざ真意と異なる表示を行ったという点で大きな帰責性がある一方，相手方がその表示に寄せた信頼を保護する必要があるからである。ただし，相手方が，表意者の真意を知っていたとき（悪意）または知ることができたのに知らなかったとき（善意有過失）には，意思表示は無効となる（同項ただし書）。
2．誤り。虚偽表示とは，表意者が相手方と通じてする真意でない意思表示をいう。債権者からの差押えを免れるために，外形上土地を売買したことにするといった例が典型例である。いずれの当事者にも，表示から推断される意思のとおりに権利義務を生じさせようとする真意はないから，虚偽表示は無効となる（民94条1項）。
3．正しい。詐欺は，相手方が表意者に対して故意に虚偽の情報を示すことで表意者を錯誤に陥らせ（「欺罔行為」という），この錯誤に基づいて意思表示をさせることをいう。詐欺によって意思表示をした者は，その意思表示を取り消すことができる（民96条1項）。
4．正しい。強迫は，相手方が表意者に対して故意に害悪を示して恐怖心を生じさせ（「畏怖させる」という），この畏怖に基づいて意思表示をさせることをいう。強迫によって意思表示をした者は，その意思表示を取り消すことができる（民96条1項）。

正解　2

意思表示に関する効力否定要件

問題28　Aは，自己所有の甲不動産につき，友人Bと通謀して売買契約を仮装し，AからBへの所有権移転登記をした。以下の記述のうち，この場合の法律関係の説明として，判例がある場合には判例に照らして，誤っているものを1つ選びなさい。

1．Aは，Bに対して，甲不動産は自己の所有に属するとして，移転登記の抹消登記手続を請求することができる。
2．Aの債権者Cは，甲不動産は依然としてAの所有に属するとして，甲不動産に対して強制執行をすることが可能である。
3．Bが甲不動産を自己の所有に属するとしてDに転売した場合，Dは，AB間の契約が虚偽表示によるものであることについて善意でありさえすれば，善意であることについて過失があったとしても，Aによる虚偽表示を理由とする無効の主張を排斥することができる。
4．Bが甲不動産を自己の所有に属するとして善意無過失のEに転売した場合，Eは，移転登記を備えていなくても，Aによる虚偽表示を理由とする無効の主張を排斥することができる。
5．Bが甲不動産を自己の所有に属するとして善意無過失のFに転売し，移転登記がされた。Fが甲不動産をGにさらに転売し，移転登記がされた。この場合，GがAB間の虚偽表示について悪意であれば，Aは，Gに対して，甲不動産が自己の所有に属することを主張することができる。

【S 12】

解説　本問は，虚偽表示に関する問題である。

1．正しい。AB間の売買契約は，Aの意思表示が虚偽表示であるため，無効である（民94条1項）。このため，Aは，甲不動産の所有権が移転していないとして，移転登記の抹消登記手続を請求することができる。
2．正しい。虚偽表示の無効は誰からでも主張することができる。もっとも，差押えに先立って，B名義となっている登記をA名義に戻す手続が必要である。
3．正しい。虚偽表示の無効は，善意の第三者に対抗することができない（民94条2項）。判例は，第三者の善意について過失の有無を問わないとする（大判昭12・8・10新聞4181・9）。
4．正しい。第三者が民法94条2項によって虚偽表示の無効の主張を退けるためには，善意である必要はあるが，登記を要しないとするのが判例である（最判昭44・5・27民集23・6・998）。
5．誤り。判例によると，善意の第三者が一度あらわれたならば，その第三者が確定的に権利を取得し，転得者は，その第三者の地位を承継するため，虚偽表示を知っていたとしても，権利取得を認められる（大判大3・7・9刑録20・1475）。

正解　5

虚偽表示

問題 29　以下のうち，判例がある場合には判例に照らして，民法 94 条 2 項にいう「第三者」にあたらないものを，1 つ選びなさい。なお，A B 間に虚偽表示があるものとする。

1．Aが所有する土地の仮装譲受人Bから抵当権の設定を受けたC
2．Aが所有する土地の仮装譲受人Bに対する一般債権者C
3．Aが所有する土地の仮装譲受人Bに対する債権に基づいて，この土地を差し押さえた差押債権者C
4．A B間で発生を仮装した債権をBから譲り受けたC
5．Aが所有する土地の仮装譲受人Bから，この土地を譲り受けたC

【S 13】

解説　本問は，民法 94 条 2 項の「第三者」に関する問題である。

民法94条2項にいう「第三者」とは，虚偽表示の当事者およびその包括承継人以外の者であって，その表示の目的につき法律上利害関係を有するに至った者をいう（大判大 5・11・17 民録 22・2089 等）。

1．第三者にあたる。A B 間の契約が無効とされれば，Cは抵当権を失うこととなるからである。これを認める判例として，大判大 4・12・17 民録 21・2124 等がある。

2．第三者にあたらない。担保物権を設定していない債権者を，一般債権者という。一般債権者は，A B 間の契約が無効とされても，何らかの権利を失うわけではない。この土地の売却益から債権の回収を受けようという期待は，事実上のものにすぎない。このため，法律上の利害関係をもたないと解されている。

3．第三者にあたる。一般債権者であっても，虚偽表示の目的となった土地を差し押さえた場合には，当該土地の売却益から債権の回収を受けようという期待は，もはや事実上のものにとどまらない。判例も，これを認めている（大判昭12・2・9判決全集4・4・4，最判昭48・6・28民集27・6・724）。

4．第三者にあたる。A B 間の契約が無効とされれば，Cは，債権を失うこととなるからである。これを認める判例として，大判昭 13・12・17 民集 17・2651 がある。

5．第三者にあたる。A B 間の契約が無効とされれば，Cは，土地の所有権を失うこととなるからである。これを認める判例として，最判昭 28・10・1 民集 7・10・1019 がある。

正解　2

問題 30　以下のうち，Cが甲建物の所有権を取得することができない場合を，判例がある場合には判例に照らして，1つ選びなさい。なお，C名義への所有権移転登記がされており，かつ，Cは，Bとの売買契約の当時，B名義の登記があることから，甲建物の所有者はBであると過失なく信じていたものとする。

1．Aが所有する甲建物につき，Aの知らないうちにBが手続をしてB名義への所有権移転登記がされた。その後に，Bが，Aがこれに気づかないうちに，Cに甲建物を売却した場合。
2．Aが甲建物をDから購入するにあたり，自己名義にするのではなく，Bに無断でB名義への所有権移転登記手続をした。その後に，自己名義の登記があることに気づいたBが，甲建物をCに売却した場合。
3．Aが所有する甲建物につき，Aの知らないうちにBが手続をしてB名義への所有権移転登記がされた。Aは，のちにこれに気づいたにもかかわらずこれを放置し，さらにB名義のままで甲建物に抵当権を設定するなどした。その後に，Bが，甲建物をCに売却した場合。
4．Aが所有する甲建物につき，AはBとの間で甲建物の売買予約を仮装し，B名義への所有権移転請求権を保全するための仮登記が行われた。その後に，BがAに無断で手続をして仮登記が本登記に改められた。さらにその後に，Bが，甲建物をCに売却した場合。

【S 14】

解説　本問は，民法94条2項の類推適用に関する問題である。いずれのケースも，AとBとの間で，所有権を移転するという虚偽の意思表示は行われておらず，民法94条が直接適用されることはない。

1．取得することができない。民法94条2項が類推適用されるためには，その前提条件として，虚偽の権利外観が真実の所有者の意思に基づいて作出され，または存続することになったことが必要である。この点，本肢では，Aは，虚偽の外観の作出または存続に何ら関与しておらず，この前提条件を欠いている。このため，民法94条2項は類推適用されず，Cは，所有権を取得しない。
2．取得することができる。真の所有者が自ら虚偽の権利外観を作出した場合には，虚偽の名義人となった者の関与の有無にかかわりなく，真の所有者の帰責性を認めることができる。このため，民法94条2項が類推適用され，Cは，所有権を取得する（最判昭45・7・24民集24・7・1116）。
3．取得することができる。真の所有者が虚偽の権利外観の作出に関与していない場合でも，これを知りながら，存続させることを明示または黙示に承認していたときには，真の所有者の帰責性を認めることができ，民法

94条2項が類推適用される（最判昭45・9・22民集24・10・1424）。このため，Cは，所有権を取得する。

なお，虚偽の権利外観を知りながら単に放置したというだけでは，本人の帰責性を認めるには足りないといわれているが，判例には「知りながらあえて放置した」といえる場合には，本人の帰責性が認められることを前提としたものがある（最判平18・2・23民集60・2・546）。もっとも，その事案は，本人が不実の登記を「知りながらあえて放置した」というにとどまるものではない。そこでは，本人の「余りにも不注意な行為」（不動産の取得とその賃貸を委ねていた仲介人に言われるがままに，登記済証や印鑑証明書といった書類を交付し，当該不動産を売却するという内容の契約書に売却の意思がないにも関わらず内容を確認せずに署名押印し，さらに仲介人に実印を交付し，この仲介人がその場で当該不動産の登記申請書に押印するのを漫然と見ていたなどした行為）が問題となっていた。最高裁はそこで，仲介人によって虚偽の外観（不実の登記）が作出されたことについての本人の帰責性の程度は，「自ら外観の作出に積極的に関与した場合やこれを知りながらあえて放置した場合と同視しうるほど重い」と判示して，民法94条2項，110条の類推適用を行っている。

4．取得することができる。本肢では，真の所有者は，所有権移転の本登記については承認していない。しかし，仮登記という虚偽の権利外観を作出することについては承認しており，しかも，その仮登記が利用されて虚偽の本登記が作出されている。このため，真の所有者には虚偽の権利外観の作出に帰責性があるといえる。ただし，第三者が信じた権利外観そのものを承認しているわけではないため，虚偽表示をした者とまったく同視することはできない。このため，判例は，民法94条2項とともに民法110条の法意に照らして，第三者が保護されるためには善意無過失が要件となるとする（最判昭43・10・17民集22・10・2188）。本問におけるCは，善意無過失であるため，所有権を取得する。

正解　1

民法94条2項の類推適用

問題31　錯誤に関する以下の記述のうち，誤っているものを1つ選びなさい。

1．表示に対応する意思の欠ける意思表示は，錯誤を理由として，その取消しが認められることがある。
2．意思表示をした者が法律行為の基礎とした事情についてのその認識が真実に反していたときは，錯誤を理由として，その取消しが認められることがある。
3．錯誤に基づく意思表示が取消可能なものとなるためには，その錯誤が法律行為の目的および取引上の社会通念に照らして重要なものであることが必要である。
4．錯誤が，それに基づく意思表示をした者の過失によるものであった場合には，意思表示の取消しをすることができない。

【B 17】

解説　錯誤は，伝統的には「表示上の効果意思に対応する内心的効果意思が存在しないことを表意者自身が知らないこと」と定義され，意思の不存在の一事例であるが，意思表示をした者（表意者）が意思の不存在に気づいていない点で心裡留保（→問題27肢1）と区別されると説明されてきた。しかし，意思の不存在にはあたらない場合についても，表意者の認識していた事情が真実に反していた場合に，一定の要件のもとで，意思表示の効力を否定するべきだとして，錯誤の適用範囲は広げられていった。そして平成29年改正の民法は，それまでの判例法理を踏まえつつ，それ以前の民法に比べて詳細に要件を定めた錯誤の規定を置いた（その際，それまでは無効と定められていた効果も，意思表示が取消可能になるものと改正された）。本問は，その要件を整理するものである。

1．正しい。民法95条1項1号は，「意思表示に対応する意思を欠く錯誤」があるときには，他の要件を満たすことを前提に，錯誤を理由とする取消しが認められると定める。これは，伝統的な理解にいう，意思の不存在にあたる錯誤を定めたものである。
2．正しい。表意者が意思表示に対応する意思を有していたとしても，民法95条1項2号は，「表意者が法律行為の基礎とした事情についてのその認識が真実に反する錯誤」があるときには，他の要件を満たすことを前提に，錯誤を理由とする取消しが認められる。このときには，「その事情が法律行為の基礎とされていることが表示されていた」ことが必要である（同条2項）。

たとえば，買主が，ある土地を，近くに地下鉄が開通するので便利になり，値段も上がると考えて購入したところ，地下鉄開通計画が実は存在していないことがのちに判明したという場合には，表意者である買主が売買契約の基礎としていた事情についての買主の認識が真実に反している。この場合には，この事情が契約の基礎となっていること（地下鉄が開通し土地の値段が上がると考えられることが契約の基礎となっていること）が，明示または黙示に表示されていることが，錯誤を理由とする取消しを認めるための要件となる。

3．正しい。民法95条1項各号に定める錯誤があっても，それが些細なものであるときには，意思表示を取り消すことはできない。錯誤による取消しは，それが「法律行為の目的及び取引上の社会通念に照らして重要なものであるとき」に限って認められる（同項柱書）。

4．誤り。表意者に単なる過失があっただけのときは，取消しは制限されない。これに対して，表意者に「重大な」過失があったときには，表意者より相手方の保護を優先するという趣旨から，錯誤による取消しは認められない（民95条3項柱書）。ただし，相手方が表意者に錯誤があることを知り，または重大な過失によって知らなかったときには，相手方の保護を優先する必要がないため，錯誤による取消しが認められる（同項1号）。また，相手方も同じ錯誤に陥っていたときにも，やはり錯誤による取消しが認められる（同項2号）。

正解　4

錯誤

問題 32　Aは，自己の所有する絵画甲をBに50万円で売却するという契約を締結した。契約締結の際に，Aは，甲が画家Cの作品であると知っていたが，Cのことを無名の新人であると思っていた。しかし，実は，Cは有名な画家であり，甲の時価は5000万円程度であった。この場合に関する以下の記述のうち，正しいものを1つ選びなさい。

1．売買契約の締結に際してAのした意思表示は，それに対応する内心の効果意思を欠くものである。
2．Aが意思表示を取り消すためには，甲が無名の画家Cの作品であることが売買契約の基礎とされていることが表示されていることが必要である。
3．錯誤に陥ったことについて，Aに重大な過失があった。この場合，Aに錯誤があることをBが知っていたか否かを問わず，Aは，意思表示を取り消すことができない。
4．Bは，甲をDに転売した。その後，錯誤を理由に意思表示を取り消すことができると判明したので，Aは，Bに対してした意思表示を取り消した。この場合，Dは，Aの錯誤について善意であれば，取得した甲の所有権を失わない。

【S 15】

解説　本問は，錯誤に関する問題である。

1．誤り。本問で，Aは，甲（または「画家Cの作品である甲」）を売却するという意思表示をしている。そして，Aは，それに対応する効果意思を有している。このため，民法95条1項1号の錯誤にはあたらない。
2．正しい。肢1の解説で説明をした通り，本問は，民法95条1項1号の錯誤にはあたらない。これに対して，Aは，甲の作者であるCが無名の新人であることを契約の基礎としており，その認識に錯誤があったのだから，同項2号にあたる。この場合，錯誤による契約の取消しが認められるためには,「その事情が法律行為の基礎とされていることが表示されていた」ことが必要である（民95条2項）。
3．誤り。表意者に重大な過失があったとしても，相手方が表意者に錯誤があることを知り，または重大な過失によって知らなかったときには，表意者はなお取消権を失わない（民95条3項1号）。
4．誤り。錯誤による意思表示の取消しは，善意無過失の第三者に対抗することができないとされている（民95条4項）。すなわちDは，単に善意であるだけでは保護されない。

正解　2

錯誤

問題 33　詐欺または強迫による意思表示の取消しに関する以下の記述のうち，誤っているものを1つ選びなさい。

1．詐欺を理由とする取消権が発生するためには，詐欺者に，表意者を錯誤に陥れようとする故意のみならず，それを利用して一定の意思表示をさせようとする故意のあったことが必要である。

2．強迫を理由とする取消権が発生するためには，強迫行為が社会通念上許される限度を超えた違法なものであることが必要である。

3．当事者以外の第三者が詐欺を行った場合に，詐欺を理由とする取消権が発生するためには，意思表示の相手方が詐欺について知り，または知ることができたことが必要である。

4．当事者以外の第三者が強迫を行った場合に，強迫を理由とする取消権が発生するためには，意思表示の相手方が強迫について知り，または知ることができたことが必要である。

【S 16】

解説　本問は，詐欺・強迫に関する問題である。

1．正しい。詐欺・強迫いずれにおいても，詐欺者・強迫者に「二段の故意」，すなわち，相手方に錯誤または畏怖を生じさせようとする故意のほか，その錯誤または畏怖を利用して一定の意思表示をさせようとする故意のあることが必要とされている（詐欺について，大判大6・9・6民録23・1319）。

2．正しい。詐欺・強迫いずれにおいても，欺罔行為・強迫行為は，社会通念上許される限度を超えた違法なものであることが必要とされる。

3．正しい。第三者が詐欺を行った場合（たとえば，Aが自己の債務について保証してくれるようBに依頼する際に信用状態を偽り，これを信じたBが銀行Cに保証契約の申込みを行った場合）には，この事実について意思表示の相手方（銀行C）が知り，または知ることができたときにのみ，取消権が発生する（民96条2項）。なお，強迫については，このような制限が規定されていないため，相手方の善意・悪意を問わずに取消権が発生する。

4．誤り。第三者が詐欺を行った場合（肢3）と異なり，第三者が強迫を行った場合については，相手方の善意・悪意や善意であることについての過失の有無を問わずに取消権が発生する（民96条2項反対解釈）。この差異は，詐欺の被害者は任意の意思決定を一応しているといえるのに対して，強迫の被害者は意思決定の自由そのものを侵害されていること，また，詐欺の被害者には正確な情報の収集を怠ったという側面があるのに対して，強迫の被害者にはそうした自己責任を語る前提が欠けていることが，理由とされている。

正解　4

詐欺・強迫

問題 34　Aの自宅に来たBは，そこにあったAの所有する高級腕時計甲を売ってほしいとしつこく頼んだ。Aは，時計を売る気はなかったが，しつこく頼むBをとりあえず自宅から追い返すために，「明日500万円を持って来るなら甲を売ってやる」と述べ，Bもこれを了承した。この場合に関する以下の記述のうち，正しいものを1つ選びなさい。

1．Aの意思表示は，心裡留保による意思表示であり，Bが悪意または善意有過失であれば無効である。
2．Aの意思表示は，虚偽表示であり，無効である。
3．Aの意思表示は，錯誤による意思表示であり，Aに重過失がない限り取消し可能となる。
4．Aの意思表示は，詐欺による意思表示であり，Bに故意があれば取消可能となる。
5．Aの意思表示は，強迫による意思表示であり，Bに故意があれば取消可能となる。

【B 18】

解説　Aの意思表示は，表意者が，自らの意思の不存在を知りながら意思表示をしているので，心裡留保である（意思表示の瑕疵について→問題27および問題31）。

1．正しい。心裡留保であっても，意思表示は原則として有効であるが（民93条1項本文），相手方が心裡留保であることを知っていたときまたは過失によって知らなかったとき（たとえばAの提示した値段が甲の値段としては異常なほど高額であり，Aに売却の意思のないことが明白であるにもかかわらず，BがAの真意を知らずにいたというとき）には無効となる（同項ただし書）。
2．誤り（虚偽表示について→問題27肢2の解説参照）。
3．誤り（錯誤について→問題31の解説参照）。
4．誤り（詐欺による意思表示について→問題27肢3の解説参照）。
5．誤り（強迫による意思表示について→問題27肢4の解説参照）。

正解　1

意思表示の瑕疵による法律行為の無効・取消し

問題 35　AはBとの間で，Aが所有する宝石甲をBに贈与する契約を結び，甲を引き渡した。のちにBは，甲をCに売却した。この場合に関する以下の記述のうち，正しいものを１つ選びなさい。

1．ＡＢ間の贈与契約はＡの心裡留保に基づくものであり，Ｂはそのことについて悪意であった。ＢＣ間の契約締結の当時，Ｃはそのことにつき善意無過失であった。この場合，Ａは，贈与契約の無効をＣに対抗することができる。

2．ＡＢ間の贈与契約は，Ｂと通じたＡの虚偽表示に基づくものであった。ＢＣ間の契約締結の当時，Ｃはそのことにつき善意無過失であった。この場合，Ａは，贈与契約の無効をＣに対抗することができる。

3．ＡＢ間の贈与契約は，ＢＣ間の売買の後に，Ｂの詐欺を理由としてＡによって取り消された。ＢＣ間の契約締結当時，Ｃは，Ｂの詐欺について善意無過失であった。この場合，Ａは，贈与契約の取消しをＣに対抗することができる。

4．ＡＢ間の贈与契約は，ＢＣ間の売買の後に，Ｂの強迫を理由としてＡによって取り消された。ＢＣ間の契約締結当時，Ｃは，Ｂの強迫につき善意無過失であった。この場合，Ａは，贈与契約の取消しをＣに対抗することができる。

【B 19】

解説　意思表示の無効・取消しにより，表意者は意思表示による拘束を免れることができる（→問題 27〜35）。しかし，第三者（ここではC）の利益を不当に害し，取引の安全を害することがないよう，一定の場合に，第三者に対して無効や取消しを主張することができないとされている。

1．誤り。心裡留保による意思表示の無効は，善意の第三者に対抗することができない（民 93 条２項）。この結果，Ａは，Ｃに対して，甲の返還を求めることができない。

2．誤り。虚偽表示の無効は，善意の第三者に対抗することができない（民 94 条２項）。

3．誤り。詐欺を理由とする取消しは，善意無過失の第三者に対抗することができない（民 96 条３項）。詐欺による意思表示をした者は，自ら正確な情報を収集するべきであったのにそれを怠ったという側面があるため，善意無過失の第三者に不利益を与えてまで保護することはできないと評価されている。

4．正しい。強迫を理由とする取消しは，第三者に対して，その善意・悪意を問わず対抗することができる（民 96 条３項反対解釈）。この結果，Ａは，Ｃに対して，甲の返還を求めることができる。強迫を受けた表意者は，詐欺を受けた表意者に比べると帰責性が小さく，一層の保護に値することがその理由である。

正解　4

問題 36　意思表示の効力発生時期に関する以下の記述のうち，誤っているものを１つ選びなさい。

1．契約の申込みは，相手方に到達するまでは撤回することができる。
2．解除の意思表示が郵便で送られたが，相手方が正当な理由なくその受領を拒絶して，到達を妨げたときは，この解除の意思表示は効力を生じない。
3．取消しの意思表示が発信された後，相手方に到達する前に表意者が死亡した。この場合でも，取消しの意思表示は効力を生じる。
4．成年被後見人を相手方とする意思表示は，成年後見人がこれを知った後は，相手方に対抗することができる。

【S 17】

解説　本問は，意思表示の効力発生時期に関する問題である。

1．正しい。意思表示は，相手方に到達してはじめて効力を生じるのが原則である（到達主義：民 97 条 1 項）。到達前はその意思表示を撤回することができるが，到達後は，表意者はそれに拘束され，撤回の余地がなくなる。
2．誤り。相手方が正当な理由なく意思表示の到達を妨げたときは，その通知は，通常到達すべきであった時に到達したものとみなされる（民 97 条 2 項）。
3．正しい。意思表示は，到達によって効力を生ずるが，発信後・到達前に表意者が死亡したり，行為能力の制限を受けたりしても，これらの事由は意思表示の効力に影響しない（民 97 条 3 項）。ただし，契約の申込みの場合には，申込者がこの原則と反対の意思を表示していたとき，または，相手方が承諾の通知を発するまでに申込者の死亡または行為能力制限の事実を知ったときは，この原則規定は適用されない（民 526 条）。
4．正しい。意思無能力者，未成年者および成年被後見人は，相手方からの意思表示が到達しても，それを了知する能力がない。このため，これらの者に対して意思表示が到達しても，意思表示の効力を対抗することができない（民 98 条の 2 本文）。ただし，①これらの者の法定代理人がその意思表示を知ったとき，または②これらの者が意思能力を回復し，もしくは行為能力者となった後にその意思表示を知ったときには，意思表示の効力を対抗することができる（同条ただし書）。

正解　2

意思表示の効力発生時期

問題 37 代理に関する以下の記述のうち，誤っているものを1つ選びなさい。

1. 代理人は，本人が自ら選任することも，本人以外の者が法律の規定に基づいて選任することもある。
2. 代理人が有効に代理行為を行うためには，代理権の範囲内で行為をするのみならず，行為の際に本人の名を明示する必要がある。
3. 代理人が有効な代理行為をした場合，その行為の効果は本人と相手方との間に直接発生する。
4. 権限の定めのない代理人も，保存行為をすることができる。

【B 20】

解説 法律行為の当事者以外の者が，当事者のために意思表示をし，または意思表示を受けることを代理とよぶ。

1. 正しい。代理には，誰を代理人とし，どのような権限を与えるかを本人自身が決定する任意代理と，こうしたことが法律に基づいて定められる法定代理とがある。前者は主として，人が，他人の労力や専門知識を活用して，取引をはじめとする法律関係を形成する可能性を拡大することを目的として行われる。後者は，主として制限行為能力制度(→問題8～14)の中で，法律関係を形成する自由を制限された未成年者や成年被後見人・被保佐人・被補助人に代わって，法律関係の形成を行わせるために用いられる。
2. 誤り。代理人の行為の効果が本人に帰属するためには，代理人がその権限内で，かつ本人のためにすることを示して（「顕名して」）行為することが要件とされている（民99条1項。ただし民100条も参照)。しかし，この顕名は代理人自身が契約当事者となるわけではないことさえ示せばよく，本人の名を明示することまで要求されているわけではない。なお，代理人が本人のためにすることを示さずに行為した場合，その行為は代理人自身のためにしたものとみなすのが原則であるが（民100条本文)，相手方が，代理人が本人のためにすることを知り，または知ることができたときは，顕名があった場合と同様に扱われる（同条ただし書)。
3. 正しい。代理人がその権限内で，かつ顕名して行った行為の効果は，本人に帰属する（民99条1項)。このため，代理人が本人を代理して契約を締結すれば，代理人ではなく本人が，権利を取得し，義務を負担する。
4. 正しい。権限の定めのない代理人は，保存行為および代理の目的である物または権利の性質を変えない範囲での利用・改良行為を行うことができる（民103条)。

正解 2

 代理

問題38　Aは，自己の所有する甲土地を売却することについて，Bに代理権を与えた。その後Bは，Aを代理して，相手方Cとの間で，甲土地の売買契約を締結した。この場合における契約の有効性に関する以下の記述のうち，正しいものを1つ選びなさい。

1．この契約は，CのBに対する強迫によって締結されたものであった。この場合，Aが強迫を受けていなくても，Aはこの契約を取り消すことができる。
2．この契約は，Cの心裡留保に基づくものであった。この場合において，Cのした意思表示がその真意ではないことについて，Aが善意，Bが悪意であったときは，この契約は無効とならない。
3．この契約は，Cの心裡留保に基づくものであった。この場合において，Cのした意思表示がその真意ではないことについて，Aが悪意，Bが善意であったときは，この契約は無効とならない。
4．この契約の締結当時，Bは未成年者であった。この場合，Aは，Bが未成年者であったことを理由として，この契約を取り消すことができる。

【B 21】

解説　本問は，代理行為の有効性に関する問題である。

1．正しい。代理人のした意思表示の効力が，意思の不存在や瑕疵ある意思表示によって影響を受けるべき場合には，こうした事実の有無は，本人ではなく，実際に意思表示をする代理人について考えるのが原則である（民101条1項）。代理人が強迫されたのであれば，本人が強迫されていない場合でも，その契約は取り消すことのできるものとなる。
2．誤り。相手方のした意思表示の効力が，意思表示を受けた者の善意・悪意，あるいは善意であることについての過失の有無によって影響を受けるべき場合にも，こうした事実の有無は，代理人について考えるのが原則である（民101条2項）。このため，相手方の心裡留保について，代理人が悪意であれば，契約は無効となる。
3．誤り。前述1および2のような原則に対する例外として，代理人が特定の法律行為をすることを委託されていたときには，本人は，自ら知っていた事情について代理人が知らなかったことを主張できない（民101条3項前段）。本人は自分の利益を守るための措置を代理人に対して指示するべきであったからである。このため，相手方の心裡留保について，代理人が善意で本人が悪意という場合でも，契約が無効になることがありうる。
4．誤り。任意代理においては，代理人が制限行為能力者であったことは，代理行為を取り消す理由とならない（民102条）。代理において意思表示の効力が及ぶのは本人であるため，制限行為能力者の保護という行為能力制度の趣旨にあてはまらないからである。

正解　1

問題39　復代理に関する以下の記述のうち，誤っているものを1つ選びなさい。

1．任意代理人は，いつでも，復代理人を選任できる。
2．法定代理人は，いつでも，復代理人を選任できる。
3．代理人は，復代理人を選任しても，代理権を失わない。
4．復代理人が本人のためにすることを示してした行為の効果は，本人に帰属する。

【B 22】

解説　代理人が，自己の名においてさらに代理人を選任し，その代理権の全部または一部を行わせることを復代理という。選任された代理人は復代理人といい，復代理人を選任することは復任という。

1．誤り。任意代理においては，代理人は本人からの信任を受けて代理権を与えられているのであるから，自ら代理事務を執行することが原則となる。このため，復代理人の選任には制約がある。これが許される場合は2つあり，1つは本人の許諾を得た場合，もう1つはやむをえない事由がある場合である（民104条）。
2．正しい。法定代理では，本人が代理人を信頼して代理権を与えるわけではない。このため，復代理人の選任に制約はない（民105条前段）。
3．正しい。復代理人を選任しても，代理人は，代理権を失わず，自らも代理行為を行うことができる。
4．正しい。復代理人は，「本人を代表する」（民106条1項）ので，本人のためにすることを示して行為し，その行為の効果は本人に対して生ずる。

正解　1

問題 40　復代理に関する以下の記述のうち，判例がある場合には判例に照らして，誤っているものを 1 つ選びなさい。

1．代理人は，本人の了解を得なくても，復代理人を解任することができる。
2．法定代理人が，やむをえない事由に基づいて復代理人を選任した。この場合，法定代理人は，本人に対して，この復代理人の選任および監督についてのみ責任を負う。
3．任意代理人が，やむをえない事由に基づいて復代理人を選任した。この場合，任意代理人は，本人に対して，この復代理人の選任および監督についてのみ責任を負う。
4．本人を代理して売買契約を締結した復代理人が，この契約の目的物を相手方から受け取った。この場合，復代理人は，この目的物を代理人に引き渡せば，本人に対する受領物引渡義務を免れる。

【S 18】

解説　代理人が，自己の名においてさらに代理人を選任し，その代理権の全部または一部を行わせることを復代理という。

1．正しい。任意代理人が復代理人を選任するには，本人の許諾を得るか，やむをえない事由のあることが必要である（民 104 条。これに対して法定代理人は自己の責任で復代理人を選任することができる。民 105 条前段）。しかし，解任についてはこのような制約はない。
2．正しい。民 105 条後段が定めている。法定代理人は，代理の種類ごとに，代理人の負う義務が定められており，たとえば後見人であれば，本人に対して善管注意義務をもって代理行為を行う義務を負っている（民 852 条が準用する 644 条）。代理人が復代理人を選任したというだけで，この責任を免れることはできないというのが原則である。民法 105 条後段は，この例外にあたる。
3．誤り。任意代理人が復代理人を選任をしたときの責任について，民法は，法定代理のような例外を設けていない。このため，たとえ任意代理人がやむをえない事由に基づいて復代理人を選任したときでも，それだけで，任意代理人の責任が復代理人の選任および監督のみに制限されることはない。
4．正しい。代理人から委任を受けた受任者として，代理人に対して受取物引渡義務を負う（民646条1項）のに加えて，本人の復受任者として，本人に対しても受取物引渡義務を負う（民 644 条の 2 第 2 項）。このとき，復代理人が代理人に対して受領物を引き渡せば，本人に対する受領物引渡義務は消滅するというのが判例である（最判昭 51・4・9 民集 30・3・208）。

正解　3

復代理

問題41　代理権濫用に関する以下の記述のうち，判例がある場合には判例に照らして，正しいものを1つ選びなさい。

1．代理権濫用というためには，代理人が，本人の利益ではなく，自己または第三者の利益をはかる目的で代理行為をしていることが必要である。
2．代理権濫用というためには，代理人が，代理権の範囲外の行為をしていることが必要である。
3．法定代理の場合には，代理権濫用は成立しない。
4．代理権濫用の場合には，代理人のした行為の効果は，相手方が代理権濫用の事実を知っているときに限り，本人に帰属しない。

【S 19】

解説　本問は，代理権濫用（民107条）に関する問題である。

1．正しい。代理人が自己または第三者の利益をはかる目的で代理権の範囲内の行為をすることを代理権濫用という。代理権が与えられた趣旨に反して代理権が行使されているため本人の保護が問題となる一方，外部からはみえない代理人の意図によって代理行為の効力を左右することは，取引の安全を害することにもなりかねない。そこで，どのような場合に，代理行為の本人に対する効力を否定し，本人を保護するかが問題となる。
2．誤り。代理権濫用は，代理権の範囲内の行為でありながら，それが代理人または第三者の利益をはかる目的で濫用されていることをいう。代理人の意図によって，代理権の範囲が変わるわけではない。
3．誤り。判例は，法定代理の場合においても代理権濫用が成立しうるとする（最判平4・12・10民集46・9・2727）。
4．誤り。代理権濫用においては，代理権の範囲内で行為が行われているから，本人にその効果が帰属するのが原則である。しかし，代理権が濫用されていることを，相手方が知っていたとき，または知ることができたときには，相手方を保護する必要はない（相手方が悪意の場合に限られない点で本肢は誤り）。このため，無権代理と同様に扱うものとされている。

正解　1

代理権濫用

問題42　代理権のない者が代理人と称して締結した契約に関する以下の記述のうち，誤っているものを１つ選びなさい。なお，相手方は，無権代理について善意無過失であったものとする。

1．その契約は，本人が取り消すまでは，本人に効果が帰属する。
2．相手方が，相当の期間を定めて，その契約を追認するかどうかを確答するよう本人に催告した場合において，その期間内に本人が確答しないときには，追認が拒絶されたものとみなされる。
3．相手方は，本人が追認するまでその契約を取り消すことができる。
4．相手方は，無権代理人に対して，契約の履行または履行に代わる損害賠償を請求することができる。

【B 23】

解説　代理人として行為した者が代理権を有していなかった場合を無権代理といい，そのような行為をした者を無権代理人という。

1．誤り。無権代理は，代理権なくして行われており，本人に効果が帰属するための基礎がない。このため，原則としてその効果は本人に帰属しない（民113条1項）。ただし，本人が追認すれば，契約は遡及的に有効となる（民116条本文。ただし，第三者の権利を害することができない〔同条ただし書〕）。
2．正しい。無権代理が行われると，相手方は，本人が追認するかどうかわからない不安定な立場に置かれることとなる。こうした立場から逃れるために，相手方は，本人に対して，相当の期間を定めて，追認するかどうかを確答するように催告することができる（民114条前段）。この場合において，その期間内に確答がされないときは，追認拒絶が擬制される（同条後段）。
3．正しい。相手方は，無権代理によって締結された契約を取り消すことによって，不安定な地位から逃れることもできる（民115条本文）。ただし，この取消しは，本人が無権代理行為を追認する前に行わなければならない。また，相手方が契約当時に無権代理であることにつき悪意であった場合には，取消権は発生しない（同条ただし書）
4．正しい。無権代理人は，相手方に対して，契約の履行または履行に代わる損害賠償の責任を負う（民117条1項）。ただし無権代理について相手方が悪意のとき（同条2項1号），または相手方が知らなかったことに過失があり，かつ，無権代理人が自身に代理権がないことを知っていたとき（同項2号）には，この責任を追及することができなくなる。

正解　1

無権代理

問題 43　Aは，Bから，Bの所有する甲土地に抵当権を設定するための代理権を授与されていた。ところが，Aは，Cとの間で，甲土地の売買契約を締結した。この売買契約締結の当時，Cは，Aが甲土地を売却するための代理権を有すると信じており，そのように信じることについて過失もなかった。この場合に関する以下の記述のうち，誤っているものを1つ選びなさい。

1．Cは，Bに対して，表見代理の成立を主張して，売買契約の履行を請求することができる。
2．Cがこの売買契約を追認するかどうか確答するようBに催告し，期間内に確答がなかったときは，Bが追認したものとみなされる。
3．Cは，Bが追認するまでの間，売買契約を取り消すことができる。
4．BがCに対して追認をしたときは，以後，Cは，Aに対して，履行を請求することができない。

【S 20】

解説　本問は，無権代理の相手方となった者がとりうる手段について問うものである。相手方の主観的要件もあわせながら整理することが必要である。

1．正しい。相手方にとって最も効果的な手段は，表見代理の成立を主張して，本人に代理行為の効果を帰属させることである。本問では，Aは抵当権設定の代理権を有していたから，これが基本代理権となり，民法110条の表見代理の成立が問題となる。同条にいう「第三者が代理人の権限があると信ずべき正当な理由」について判例は，当該行為のための代理権の存在について善意無過失であることをいうとしているので（最判昭35・12・27民集14・14・3234），本問のCは，表見代理の成立を主張することができる。
2．誤り。相手方は，本人に対し，相当の期間を定めて，その期間内に追認をするかどうかの確答をするよう催告することができる（民114条前段）。ただし，この期間内に本人が確答をしない場合には，追認拒絶が擬制される（同条後段）。追認が擬制されるわけではない。
3．正しい。無権代理の相手方となった者は，本人が追認するまでは，契約を取り消すことができる（民115条本文）。ただし，契約締結の際に無権代理について悪意であれば，取り消すことはできない（同条ただし書）。
4．正しい。民法117条1項は，無権代理人が相手方に対して，契約の履行または損害賠償をする責任を負うことを定めている。ただし，本人の追認があったときには，こうした責任が生じないものとされている。本人から追認が得られれば，代理権があった場合と同じく本人と相手方との間の法律関係が生じるため，代理人が責任を問われるべき理由がなくなるからである。

正解　2

無権代理

問題44　Aは，実際には代理権がないのにBの代理人と称して，B所有の甲土地をCに売却する契約を締結した。この場合に関する以下の記述のうち，判例がある場合には判例に照らして，誤っているものを1つ選びなさい。

1．Bが死亡して，AがBを単独相続した。この場合，Aは，自己のした無権代理行為の追認を拒絶することができない。
2．Bが死亡して，AがDとともにBを共同相続し，DがAのした無権代理行為を追認した。この場合，Aは，追認を拒絶することができない。
3．Aが死亡して，BがAを単独相続した。この場合，Bは，Aのした無権代理行為の追認を拒絶することができる。
4．Aが死亡して，EがBとともにAを共同相続した。その後，Bが死亡して，EがBを単独相続した。この場合，Eは，Aのした無権代理行為の追認を拒絶することができる。

【S 21】

解説　本問は，無権代理行為が行われたのち，相続が開始した場合について問うものである。

1．正しい。無権代理行為の後に本人が死亡し，無権代理人が本人を単独で相続した場合について，判例は，本人と無権代理人が一体となり，本人が自ら法律行為をしたのと同様の法律上の地位を生ずる（資格融合説という）として，無権代理人には追認拒絶の余地はないとする（最判昭40・6・18民集19・4・986）。学説上はこれに対して，無権代理人には，無権代理人自身の資格とともに，本人の（追認または追認拒絶ができるという）資格が併存するとの考え方（資格併存説という）をとったうえで，無権代理人が本人の資格で追認拒絶権を行使することは，自分自身のした無権代理行為に矛盾するものであり信義則上許されないとする説が有力である（このほか，無権代理人は，本人の資格で追認を拒絶することができるという説もある）。

2．正しい。無権代理行為の後に本人が死亡し，無権代理人を相続人の1人とする共同相続が行われた場合について，判例は，資格併存説を前提とする。そして，本人の資格で追認をするためには，共同相続人全員が追認をすることが必要であるとする（いわゆる追認不可分説）。このため，無権代理人以外の共同相続人の1人が追認を拒絶すれば，無権代理行為が追認される余地はない。しかし，無権代理人以外の共同相続人全員が追認している場合には，無権代理人のみが追認を拒絶することは，信義則上許されないとする（最判平5・1・21民集47・1・265）。

3．正しい。無権代理行為の後に無権代理人が死亡し，本人が無権代理人を単独で相続した場合について，判例は，資格併存説を前提とする。そして，無権代理行為をしたわけではない本人が，本人としての資格で追認を拒絶することは，信義則に反しないとする（最判昭 37・4・20 民集 16・4・955）。ただし，この場合でも，本人は，民法 117 条の定める無権代理人の責任を免れない（最判昭 48・7・3 民集 27・7・751）。

4．誤り。無権代理行為の後，無権代理人が死亡して第三者が本人とともに無権代理人を共同相続し，さらにその後に本人が死亡してこの第三者が本人を単独で相続した場合について，判例は，第三者（本問のEにあたる）は，無権代理人の地位を相続した後に本人の地位を相続していることから，無権代理人が本人を単独で相続した場合（肢 1 を参照）と同様に，追認を拒絶する余地はないとする（最判昭 63・3・1 判時 1312・92）。

正解　4

無権代理と相続

問題 45　民法 117 条の定める無権代理人の責任に関する以下の記述のうち，判例がある場合には判例に照らして，正しいものを 1 つ選びなさい。

1．無権代理人は，相手方の選択に従い，契約の履行または履行に代わる損害賠償をする責任を負う。
2．表見代理が成立するときには，無権代理人は責任を負わない。
3．無権代理人は，自己に代理権がないことにつき善意かつ無過失であった場合には，責任を負わない。
4．無権代理人は，契約締結の当時に行為能力の制限を受けていたとしても，責任を負う。

【S 22】

解説　本問は，無権代理人の責任に関する問題である。

1．正しい。民法 117 条 1 項の定める損害賠償は，規定の文言からして履行に対応する損害賠償，すなわち，いわゆる履行利益賠償であるとするのが判例（大判大 4・10・2 民録 21・1560，最判昭 32・12・5 新聞 83 = 84・16）である。

2．誤り。判例は，表見代理は相手方保護のための制度であるから，その保護を放棄して無権代理人の責任を追及することも相手方の自由であるとする（最判昭 33・6・17 民集 12・10・1532，最判昭 62・7・7 民集 41・5・1133）。さらに，無権代理人が自己の責任を免れるために表見代理の成立を主張することは，制度の趣旨に反するとしている（前掲・最判昭 62・7・7）。

3．誤り。相手方が無権代理について善意無過失であったときには，無権代理人は，自己に代理権がないことにつき善意かつ無過失であったとしても，責任を負う。無権代理人の責任は，無権代理人が代理権の存在を主張して相手方を信頼させたことを根拠に，相手方の保護と取引の安全，代理制度の信用を維持するために，法律が特に定めた無過失責任であると考えられているからである（前掲・最判昭 62・7・7）。ただし，相手方が悪意であるときには，無権代理人は，自己の代理権がないことについての善意悪意を問わず免責される（民 117 条 2 項 1 号）。また，相手方が，無権代理について過失で知らなかったときには，無権代理人は，自己に代理権がないことについて知らなかったときにのみ免責される（同項 2 号）。

4．誤り。無権代理人が，契約締結の当時に行為能力の制限を受けていたときは，責任を負わない（民 117 条 2 項 3 号）。制限行為能力者の保護を優先させる趣旨である。

正解　1

問題 46　AがBの代理人と称してCから金銭を借り入れる契約を結んだが，Aはその契約について代理権を有していなかった。その際，CはAに代理権があると過失なく信じていた。この場合に関する以下の記述のうち，表見代理が成立しないものを1つ選びなさい。

1．Aが，Bの実印を盗み，委任状を偽造して契約を結んでいた場合
2．契約締結の前に，BがCに対して，Aに代理権を授与したかのような通知をしていた場合
3．契約締結の前に，BがAに対して，Dから金銭を借り入れる契約を締結するための代理権を与えていた場合
4．AはBからかつて金銭の借入れについて委任を受けて代理権を与えられていたが，Cとの契約が結ばれる前に解任されていた場合

【B 24】

解説　無権代理であるにもかかわらず，例外的に本人に有権代理と同様の責任が課される場合がある。これを表見代理とよぶ。民法は，109条，110条，112条に表見代理が成立する3つの類型を定めている。いずれも，外部から見て代理権があるかのような外観が存在し，その外観を相手方が過失なく信じており（善意無過失），しかもこの外観を作り出したことについて本人に帰責性があるということが，本人に責任を負わせる根拠となっている。

1．成立しない。B自身がCに対して代理権を与えていたかのように表示したわけではないので，民法109条には該当しない。また，Aには基本代理権となる権限が与えられていないから，民法110条にも該当しない。Aに代理権があるかのような外観（偽造された委任状）はあるが，その作出についてBに帰責性があるとはいえないことに注目しよう。
2．成立する。民法109条1項の定める代理権授与の表示による表見代理に該当する。本当は代理権を与えていないのに，与えたかのように相手方に表示したことが，本人の帰責性を基礎づける。
3．成立する。民法110条の定める権限外の行為の表見代理（代理権踰越による表見代理）に該当する。本人が，ある者に対して一定の権限（基本代理権という）を与え，他の行為にまで代理権があるかのように受け取られる状態を作出したことが，本人の帰責性を基礎づけている。
4．成立する。民法112条1項の定める代理権消滅後の表見代理に該当する。代理権が消滅しているにもかかわらず，代理人に依然として代理権があるかのように受け取られる状態のあることが，本人の帰責性を基礎づける。

正解　1

表見代理

問題 47　以下のうち，判例がある場合には判例に照らして，表見代理が成立しえない場合を，１つ選びなさい。ただし，Ｃは，契約締結の当時，Ａが代理権を有すると無過失で信じていたとする。

1．Ｂ所有の甲土地に抵当権を設定して融資を受けることについてＢから代理権を授与されていたＡが，Ｂに無断で，Ｂの代理人としてＣとの間で甲土地の売買契約を締結した場合
2．市役所で印鑑証明書の交付を受けることをＢからゆだねられたＡが，Ｂに無断で，Ｂの代理人として，ＡがＣに対して負う債務を担保するための抵当権をＢの所有する甲土地に設定した場合
3．Ｂから甲土地の売買の代理を予定して甲土地の登記済証・委任状など書類一式の交付を受けたＡが，その後実際に代理権を授与されることがなかったにもかかわらず，それらの書類一式を利用して，Ｂの代理人としてＣとの間で甲土地の交換契約を結んだ場合
4．自己のＣに対する乙債務をＢが保証する契約の代理権を授与され，その契約を代理人として締結したＡが，後に，自己のＣに対する丙債務をＢが保証する契約を，Ｂに無断で，Ｂの代理人として締結した場合

【S 23】

解説　本問は，表見代理に関する問題である。

1．成立しうる。抵当権設定の代理権を授与されていた代理人が，その範囲を超える売買契約の締結を行ったというケースであり，民法 110 条の表見代理の典型例である。判例は，同条にいう「正当な理由」とは，代理権の存在を相手方が信じたことに過失がなかったこと（相手方の善意無過失）と解している（最判昭 35・12・27 民集 14・14・3234）。本問のＣは，善意無過失であるとされているので，表見代理が成立しうる。
2．成立しえない。判例は，民法 110 条の表見代理が成立するための要件となる基本代理権について，「私法上の行為についての代理権であることを要し，公法上の行為についての代理権はこれに当らない」として，印鑑証明書下付申請（市役所に届け出るものであり，公法上の行為としての性質を有する）についての代理権では，基本代理権たりえないと判示している（最判昭 39・4・2 民集 18・4・497）。ただし，その後の判例では，登記申請行為（これも公法上の行為としての性質を有する）のうち，「特定の私法上の取引行為の一環としてなされる」ものについては，表見代理の成立を妨げないとしている（最判昭 46・6・3 民集 25・4・455）。
3．成立しうる。本肢のようなケースでは，委任状等の提示によって行われた代理権授与表示における委任事項と，実際の代理事項が一致していない。このため，民法 109 条 1 項の表見代理は成立しない。また，Ａには，

Bのための代理権がまったくないため，民法110条の適用の前提となる基本代理権もない。こうしたケースについて，民法109条2項は，いわば民法109条1項と民法110条を重畳的に適用したような要件により，表見代理の適用を認めている。

4．成立しうる。本肢のようなケースでは，代理権が消滅（本件では，依頼された乙債務についての保証契約の締結を完了したことが代理権消滅原因となる）した後に，かつて有していた代理権の範囲に属さない行為がされている。このため，民法112条1項の表見代理は成立せず，また，Aには，Bのための代理権がまったくないため，民法110条の適用の前提となる基本代理権もない。こうしたケースについて，民法112条2項は，いわば民法112条1項と民法110条を重畳的に適用したような要件により，表見代理の適用を認めている。

正解　2

表見代理

問題48　無効・取消しに関する以下の記述のうち，正しいものを1つ選びなさい。

1．無効な行為は，当事者が無効であることを知りつつ追認すれば，行為の当時にさかのぼって有効となる。
2．取り消すことができる行為は，取り消されるまで有効であり，取消しによって行為の当時にさかのぼって無効となる。
3．未成年であることを理由として契約が取り消すことのできるものとなった場合，この契約は，未成年者本人からも，相手方からも取り消すことができる。
4．未成年であることを理由として契約が取り消すことのできるものとなった場合，未成年者本人は，成年に達する前であっても，自ら追認することによってこの契約を確定的に有効なものとすることができる。

【B 25】

解説　契約をはじめとする法律行為が効力を否定される場合の効果として，無効と取消しがある。無効が，行為の成立当初から当然に効力を生じないのに対して，取消しは，取消権者とされる者の取消しという行為により契約を無効なものとして扱う点に最大の相違がある。

1．誤り。無効な行為はそもそも存在しなかったものとみなされるという考え方を背景に，民法は「無効な行為は，追認によっても，その効力を生じない」と定めている（民119条本文）。ただし，当事者が無効であると知りながらも，なお追認をするのであれば，これは改めて権利義務関係を生じさせる意思を表明するものとみうるため，追認の時点で新たな法律行為をしたものとして扱われる（同条ただし書）。
2．正しい。無効が，誰の何らの行為がなくても当然に効力を生じないことを指すのに対して，取消しの場合には，取消権者が取消しをすることによって無効になる（取り消されるまでは有効）。この無効は行為時にさかのぼる（最初から無効であったことになる）とされている（民121条）。
3．誤り。制限行為能力を理由とする契約の取消し，あるいは詐欺・強迫を理由とする意思表示の取消しは，いずれも表意者を保護することを目的としている。そのため，民法は，表意者自身またはその代理人等のみを取消権者とし，これ以外の者が取消しの意思表示をすることを認めていない（民120条）。
4．誤り。取り消すことができる行為は，取消権者が追認をすることによって有効なものとして確定し，以後取り消すことができなくなる（民122条）。追認は，「取消しの原因となっていた状況が消滅」したのちにされなければならない（民124条1項）。そのため，未成年者が成年に達する前に自ら追認をしても，その追認は無効である。

正解　2

問題 49　ＡＢ間で，Ａの所有する甲土地をＢに売却する契約が結ばれた。その際，Ａは，Ｃの強迫により意思表示をしていた。この意思表示の取消しに関する以下の記述のうち，正しいものを１つ選びなさい。

1．Ａは，追認の意思表示をしない限り，いつでも売却の意思表示を取り消すことができる。

2．Ａが取消しをした。この場合，Ａは，受け取った代金のうち現に存する金額をＢに返還する義務を負う。

3．Ａが取消しをした。この取消しの前にＢがＤとの間で甲土地をＤに売却する契約を結んでいた場合，甲土地の所有権は取消しによってＤから直接にＡへと移転する。

4．Ａが取消しをした。この取消しによる意思表示の無効は，必要であれば誰でも主張することができる。

【S 24】

解説　本問は，主に意思表示の取消しの効果を問うものである。

1．誤り。追認の意思表示がされなくても，追認擬制がある場合（民 125 条）や，取消権が行使期間の経過により消滅した場合（民 126 条参照）には，取り消すことができない。

2．誤り。取り消すことができる行為は，取消しにより，はじめから無効だったとみなされる（民 121 条）。そのため，当事者は，相手方を原状に復させる義務を負う（民 121 条の 2 第 1 項）。この場合において，①無償行為に基づく債務の履行として給付を受けた者が給付を受けた当時にその行為が無効もしくは取消可能であることについて善意であったとき（同条 2 項），または②行為の当時，意思能力を有さず，もしくは制限行為能力者であったとき（同条 3 項）は，返還義務の範囲は「現に利益を受けている限度」に縮減される。しかし，本問はこれらの場合にあたらない。

3．誤り。取消しの遡及的無効により，ＡはＢとの売買により所有権を失わず，ＤはＢとの売買により所有権を取得しなかったことになる。取消しにより，移転していた物権が元の所有者に復帰するという理解もあるが，これによっても，復帰的物権変動はＢＡ間で起こる。ＤＡ間で起こるものではない。

4．正しい。取消権者は，民法 120 条により限定されている。しかしながら，いったん取り消されると，それによる意思表示や法律行為の無効は誰でも主張することができる。

正解　4

取消しの効果

問題50　19歳のAが，未成年後見人Bの同意を得ないで，所有する自転車をCに3万円で売却した。以下の記述のうち，判例がある場合には判例に照らして，Aが契約を取り消すことができる場合を1つ選びなさい。

1．Aが成年に達する前に，Bが，代金の支払と知りながらCから金銭を受領した場合
2．Aが，成年に達する前に，Bの同意を得てCに代金の支払を請求した場合
3．Aが，成年に達した後に代金債権をDに譲渡した場合
4．Aが成年に達した後に，Aの債権者が，AのCに対する代金債権を差し押さえた場合

【S 25】

解説　本問は，法定追認に関する問題である。取り消すことができる行為は，取消権者が追認したときのほか,「追認をすることができる時以後に」一定の事由があったときは，追認がされたものとみなされる（民125条)。それらの事由は，契約の効果を前提とするものであるため，取消権者の側の追認意思を示していると通常解されることが，追認擬制の理由である。

1．取り消すことができない。取消権者が債務者として履行する場合のほか，債権者として相手方の履行を受領する場合も，民法125条1号の「履行」に含まれる（大判昭8・4・28民集12・1040)。
2．取り消すことができない。未成年者自身については，成年に達した時が「追認をすることができる時」であるが，それ以前でも，未成年者が法定代理人の同意を得て民法125条所定の行為をしたときは，法定追認の効果が生じる。なお，代金支払請求は，履行の請求であり，民法125条2号に該当する。
3．取り消すことができない。代金債権は取り消すことができる行為によって取得された権利にあたり，その譲渡により法定追認の効果が生じる（民125条5号)。この場合，Aが，未成年を理由として契約は取消可能であると知っている必要はない。
4．取り消すことができる。民法125条6号の「強制執行」は，取消権者の側が契約によって得た権利のために手続をとる場合を指す。取消権者の契約上の債権に対して強制執行がされる場合には，契約の効果を認めるような取消権者側の行為があるわけではないため，民法125条6号に該当しない。

正解　4

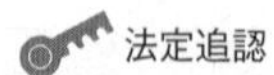
法定追認

問題 51　未成年者Aは，両親に無断で，Bからバイク（甲）を 50 万円で買った。購入後間もなく，Cの過失により甲が損傷した。Aは，その損傷についての損害賠償金として 30 万円をCから受け取った。その直後に，Aの両親が甲の売買を取り消した。この場合に関する以下の記述のうち，正しいものを1つ選びなさい。

1．甲の修理が可能である場合には，Bは，Aに対して，甲を修理して返還するよう求めることができる。
2．甲の修理が不可能である場合には，Bは，Aに対して，甲と同種のバイクを返還するよう求めることができる。
3．甲の修理が不可能である場合には，Bは，代金として受け取った 50 万円のAに対する返還義務を免れる。
4．甲の修理の可否に関わらず，Bは，Aに対して，損傷した状態の甲と 30 万円を返還するよう求めることができる。

【S 26】

解説　本問は，制限行為能力を理由とする契約の取消しの場合における原状回復に関する問題である。

この場合，制限行為能力者は,「現に利益を受けている限度」で義務を負う（民 121 条の 2 第 3 項後段）。得た利益の全部を返還しなければならないとすると，その義務の履行の困難ゆえに取消しを諦めざるをえないという事態が生じかねない。これを避けるため，返還義務の履行のための新たな負担（取り消された行為をしていなければ生じなかったはずの負担）を制限行為能力者に免れさせることにしたものである。

「現に受けている利益」には，契約によって得た利益のうち取消時に残存する利益のほか，契約によって得た利益が形を変えて残っているものが含まれる。この返還を認めても，取り消された行為をしていなければ生じなかったはずの負担を制限行為能力者に強いることにならないからである。

1．誤り。Aは，甲を現状のまま返還すればよい。
2．誤り。他のバイクは，契約によって得た利益でも，その利益が形を変えたものでもない。
3．誤り。Bは，Aに対して，契約によって得た利益である代金相当額を返還しなければならない。
4．正しい。損傷した状態の甲はAが契約によって得た利益のうち残存するものであり，損害賠償金は甲の価値変形物である。

正解　4

制限行為能力による取消後の原状回復

問題 52　条件・期限に関する以下の文中のカッコ内に入る語の組み合わせとして，正しいものを1つ選びなさい。

条件とは，法律行為の効力の発生または消滅を，将来発生することが（　a　）な事実にかからせる付款である。これに対して期限とは，法律行為の効力の発生または消滅を，将来発生することが（　b　）な事実にかからせる付款である。

条件の中でも，成就により法律行為の効力が生ずるものを（　c　）条件，成就により法律行為の効力が消滅するものを（　d　）条件とよぶ。

1．a＝確実　b＝不確実　c＝停止　d＝解除
2．a＝不確実　b＝確実　c＝停止　d＝解除
3．a＝確実　b＝不確実　c＝解除　d＝停止
4．a＝不確実　b＝確実　c＝解除　d＝停止

【B 26】

解説　条件とは，法律行為の効力の発生または消滅を，将来の不確実な事実にかからせる付款である。期限とは，法律行為の効力の発生・消滅または債務の履行を，将来発生することが確実な事実にかからせる付款である。したがって，aには「不確実」，bには「確実」という言葉が入る。たとえば「大学に合格したら」という付款は，（大学合格という事実は将来発生するかどうかが不確実であるから）条件となる。これに対して，「2020年1月1日になれば」という付款は，（その特定の日の到来という事実が将来発生するのは確実であるから）期限（確定期限）となる。なお，「つぎに衆議院議員総選挙が行われたら」という付款は，それがいつ到来するかは確定していないが，いずれ到来することが確実であるから期限（不確定期限）となる。

条件のうち，その成就により法律行為の効力が生ずるものとする条件を「停止条件」（民127条1項），その成就により法律行為の効力が消滅するものとする条件を「解除条件」（同条2項）という。したがって，cには「停止」，dには「解除」という言葉が入る。たとえば「大学に合格すれば，奨学金として毎月5万円を支給する」という契約は，（条件の成就により債権が発生するから）停止条件付き契約となる。これに対して「奨学金を毎月5万円支給するが，所定の成績に達しないときには支給を打ち切る」という契約は，（条件の成就により債権が消滅するから）解除条件付き契約となる。

なお，期限のうち，その到来により法律行為の効力が生じ，または債務の履行をすべきものとされる期限を始期（民135条1項），その到来をもって法律行為の効力が消滅するものとされる期限を終期（同条2項）という。

こうした用語は，関係する語を対にしながら憶えることが大切である。

正解　2

条件・期限

問題 53　条件に関する以下の記述のうち，誤っているものを１つ選びなさい。

1．条件付法律行為の各当事者は，条件の成否が未定である間に，条件が成就した場合にその法律行為から生ずるであろう相手方の利益を害することができない。

2．条件付法律行為の各当事者は，条件の成否が未定である間に，その権利義務を処分することができる。

3．条件付法律行為において，条件の成就によって不利益を受ける当事者が，故意に条件の成就を妨害した場合，相手方は，条件が成就したものとみなすことができる。

4．条件付法律行為において，条件の成就によって利益を受ける当事者が，不正に条件を成就させた場合でも，相手方は，条件が成就しなかったものとみなすことはできない。

【S 27】

解説　本問は，条件に関する問題である。法律行為の効力の発生・消滅を，発生するか否かが不確実な事実にかからせる付款を「条件」という。本問のように，法律行為の効力の発生に関する条件は「停止条件」とよばれる。

1．正しい。条件付法律行為の各当事者は，条件の成否未定の間において，条件成就によってその行為から生ずる相手方の利益を害することができない（民 128 条）。たとえば，停止条件付贈与契約の贈与者Ａが自己の過失で目的物を損傷したために，将来，条件が成就したときの履行が不可能になった場合は，Ａは，受贈者Ｂに対して，債務不履行ないし不法行為により損害賠償責任を負う。

2．正しい。条件の成否が未定である間における当事者の権利義務は，一般の規定に従って，処分，相続，保存または担保に供することができる（民 129 条）。

3．正しい。条件の成就によって不利益を受ける当事者が，故意にその条件の成就を妨げたときは，相手方は条件が成就したものとみなすことができる（民 130 条 1 項）。これは，信義則違反に基づくものと解されている。

4．誤り。条件の成就によって利益を受ける当事者が，不正に条件を成就させた場合には，相手方は，条件が成就していないものとみなすことができる（民 130 条 2 項）。

正解　4

条件

問題 54　条件が付された法律行為に関する以下の記述のうち，正しいものを１つ選びなさい。

1．AがBに時計を与える旨の贈与契約に,「Bが欲しくなったら贈与を受ける」という条件が付されていた場合，この贈与契約は無効である。

2．AがBに時計を与える旨の贈与契約に,「Aの気が向けば与える」という条件が付されていた場合，この贈与契約は有効に成立する。

3．AがBに1000万円を与える旨の贈与契約に，「Aが200歳まで生きたら与える」という条件が付されていた場合，この贈与契約は条件が付されていなかったものとみなされる。

4．AがBに1000万円を与える旨の贈与契約に，「Aが200歳まで生きた場合には効力を失う」という条件が付されていた場合，この贈与契約は条件が付されていなかったものとみなされる。

【S 28】

解説　本問は，条件付法律行為の効力に関する問題である。

1．誤り。民法134条は，停止条件をもっぱら「債務者の意思」のみにかからせた場合，その法律行為は無効となる旨を規定している。法律行為がされた時点において債務者に法的拘束力を生じさせる意思があるとは認められないからである。本肢の贈与契約では，贈与者Aが債務者，受贈者Bが債権者となる。したがって，停止条件は「債権者の意思」にかかっているため，民法134条の適用はなく，贈与は有効である。

2．誤り。民法134条に該当する事例であり，贈与契約は無効となる。

3．誤り。不能条件は，成就する見込みがないため条件としての意義を有さず，したがって，これが停止条件となっていた場合，実現の見込みがないものとして法律行為は無効とされ（民133条1項)，解除条件であった場合には無意味なものとして条件が付されていないものとみなされる（同条2項)。本肢では，不能条件が停止条件とされているため，贈与契約は無効である。

4．正しい。民法133条2項に該当する。

正解　4

条件付法律行為の効力

問題 55　Aは，弁済期を1年後として，Bに対して3000万円の融資を行った。その際，期限の利益の喪失に関して特約はされなかった。以下のうち，Bが期限の利益を失う場合を1つ選びなさい。

1．Bに対して，A以外の債権者が，破産手続開始の申立てをした場合
2．Bに対して，A以外の債権者が，強制執行の申立てをした場合
3．AのためにBが自己所有の甲建物に抵当権を設定した後に，同建物が地震により倒壊するに至った場合
4．Bが，半年以内に保証人を立てると約束していたのに，その期間内に保証人を立てなかった場合

【S 29】

解説　本問は，期限の利益に関する問題である。

債務の履行につき期限が付されているときには，債務者は期限の利益を有するが，その信用が低下するような事実が生じた場合，民法137条により債務者は期限の利益を喪失し，期限が到来していなくても弁済しなければならなくなる。

1．期限の利益を失わない。民法137条1号によれば，債務者が破産手続開始決定を受けたときに，期限の利益を失うとされている。もっとも実際には，破産手続開始申立てがされたことを期限の利益の喪失事由とする特約（期限の利益喪失約款）が結ばれることが多い。
2．期限の利益を失わない。民法137条1号は強制執行の開始あるいは申立てを規定しておらず，これらの事由は期限の利益を喪失させる事由とはならない。もっとも実際には，強制執行の申立てを期限の利益の喪失事由とする特約が結ばれることが多い。
3．期限の利益を失わない。民法137条2号によれば，「債務者」が担保を滅失・損傷・減少させた場合に，債務者は期限の利益を喪失する。自然力による担保目的物の滅失は，ここに含まれない。
4．期限の利益を失う。Bは担保供与義務に違反しており，民法137条3号に該当する。

正解　4

期限の利益の喪失

問題 56　ＡはＢから，11 月 1 日の午前 9 時に，7 日間の約束で車を借りた。この場合，Ａはいつまでに車を返さないといけないか。以下のうち，正しいものを 1 つ選びなさい。

1．11 月 7 日の午前 9 時
2．11 月 7 日の終了時
3．11 月 8 日の午前 9 時
4．11 月 8 日の終了時

【B 27】

解説　本問は，期間の計算に関する問題である。他の法令や当事者間の特約で，他の計算方法が定められているのでない限り，民法に定められた計算方法が適用される（民 138 条）。

期間が時間（あるいはそれより短い分・秒）を単位として定められたとき，すなわち「今から 24 時間」などと定められたときには，期間は「即時から」，すなわちその時点から起算する（民 139 条）。

これに対して期間が日，週，月，または年を単位として定められたとき，すなわち「今から 7 日間」などと定められたときには，初日を算入しないこと（初日不算入）が原則である（民 140 条本文）。これは期間の初日は，丸一日に満たない（期間が定められるまでに数時間が経過している）のが通常であるからである。これに対して契約の中で「次の日曜日から 7 日間」などと定めた場合（「その期間が午前零時から始まるとき」）には，期間の初日である日曜日も丸一日あるので，初日不算入の例外として，期間に算入される（民 140 条ただし書）。

このため本問では，初日不算入の原則により 11 月 1 日は期間に算入せず，11 月 2 日を 1 日目とすることとなり，期間の末日は 7 日目である 11 月 8 日となる。

そして期間は，末日の終了をもって満了する（民 141 条。末日が日曜日などの場合の例外について民 142 条を参照）。このため本問では，期間の末日である 11 月 8 日の終了時をもって，期間が満了する。Ａは，この時点までに車を返還しなければならず，日付が 11 月 9 日に変わる瞬間に，返還期限を徒過したことになる。

なお，期間が週，月，年などによって定められたときには，末日は「起算日に応当する日の前日」とされ（民 143 条 2 項本文），期間の最後の月に応当日がないときには，その月の末日が期間の末日となる（同項ただし書）。たとえば 1 月 31 日から 1 ヵ月という期間の定め方をした場合には，2 月 31 日という日は存在しないので，2 月の末日（28 日または 29 日）が期間の末日となる。

正解　4

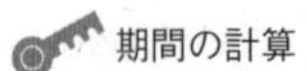
期間の計算

問題 57　時効に関する以下の記述のうち，誤っているものを1つ選びなさい。

1．時効は，権利変動原因の一種である。
2．時効の効力は，時効完成の時点から将来に向かって生ずる。
3．時効が完成しても，当事者がその利益を享受する旨の意思表示をしなければ，裁判所は，時効の効力が発生したことを前提として裁判をすることができない。
4．当事者は，時効の利益を，時効の完成後に放棄することはできるが，時効の完成前にあらかじめ放棄しておくことはできない。

【B 28】

解説　時効とは，ある事実状態が所定の期間継続した場合に，その事実状態に対応する権利関係を認める制度である。

時効には，ある者が権利者であるかのような状態が継続した場合にその者を権利者と認める取得時効（→問題 78）と，ある権利が行使されない状態が継続した場合にその権利の消滅を認める消滅時効（→問題 62）がある。

1．正しい。取得時効は権利の発生，消滅時効は権利の消滅を生じさせる制度であり，いずれも権利変動原因といえる。

2．誤り。時効の効力は，将来に向かって生じるのではなく，その起算日にさかのぼる（時効の遡及効：民 144 条）。このため，たとえば所有権の取得時効であれば，時効取得者は占有を開始した時から所有者だったことになり，占有開始から時効が認められるまでの使用利益を元の所有者に返還する必要がなくなる。また債権の消滅時効であれば，債権は行使が可能となった当初から存在しなかったことになるため，債務者は，時効が完成するまでの利息や遅延損害金を支払う必要もなくなる。このように，時効期間中に生ずる種々の法律関係の処理を簡明にするために，時効には遡及効が認められている。

3．正しい。民法 145 条は，当事者が時効を援用しなければ，裁判所はこれによって裁判をすることができないと定める。時効の援用とは，時効による権利の取得や義務の消滅という利益を享受する旨の当事者の意思表示である。

4．正しい。当事者は，時効の利益を享受しない旨の意思表示をすることもできる。これを時効利益の放棄という。時効利益の放棄により，すでに完成していた時効を援用することはできなくなる。この時効利益の放棄は，時効が完成する前に行うことはできない（民 146 条）。時効利益の事前放棄を認めると，債権者が，自己の有利な立場を利用して，債務者に対して時効利益を放棄するよう強制するおそれがあるからである。

正解　2

時効総論

問題58　Aは，Bに1000万円を貸し付けた（これに基づく金銭債権を甲債権とよぶ)。甲債権を担保するために，Cが保証人となっている。また，Bは，Dからも500万円を借りているが，これについては，担保は何も提供されていない。その後，甲債権の消滅時効期間が満了した。この場合に関する以下の記述のうち，判例がある場合には判例に照らして，正しいものを1つ選びなさい。

1．Bが時効の利益を放棄すると，Cは，甲債権の消滅時効を援用できなくなる。
2．甲債権の消滅時効は，Dも援用することができる。
3．Bは，貸付を受ける際に，時効の利益を放棄する旨をAに伝えていた。この場合であっても，Bは，甲債権の消滅時効を援用できる。
4．Bは，甲債権の消滅時効が完成したことを知らないで，その一部の弁済としてAに100万円を支払い，残額の返済を猶予してもらった。この場合であっても，Bは，消滅時効を援用することができる。

【S 30】

解説　本問は，時効が完成した後の，時効の援用および時効利益の放棄に関する問題である。時効は，完成の後，当事者が援用しなければ，裁判所は時効に基づいて裁判をすることができない（民145条)。当事者は，時効を援用せず，その利益を放棄することもできる。

1．誤り。債権の消滅時効の援用権は，債務者のほか，保証人など債権の消滅について正当な利益を有する者ももつ（民145条カッコ書)。保証人のもつ援用権は，債務者がもつものとは独立であり，債務者が時効の利益を放棄しても，保証人は時効を援用することができる（時効の援用により主債務が消滅すれば，保証債務は附従性によって消滅する)。
2．誤り。一般債権者は，債務者に対する他人の債権につき時効援用権を有しない（大決昭12・6・30民集16・1037)。他人の債権が時効消滅しても，自己の債権の弁済を受けられる可能性が事実上高まりうるだけだからである。もっとも，金銭債権の場合，債権者は，債務者が無資力であるときには，債務者の時効援用権を代位行使することはできる（最判昭43・9・26民集22・9・2002)。
3．正しい。時効の利益の放棄は，時効完成の前にすることができない（民146条)。
4．誤り。最大判昭41・4・20民集20・4・702は，Bが時効完成の事実を知らなかったのであれば，Bは，時効完成後の債務承認により時効の利益を放棄したとはいえないが，信義則により，時効の援用を制限されるとしている。これによって，すでに支払った100万円の返還を求めることができないのはもちろんのこととして，残債務900万円の支払を免れることもできない。

正解　3

時効の援用・時効利益の放棄

問題59　AがBに対して金銭債権（甲）をもっている。この債権の消滅時効の完成猶予・更新に関する以下の記述のうち，誤っているものを1つ選びなさい。

1．Aが，甲の支払を求めて，Bを相手として訴訟を提起した。これにより，時効の完成猶予が生じる。
2．Aに対して甲を支払うようBに命じる判決が確定した。これにより，時効の更新が生じる。
3．時効の完成猶予事由が生じると，時効期間の進行が停止し，その事由が終了すると，時効期間の進行が再開する。
4．時効の更新が生じた場合，それまで経過した時効期間は無意味となり，新たに時効が進行する。

【B 29】

解説　時効の完成は，一定の事由の発生により妨げられる。その事由には，完成猶予と更新の2種類がある。

1．正しい。時効の完成猶予は，①権利者が権利を行使する意思を明確にしたこと（民147条～151条），または権利者が権利を行使することが不可能または著しく困難となるような事由のあること（民158条～161条）を理由に，②その事由の継続中（事由によってはさらにその事由の消滅後の一定の期間），時効が完成しないこととするものである。本肢のような訴えの提起は，民法147条1項1号の「裁判上の請求」にあたり，時効の完成猶予を生じさせる。これにより訴えが終了するまでの間は，時効が完成しないほか，訴えの取下げなどのように，権利の内容を確定することなく終了した場合には，終了から6ヵ月の間，時効が完成しない（民147条1項）。
2．正しい。時効の更新は，①権利の存在について確証が得られたと評価できること（民147条2項・148条2項・152条）を理由に，②それまで進行してきた時効期間を時効完成にとってまったく無意味にし，新しい時効期間を0から開始させるものである。本肢のように，訴えの結果，確定判決（確定判決と同一の効力を有するものを含む）によって権利が確定したときは，時効の更新が生じる（民147条2項）。
3．誤り。時効の完成猶予は，その事由の継続中（事由によってはさらにその事由の消滅後の一定の期間）に時効期間が満了しても，時効が完成しないという効果をもつ。時効期間の進行そのものを停止するわけではない。
4．正しい。時効の更新は，それまで進行してきた時効期間を無意味にし，新しい時効期間を開始させる。

正解　3

時効の完成猶予・更新

問題 60　AがBに対して有する金銭債権（甲債権）は，仮に時効の完成猶予も更新もなければ，9月1日に消滅時効期間が満了するものであった。この場合に関する以下の記述のうち，誤っているものを1つ選びなさい。なお，日付はいずれも同じ年のものである。

1．Aが，5月1日に，甲債権の履行を求める訴えをBに対して提起した。この場合，12月1日の時点で，訴訟がまだ継続していれば，時効はまだ完成していない。
2．Aが，5月1日に，甲債権の履行を求める訴えをBに対して提起した。その後Aは，10月1日に，この訴えを取り下げた。この場合，12月1日の時点で，時効はまだ完成していない。
3．Aが，5月1日に，甲債権の履行をBに催告した。Bが応じないため，Aは，10月1日に再び甲債権の履行をBに催告した。この場合，12月1日の時点で，時効はまだ完成していない。
4．AとBは，5月1日に，甲債権についての協議を行う旨を書面で合意した（協議期間は定められていなかった）。その後Bは，10月1日に，Aに対して，協議を続けることを拒絶する旨を書面で通知した。この場合，12月1日の時点で，時効はまだ完成していない。

【S 31】

解説　本問は，時効の完成猶予に関する問題である。時効の完成猶予は，権利者が権利行使の意図を明確にした場合（民147条～151条）や，権利行使による時効期間の更新が不可能・困難である場合（民158条～161条）に認められている。

1．正しい。訴えの提起は，民法147条1項1号の「裁判上の請求」にあたり，その終了までの間は，時効は完成しない。
2．正しい。訴えが取り下げられた場合には，権利が裁判上確定するわけではないから，時効期間は更新しない（民147条2項参照）。この場合，訴えの取下げによって裁判上の請求は終了するが，時効は，その終了の時から6ヵ月を経過するまでの間は，完成しない（同条1項カッコ書参照）。
3．誤り。催告があったときは，その時から6ヵ月を経過するまでの間は，時効は完成しない（民150条1項）。ただし，催告によって時効の完成が猶予されている間に再度催告がされても，時効の完成猶予の効力を有さないとされている（同条2項）。本肢の場合，5月1日の催告により，11月1日の満了まで，時効の完成が猶予される。しかし，この完成猶予の期間中に行われた10月1日の催告は，時効の完成猶予の効力を有さない。
4．正しい。権利についての協議を行う旨の合意が書面でされたときは，合意の時から1年または当事者が定めた1年未満の協議期間のいずれか早い時までの間，時効は完成しない（民151条1項1号および2号。当事者の一方から相手方に対して協議の続行を拒絶する旨の通知が書面でされた場合について，同項3号を参照）。

正解　3

時効の完成猶予

問題 61　債権の消滅時効の起算点に関する以下の記述のうち，判例がある場合には判例に照らして，正しいものを 1 つ選びなさい。

1．債権の消滅時効は，債権者が債権の発生を知る時まで進行を開始しない。

2．停止条件付債権の消滅時効は，条件成就の時まで進行を開始しない。

3．返還時期の定めのない貸金債権の消滅時効は，返還の催告の時に進行を開始する。

4．不法行為による損害賠償の請求権の消滅時効は，被害者が損害の発生を知った時に進行を開始する。

【S 32】

解説　本問は，債権の消滅時効の起算点に関する問題である。

1．誤り。債権は，①「債権者が権利を行使することができることを知った時」から 5 年か，②客観的にみて「権利を行使することができる時」から 10 年が経過したときに，消滅時効にかかるとされている（民 166 条 1 項）。後者の時効期間は，債権者が債権の発生を知らなくても進行を開始する。「権利を行使することができる」とは，権利行使につき法律上または性質上の障害がないことをいうとされ，権利者が権利の発生を知らないことは，権利行使の事実上の障害にすぎず，これにあたらない（大判昭 12・9・17 民集 16・1435）。なお，債権または所有権以外の財産権は，「権利を行使することができる時」から 20 年間で消滅時効にかかる（同条 2 項）。

2．正しい。停止条件付の権利は，条件が成就しない限り，法律上行使することができない。したがって，条件成就の時まで権利行使につき法律上の障害があるから，消滅時効はその時まで進行を開始しない。

3．誤り。返還時期の定めのない貸金債権の履行期は，催告後相当期間を経過した時に到来する（民 591 条 1 項・412 条 3 項）。そのため，貸主は，催告の時まで法律上権利を行使することができないとも考えられる。しかしながら，催告は原則としていつでもすることができるため，催告しない限り消滅時効の進行が開始しないとすると，消滅時効が完成せず，何もしない債権者が催告をした債権者よりも有利に扱われることになり，適当ではない。そこで，返還時期の定めのない貸金債権については，契約締結後相当の期間が経過した時に消滅時効の進行が開始すると解されている。

4．誤り。不法行為による損害賠償の請求権は，①「被害者又はその法定代理人が損害及び加害者を知った時」から 3 年（ただし人の生命又は身体を害する不法行為については5年。民724条の2）か，②「不法行為の時」から 20 年が経過したときに，消滅時効にかかるとされている（民 724 条）。

正解　2

消滅時効の起算点

問題62　消滅時効の完成に関する以下の記述のうち，正しいものを1つ選びなさい。

1．消滅時効期間は，その権利が発生した時点から進行を開始する。
2．債権の消滅時効期間は，民法その他の法律に別段の定めがない限り，20年である。
3．所有権は，他人の妨害によって所有物を利用することができない期間が継続すると，時効によって消滅する。
4．身分権や人格権は，消滅時効の対象にならない。

【B 31】

解説　消滅時効が完成するためには，権利が行使されない状態が，所定の期間継続することが必要である。また，権利のなかには，消滅時効の対象とならないものも少なくない。

1．誤り。債権は，「債権者が権利を行使することができることを知った時」から5年（民166条1項1号），または「権利を行使することができる時」から10年（同項2号）で消滅時効にかかるとされている。また，債権または所有権以外の財産権は，「権利を行使することができる時」から20年で消滅時効にかかるとされている（同条2項）。いずれの場合も，権利が「発生」した時ではなく，「権利を行使することができる時」またはそれ以降に「債権者が権利を行使することができることを知った時」が，起算点とされている。権利不行使を理由として権利を消滅させるのが消滅時効であるが，権利行使ができない場合にまでそのような不利益を権利者に負わせるのは適当ではないという考えによる。ここにいう「権利を行使することができる」とは，権利を行使するための法律上または性質上の障害（典型的には停止条件や期限）がないことをいい，たとえば証書の紛失や病気，権利の存在や行使可能性の不知などのように，権利者が個人的事情により権利を行使することができないだけの場合は含まれない。
2．誤り。債権の消滅時効期間については，肢1の解説を参照。ただし，例外規定もある（民167条～169条・724条・724条の2）。
3．誤り。民法166条2項は「債権又は所有権以外の財産権」について，原則として20年で消滅時効にかかると規定している。「所有権以外の」と規定されていることから，所有権は時効によって消滅することはないと解されている。ただし，他人が物を時効取得すると，その反射として，元の権利者の所有権が消滅する。債権または所有権以外の財産権としては，地上権や地役権といった権利が典型例としてあげられる。
4．正しい。民法166条2項は，「財産権」に限定して消滅時効期間を定めている。このため，夫婦や親子といった親族法上一定の地位にあることに基づいて認められる身分権や，人の生命・身体・名誉など人格的な利益を基礎とする人格権のような非財産権は，ここに含まれない。したがって，これらの権利は，時効によって消滅することはないと解されている。

正解　4

問題 63　AはBに100万円を貸した。その後BはAに40万円を弁済した。その後は弁済のないまま長期間が過ぎ，消滅時効が完成するにいたった。この場合に関する以下の記述のうち，判例がある場合には判例に照らして，誤っているものを1つ選びなさい。

1．Bは，Aから残額60万円の支払を請求されたとしても，その支払を拒むことができる。
2．Bは，Aから残額60万円の請求を受け，これに応じて60万円を支払ったときは，後からその返金を求めることができない。
3．Bは，Aから消滅時効が完成するまでの間に発生した利息の支払を請求されたとしても，その支払を拒むことができる。
4．Bは，Aに対して，すでに支払った40万円の返還を請求することができる。

【S 33】

解説　本問は，消滅時効が完成したことの効果に関する問題である。

1．正しい。消滅時効の完成により，債権は消滅する（民166条1項。ただし，当事者が援用しなければ，裁判所がこれによって裁判をすることができない。民145条）。消滅した債権を行使することはできないのであるから，Aには債権の残額の支払を求める権利はない。このため，BはAに対する支払を拒むことができる。

2．正しい。肢1の通り，消滅時効の完成により債権は消滅するが，債務者は時効の利益を放棄することができる。Bが，時効の完成を知りながら，時効を援用せず，Aの支払請求に応じたとすれば，Bは時効の利益を放棄する意思であったとみることができ，債権は消滅しない。このためBは支払った60万円の返還を求めることができない。これに対して，Bが時効の完成を知らなかった場合には，Bは時効の利益を放棄する意思をもっていたとはいえない。しかし判例（最大判昭41・4・20民集20・4・702）は，この場合にも，一度支払に応じた債務者が，その後に時効の完成を主張することは信義則に反するとして，時効を援用することを認めていない。

3．正しい。消滅時効が完成したことによる効果には遡及効がある（民144条）。債権は消滅時効の起算日にさかのぼって消滅していたことになるから，利息も生じなかったことになる。このため，Bは利息の支払も拒むことができる。

4．誤り。40万円の部分は，弁済によって消滅している。時効の完成が問題となっているのは，残部の60万円についてのみである。

正解　4

消滅時効の効果

Ⅱ 物　権

問題 64　典型的な物権と典型的な債権との違いについて述べた以下の記述のうち，誤っているものを１つ選びなさい。

1．物権は物を支配する権利であるのに対し，債権は人に行為を求める権利である。

2．物権の譲渡は譲渡の合意のほかに対抗要件を備えなければ効力を生じないが，債権の譲渡は譲渡の合意のみによって効力を生ずる。

3．物権はその種類および内容が法律によって定められたものに限定されるが，債権にはそのような制約はない。

4．物権は絶対的かつ排他的な権利であるが，債権は相対的かつ非排他的な権利である。

【B 32】

解説　物権とは物に対する直接的支配権であり，絶対性および排他性を備えた権利である。これに対して，債権は特定の人に対して一定の行為を請求しうる権利であり，相対性および非排他性を特徴とする。

1．正しい。一般に，物権とは「物に対する直接の支配権」，債権とは「特定の債務者に対して一定の行為を要求しうる権利」と定義される。

2．誤り。物権の変動は，意思表示のみによって生ずる（民 176 条）。対抗要件は，生じた物権変動を第三者に対抗するための要件であり（民 177 条），譲渡の効力は合意のみによって生ずる。債権譲渡についても，譲渡の効力は合意のみによって生ずることを前提として，通知または承諾が対抗要件とされている（民 467 条）。

3．正しい。物権の種類や本質的な内容を当事者が自由に決めることはできない（民 175 条）。これを物権法定主義という。それに対して，債権に関しては契約自由の原則が妥当し，債権の種類や内容を当事者は契約によって自由に決めることができる。

4．正しい。物権の排他性とは，同一物につき互いに両立しえない物権が２つ以上成立することはないことをいう。たとえば，Ａが甲土地の（単独）所有者であることは，同時にＡ以外の者が甲土地の所有者でないことを意味する。これに対して，債権には排他性がなく，債務者がそのすべてを履行することは不可能な（その意味で両立しえない内容の）債務も複数成立する余地がある。たとえば，同一日時に俳優Ａが劇場Ｂに出演する契約 α とテレビ局Ｃのトークショーに出演する契約 β を締結する場合，ＢのＡに対する債権があることは，ＣのＡに対する債権の成立の妨げとはならない。もっとも，ＡはＢに対する債務とＣに対する債務のいずれか一方しか履行することができないので，履行されなかった債務は履行不能となり，債務不履行の問題を生ずる。

正解　2

物権と債権の違い

問題65　物権的請求権に関する以下の記述のうち，誤っているものを1つ選びなさい。

1．Bは，Aの所有する自転車甲を自分のものと誤信して乗って帰った。このとき，Aは，Bに対して，甲の返還を請求することができる。

2．Bは，Aの所有する土地を不法に占拠し，乙建物を建てて所有している。このとき，Aは，その土地につき所有権移転登記を備えていなくても，Bに対して，乙建物の収去を請求することができる。

3．Bの建てた丙建物の一部が，隣人Aの所有する土地の上に建っている。Bが隣地との境界線を間違えたことに過失がないとき，Aは，Bに対して，丙建物の越境部分を収去するよう請求することができない。

4．Bの庭に立っている老大木丁が，朽ちて隣人Aの所有する家の上に倒れそうになっている。このとき，Aは，Bに対して，丁が自分の家の上に倒れてくることを防止するための措置を請求することができる。

【B 33】

解説　物権の内容の実現が侵害され，または侵害の危険がある場合，物権を有する者は，侵害者または侵害する危険のある物を支配する者に対して，侵害状態または侵害の危険を除去するよう請求することができる。このような権利を物権的請求権とよんでいる。

1．正しい。物の所有者が，その物の占有を喪失した場合，その物を正当な権原なく占有する者に対して，返還（引渡しまたは明渡し）を請求することができる。物権に基づくこの請求権を，物権的返還請求権という。

2．正しい。物権的請求権を行使するためには，その請求の基礎となる物権を相手方に対して主張することができなくてはならない。これによると，不動産物権変動の対抗要件は登記であるから（民177条），Aは，土地の所有権の登記を備えていなければ，第三者に対して乙建物の収去を請求することができないようにも思える。しかし，不法占拠者は，民法177条の第三者にあたらない（→問題69肢4の解説）。したがって，Aは，土地の所有権移転登記を備えていなくても，Bに対して物権的請求権を行使することができる。

3．誤り。物権に基づいて返還以外の方法で妨害の排除を求める権利を，物権的妨害排除請求権という。物権的請求権は，本来あるべき支配状態を回復するための権利であり，侵害者に故意や過失がなくても成立する。この点が物権的請求権と不法行為による損害賠償請求権等の最大の違いである。

4．正しい。物権が妨害されるおそれがある場合には，その妨害を予防するための作為または不作為を求めることができる。この権利を，物権的妨害予防請求権という。

正解　3

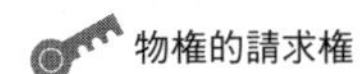
物権的請求権

問題66　AがBに甲土地を売る旨の契約が締結された。この場合に関する以下の記述のうち，誤っているものを1つ選びなさい。

1．AからBへの甲土地の所有権移転の効果は，引渡しや所有権移転登記がされていなくても生ずる。
2．AとBは，その合意により，甲土地の所有権の移転時期を定めることができる。
3．Bは，Aから甲土地の引渡しを受ければ，のちにAから同じく甲土地を買い受けたCに対して，自分が甲土地の所有者であると主張することができる。
4．AからBへの所有権移転登記がされていなくても，AB間の売買の後にAから甲土地を買い受けたCがBの所有権取得を認めるならば，Bは，甲土地の所有権取得をCに対して主張することができる。

【B 34】

解説　物権の設定および移転は，当事者のした意思表示のみの効果として生ずる（民176条）。ただし，その物権の設定および移転の効果は，対抗要件を備えなければ第三者に対抗することができない（民177条または民178条）。

1．正しい。物権変動が効力を生ずるためには，原則として当事者の意思表示さえあれば十分であり，登記や引渡しなどその他の行為をする必要はない。このような考え方を意思主義とよぶ。これに対して，意思表示のほかに特定の行為をしないと物権変動の効力が発生しないとする立法主義を形式主義とよぶ。
2．正しい。意思主義とは，物権変動が生ずる時期を両当事者が自由に決めることができることをも含む考え方である。たとえば，売買契約が締結された際，1ヵ月後に代金完済と引換えに所有権を売主から買主へ移転する旨の特約がされると，その特約で定められた時に所有権移転の効果が生ずる。
3．誤り。民法上，動産譲渡の対抗要件は引渡しである（民178条）。これに対して，不動産物権変動の対抗要件は，引渡しではなく，登記である（民177条）。したがって，Bは，登記をしなければCに所有権取得を対抗することができない。
4．正しい。AB間では，意思表示のみの効果として物権変動が生じている。この場合，第三者Cは，登記がされていないこと（登記欠缺）を主張して未登記の物権変動の効果を否認することができる。しかし，Cは，登記欠缺を主張せずに，承認してもよい。後者の場合，Bは，Cに対して登記なしに所有権取得を主張することができる。

正解　3

意思主義と対抗要件主義

問題 67　以下の記述のうち，BがCに対して甲土地の所有権の時効取得を主張することができない場合を，判例がある場合には判例に照らして，1つ選びなさい。

1．Aは，Bに甲土地を売り，引き渡したが，甲土地の真の所有者は，Cであった。Bは，引渡しを受けた当時，Aが甲土地の所有者であると無過失で信じていた。その後，Bが15年間甲土地の占有を継続した場合。

2．Aは，Bに，自己の所有する甲土地を売り，引き渡した。Bが甲土地の引渡しを受けてから3年後に，Aは，Cに甲土地を売り，C名義への所有権移転登記がされた。その後，Bがさらに9年間甲土地の占有を継続した場合。

3．Aは，Bに，自己の所有する甲土地を売り，引き渡した。Bが甲土地の引渡しを受けてから11年後に，Aは，Cに甲土地を売り，C名義への所有権移転登記がされた。その後，Bがさらに9年間甲土地の占有を継続した場合。

4．Aは，Bに，自己の所有する甲土地を売り，引き渡した。Bが甲土地の引渡しを受けてから11年後に，Aは，Cに甲土地を売り，C名義への所有権移転登記がされた。その後，Bがさらに20年間甲土地の占有を継続した場合。

【S 34】

解説　本問は，時効取得における民法177条の適用に関する問題である。なお，以下に説明する判例の準則に対しては，学説から批判もある。

1．主張することができる。時効により，Bが甲土地の所有権を取得する一方で，Cは甲土地の所有権を失う。BC間の関係は，ちょうどCからBへと権利が承継される関係，つまり物権変動の「当事者」のような関係に見立てることができる。したがって，Bは，Cに対して，登記なしに所有権取得を主張することができる（大判大7・3・2民録24・423）。

2．主張することができる。Cは，時効完成前に出現しており，Bの時効取得の反射として所有権を失うのは，完成時の所有者であるC自身と考えられる。BC間の関係は「当事者」に類比されるから，Bは，Cに対して，登記なしに所有権取得を主張することができる（最判昭41・11・22民集20・9・1901）。

3．主張することができない。Cは，時効完成後に出現しており，時効取得の反射として所有権を失うのは，完成時の所有者であるAと考えられる。AからBへの時効による「物権変動」とAからCへの譲渡との間には，二重譲渡類似の関係がみられるから，Bは，Cに対して，登記がなければ所有権取得を主張することができない（大連判大14・7・8民集4・412）。

4．主張することができる。時効完成後に出現したCが登記を備えた後に，Bがさらに時効完成に必要な期間占有を継続した場合，Bは新たな時効により所有権を取得する。その反射として権利を失うのはCであり，BC間の関係は「当事者」に類比されるから，Bは，Cに対して，登記なしに所有権取得を主張することができる（最判昭36・7・20民集15・7・1903）。

正解　3

問題68　Aがその所有する甲土地をBに売り，引き渡した。また，AからBへの所有権移転登記がされた。この場合に関する以下の記述のうち，判例がある場合には判例に照らして，誤っているものを1つ選びなさい。

1．Bが，Cに甲土地を売り，引き渡した。その後，Aが，Bとの売買契約の意思表示を，Bの強迫を理由に取り消した。この場合，Aは，登記がなくても，甲土地の返還をCに求めることができる。

2．Aが，Bとの売買契約を，Aが成年被後見人であることを理由に取り消した。その後，Bが，取消しの事実を知らないCに甲土地を売り，引き渡した。この場合，Aは，登記がなくても，甲土地の返還をCに求めることができる。

3．Aが，Bとの売買契約をBの債務不履行を理由に解除した。その後，Bが，解除の事実を知らないCに甲土地を売り，引き渡した。この場合，Aは，登記がなければ，甲土地の返還をCに求めることができない。

4．Aが，Bとの売買契約につき，Aの意思無能力を理由に無効を主張した。その後，Bが，無効主張の事実を知るCに甲土地を売り，引き渡した。この場合，Aは，登記がなくても，甲土地の返還をCに求めることができる。

【S 35】

解説　本問は，民法177条が適用される物権変動に関する問題である。

1．正しい。行為の取消しにより，物権変動の効果も遡及的に消滅する（民121条）。詐欺取消しの場合，善意無過失の第三者は保護されるが（民96条3項），強迫取消しの場合にはそのような規定がなく，取消しの効果を無制限に第三者に対抗することができる。

2．誤り。取消原因が何であれ，行為の取消後に目的物に利害関係をもった第三者に対して取消しによる物権変動の遡及的消滅を対抗するためには，登記を必要とすると解されている（大判昭17・9・30民集21・911）。取消しをした者は，登記名義を回復することができたのに，これを怠った以上，それにともなう不利益を受けても仕方がないからである。したがって，本肢においては，Aは，取消しの効果をCに対抗することができない。

3．正しい。肢2の解説において述べたことと同様の理由から，解除後の第三者との関係にも民法177条が適用され（最判昭35・11・29民集14・13・2869），Aは，解除による所有権の回復を，その登記をしなければCに対抗することができない。

4．正しい。意思無能力に基づく無効の場合，Aは，第三者にも無効を主張することができる。もっとも，Cが，本肢と異なり善意（無過失）であったならば，民法94条2項類推適用により保護される可能性はある。

正解　2

民法177条が適用される物権変動

問題69　Ｂは，Ａから，Ａの所有する甲土地を譲り受けて，Ｃに売り渡した。以下のうち，Ｃが，所有権移転登記を備えなければ甲土地の所有権取得を対抗することができない者として正しいものを，判例がある場合には判例に照らして，１つ選びなさい。

1．Ａ
2．Ｂから甲土地を贈与されたＤ
3．Ｂの相続人Ｅ
4．正当な権原なしに甲土地を占有するＦ

【B 35】

解説　不動産の物権の取得，喪失，変更は不動産登記法その他の法律の定めるところに従って登記をしなければ，第三者に対抗することができない（民177条）。ここにいう「第三者」とは，物権変動の当事者（本問ではＢおよびＣ）以外の者を広く包含しうる概念であり，同条の趣旨に照らしてその意義を考える必要がある。判例においては,「第三者」は，当事者およびその包括承継人以外の者であって，登記欠缺を主張する正当な利益を有する者に限定して理解されている（第三者制限説：大連判明41・12・15民録14・1276）。

1．対抗することができる。不動産がＡ→Ｂ→Ｃと順に譲渡されたとき，Ｂの前主であるＡは，Ｃからみて民法177条の第三者にあたらない（最判昭39・2・13判タ160・71）。Ａは，Ｂへの所有権移転により無権利になっており，ＢＣ間の権利移転を否定しても自ら権利者となるわけではなく,「登記欠缺を主張する正当な利益を有する」とはいえないからである。
2．対抗することができない。同一不動産の譲受人Ｄは，譲渡人Ｂとの間の有効な契約に基づいて目的物に対して権利を取得している。譲渡契約の有償無償は，ＤがＣの登記欠缺を主張する資格を有するか否かという問題との関係では意味をもたない。
3．対抗することができる。物権変動の当事者およびその包括承継人は，民法177条の第三者ではない。Ｂの相続人Ｅは，包括承継人であって，被相続人Ｂの当事者としての地位を承継する。
4．対抗することができる。不動産について何の権利も有しない無権利者は，民法177条の第三者にあたらない（前掲・大連判明41・12・15）。したがって，正当な権原なしに甲土地を不法占拠するＦは第三者に含まれない（最判昭25・12・19民集4・12・660）。

正解　2

問題70　Aは，自己の所有する甲土地をBに譲渡したが，AからBへの所有権移転登記はされていなかった。その後にAがCにも甲土地を譲渡して，Cへの所有権移転登記がされた。以下のうち，BがCに対して甲土地の所有権取得を対抗することができない可能性がある場合を，判例がある場合には判例に照らして，1つ選びなさい。

1．CがＡＢ間の譲渡の事実を知っていた場合
2．ＡＣ間の譲渡が虚偽表示によってされていた場合
3．Bの登記具備をCが詐欺により妨害していた場合
4．Cが未成年者Bの法定代理人であった場合

【B 36】

解説　民法177条は文言上，第三者の善意を要件としていない。つまり，二重譲渡の第二譲受人が先行する第一譲渡を知っていたかどうか（主観的態様）を問わない体裁をとる。判例も，善意悪意不問を原則とする考え方に立っている（最判昭32・9・19民集11・9・1574）。もっとも，第三者の主観的事情次第では，未登記でも物権変動の対抗力が例外的に認められる場合がある。

1．対抗することができない可能性がある。判例において，先行する物権変動の事実を知っており，かつ登記欠缺を主張することが信義則に反する者は背信的悪意者として，登記欠缺を主張する正当な利益を有しないとされている（背信的悪意者排除論：最判昭43・8・2民集22・8・1571）。背信的悪意者排除論は，悪意者であっても，登記欠缺を主張することが信義則に反しない場合には第三者に含まれることを含意する。これに対して，学説では悪意者・善意有過失者を全般的に排除する考え方も相当有力である。
2．対抗することができる。虚偽表示（民94条1項）による契約は無効である。Cは無権利者であるから，Bは，登記なしに所有権取得の効果をCに対抗することができる（→問題69肢4の解説）。
3．対抗することができる。詐欺または強迫により登記を妨害した者に対しては，民法177条の原則に対する例外として，登記なしに物権変動の効果を主張することができる（不登5条1項）。
4．対抗することができる。他人のために登記を申請する義務を負う第三者は，その登記がないことを主張することができない（不登5条2項）。CはBの代理人としてAからBへの所有権移転登記の申請義務を負うため，Bは，Cに甲土地の所有権取得を対抗することができる。ただし，Bの登記原因がCの登記の登記原因の後に生じたときは，この限りでない（同項ただし書）。

正解　1

民法177条の第三者の主観的態様

問題71　以下のうち，判例に照らして，Bが建物の所有権取得をCに対抗するために登記を必要としない理由が他と異なるものを，1つ選びなさい。

1．Aから建物を買ったBは，放火によりその建物を焼失させたCに対して，登記がなくても所有権の取得を対抗することができる。

2．Aから建物を買ったBは，その建物を不法に占有するCに対して，登記がなくても所有権の取得を対抗することができる。

3．Aから建物を買ったBは，同じ建物を譲り受けた背信的悪意者Cに対して，登記がなくても所有権の取得を対抗することができる。

4．Aから建物を買ったBは，登記申請書類を偽造してAからの移転登記を得た無権利のCに対して，登記がなくても所有権の取得を対抗することができる。

【S 36】

解説　本問は，民法177条の「第三者」に関する問題である。判例は，同条の「第三者」の範囲について，いわゆる制限説をとり，第三者とは，登記の欠缺を主張するにつき正当な利益を有する者をいうとしている。

1．不法行為者は，民法177条の第三者ではない（大連判明41・12・15民録14・1276）。

2．不動産を不法に占拠する無権利者は，民法177条の第三者ではない（最判昭25・12・19民集4・12・660）。

3．二重譲受人のように，客観的には民法177条の第三者に含まれる者であっても，背信的悪意者であれば，その主観的態様を理由に，同条の第三者から排除される（最判昭43・8・2民集22・8・1571）。

4．登記簿上所有者として表示されているにすぎず，実質的な無権利者は，民法177条の第三者にあたらない（最判昭34・2・12民集13・2・91）。

肢1，2および肢4では，肢3と異なり，Cは，甲土地について何ら有効な法律関係に立たない。Cは，無権利者であり，その主観的態様を問うまでもなく，客観的地位において，民法177条の第三者にあたらないとされている。それに対して，肢3のCは，目的物の所有権を一応取得しており，客観的には第三者に含まれるが，登記欠缺を主張することが信義則に反するような個別事情があるために，例外的に民法177条の第三者から除外される。この点において，肢3は，肢1，2，4とは異質である。

正解　3

民法177条の「第三者」

問題 72　甲土地がＡからＢ，ＢからＣへと順に売買により譲渡されたが，登記名義はＡに残されている。この場合に関する以下の記述のうち，判例がある場合には判例に照らして，誤っているものを１つ選びなさい。

1．Ｃは，Ｂに対して，ＢからＣへの所有権移転を内容とする登記手続への協力を請求することができる。

2．Ｂは，Ａに対して，ＡからＢへの所有権移転を内容とする登記手続への協力を請求することができる。

3．Ｃは，Ｂの同意を得られなければ，Ａに対して，ＡからＣへの所有権移転を内容とする登記手続への協力を請求することができない。

4．Ａは，Ｂに対して，ＡからＢへの所有権移転を内容とする登記手続への協力を請求することができない。

【S 37】

解説　本問は，登記請求権に関する問題である。権利の登記を申請するために相手方の協力を訴求しうる権利を登記請求権という。登記請求権の発生根拠は多元的であり，登記請求権には，①現在の実体的な権利関係と登記が一致しない場合に，この不一致を除去するために，物権の効力として生ずるもの，②物権の移転等を目的とする契約の効果として生ずるもの（たとえば売買契約に関する民 560 条），③物権変動の過程を登記簿に反映させるために，物権変動の事実自体から生ずるものがあるとされている。

1．正しい。Ｃは，Ｂとの売買契約に基づき，ＢからＣへの所有権移転を内容とする登記請求権を，Ｂは，Ａとの売買契約に基づき，ＡからＢへの所有権移転を内容とする登記請求権を，それぞれ有する。ＡからＢへの所有権移転登記がされれば，Ｂは，Ｃに対する登記義務を履行することができる。Ｂが現在登記の名義を有しないことは，ＣのＢに対する登記請求権の発生を阻害する事由にあたらない。

2．正しい。不動産の買主Ｂは，目的不動産の転売後も，売買契約に基づく登記請求権のほか，物権変動の事実自体に基づく登記請求権を売主Ａに対して有している（大判明 43・7・6 民録 16・537）。後者には，前者が時効により消滅した場合においても行使することができる点において，独自の存在意義が認められる。

3．正しい。実体的な権利変動の過程と異なる移転登記を請求する権利は，当然には発生しないのが原則である。すなわち，Ｃは，甲土地の所有権を有するにせよ，現在の登記名義人Ａに対して直接自己への移転登記（中間省略登記）を請求することはできない。ただし，登記名義人Ａおよび中間者Ｂの同意がある場合は，そのような中間省略登記請求も例外的に認められる（最判昭 40・9・21 民集 19・6・1560）。そして，Ｃは，Ａに対する確定判決を得ることにより，単独で判決による中間省略登記手続を行うことができる（不登63条1項）。もっとも，2003（平成15）年の不動産登記法改正により，実体法上AからCへ直接所有権が移転した内容の登記原因証書が呈示されなければ，AからCへの所有権移転登記をすることができなくなったことにともない，同判決の先例としての意義に関しては揺らぎが生じていると考えられる。さらにその後，中間者が死亡しているため，中間省略登記請求によって，中間者が不利益を受ける余地がないケースにおいても，真正な登記名義の回復を目的とする中間省略登記請求を否定した判決も登場している（最判平22・12・16民集64・8・2050）。

4．誤り。売主の側も，たとえば登記名義人として固定資産税を負担し続ける状態を解消するため，買主に対して登記の引取りを求めたい場合がある。このような場合，売主Aの買主Bに対する登記引取請求権が認められる（最判昭36・11・24民集15・10・2573）。

正解　4

登記請求権

問題 73　動産物権譲渡の対抗要件に関する以下の記述のうち，誤っているものを１つ選びなさい。

1．ＡがＢに預けていた絵画甲をＢに売った場合，ＡとＢは，意思表示だけで甲の引渡しを行うことができる。
2．ＡがＢに自転車乙を売ったが，引き続き乙を手元に置く場合でも，Ａが以後乙をＢのために占有するという意思表示をすれば，引渡しが認められる。
3．ＡがＣに預けているタンス丙をＢに売った場合，ＡがＣに対して丙を以後Ｂのために保管するよう命じ，Ｃがこれを承諾することによって，引渡しが認められる。
4．Ａが所有する自動車丁をＢに売った場合，引渡しをしなくても，丁の登録名義をＢにすれば，Ｂは対抗要件を備えたことになる。

【B 37】

解説　動産譲渡の対抗要件は引渡しである（民 178 条）。動産物権変動が当事者の意思表示に基づいて生ずる場合として，動産譲渡のほかに，動産質権の設定もある。しかし，動産質権の設定においては，目的物の引渡しは対抗要件ではなく，効力要件とされている（民 344 条）。

引渡しには４つの態様がある。現実の引渡し（民 182 条１項），簡易の引渡し（同条２項），占有改定（民 183 条），指図による占有移転（民 184 条）である。現実の引渡しとは，物の支配を現実に移転することを意味し，日常用語でいう「引渡し」とほぼ同じ意味である。

1．正しい。「簡易の引渡し」とは，現実の占有を譲受人Ｂのもとにとどめたまま，譲渡人Ａが目的物をＢに引き渡す旨の意思表示をすることにより，引渡しがされたと認められることをいう。本肢はこれにあたる。
2．正しい。「占有改定」とは，現実の占有を譲渡人Ａのもとにとどめたまま，Ａが以後譲受人Ｂのために目的物を占有すると宣言することにより，引渡しがされたと認められることをいう。本肢はこれにあたる。
3．誤り。「指図による占有移転」とは，現実の占有を第三者Ｃにゆだねている譲渡人Ａが，Ｃに以後譲受人Ｂのために目的物を占有するよう指図し，これを譲受人Ｂが承諾することによって，引渡しがされたと認められることをいう。本肢はこれにあたるようにみえるが，指図による占有移転のためには，ＣではなくＢの承諾が必要となる。
4．正しい。民法が定める動産譲渡の対抗要件は引渡しであるが，例外的に船舶，自動車，航空機など，登録制度が存在し，かつその下ですでに登録されている動産に関しては，登録が対抗要件となる（商 687 条・703 条，道路運送車両５条，航空３条の３など）。

正解　3

動産譲渡の対抗要件

問題 74　占有に関する以下の記述のうち，正しいものを1つ選びなさい。

1．取得時効の要件としての「他人の物を占有した者」に，間接占有者は含まれない。

2．同一の動産が2人の者に相次いで譲渡された場合において，第1譲受人への引渡しの方法が占有改定であったときは，第2譲受人が現実の引渡しを受けると，第1譲受人は，その所有権取得を対抗することができない。

3．他人の所有物を権原なしに占有していた者は，その物が自己の所有に属すると信じていたとしても，その物から収取した果実を所有者に返還しなければならない。

4．動産の引渡しを受けた者は，引渡しの方法が占有改定であったとしても，占有の侵害に対して，占有の訴えを提起することができる。

【S 38】

解説　本問は，占有および占有の移転方法である引渡しの意義を問うものである。

1．誤り。占有には，直接占有と間接占有がある。間接占有とは，他人に対して物を一時占有する権利を有しまたは義務を負う者を介して，その他人が有する占有をいう。これに対して，物を事実上直接に支配する関係を直接占有という。たとえば，賃貸借契約においては，賃借人が直接占有者であり，賃貸人は間接占有者である。寄託契約においては，受寄者が直接占有者であり，寄託者は間接占有者である。

取得時効は,「所有の意思をもって，平穏に，かつ，公然と」他人の物の占有を開始し，所定の期間占有を継続することを要件とする（民162条）。同条にいう占有には，直接占有のほか，代理占有（民181条）を介した間接占有の方法も含まれると解されている。

2．誤り。占有の移転方法には，現実の引渡しのほか，簡易の引渡し，指図による占有移転，占有改定という4つの方法がある。これら4つの方法による占有の移転は，占有改定による場合も含めて（大判明43・2・25民録16・153），民法178条において動産譲渡の対抗要件とされている引渡しにあたるとされている。したがって，占有改定により所有権取得の対抗要件を具備した第1譲受人への所有権の移転が確定する。ただし第2譲受人の即時取得（→問題76）による所有権の取得が，これとは別の問題として生じうる。

3．誤り。善意の占有者は占有物から生ずる果実を取得することができる（民189条1項）。もっとも，本権の訴えにおいて敗訴したときは，その訴え提起の時点から，占有者は悪意占有者とみなされ，果実収取権は認められなくなる（同条2項）。

4．正しい。占有改定による引渡しを受けた者も占有者であることに変わりはない。そのため，占有の侵害に対して，占有保持の訴え（民198条），占有保全の訴え（民199条），占有回収の訴え（民200条）を提起することができる（民197条）。

正解　4

占有とその移転方法

問題 75　以下の記述のうち，ＡがＢとの売買により物（甲）を即時取得するための要件として誤っているものを，１つ選びなさい。

1．甲が動産であること。
2．ＡとＢとの間の売買が無効であること。
3．ＡがＢから売買を原因として甲の占有を取得すること。
4．Ａが，甲の占有を取得した時に，Ｂが甲の所有者であると過失なく信じていたこと。

【B 38】

解説　即時取得の要件を問うものである。即時取得について，民法 192 条は，つぎのとおり定めている。「取引行為によって，平穏に，かつ，公然と動産の占有を始めた者は，善意であり，かつ，過失がないときは，即時にその動産について行使する権利を取得する。」

1．正しい。上に引用したとおり，即時取得の対象となる物は動産に限られる。動産の物権変動を公示する手段は引渡しであり，不動産登記ほど確実なものではないこと，他方で動産は頻繁・大量に取引されることから，動産取引の安全を特に保護するものである。
2．誤り。即時取得は，権利者らしい外観を過失なく信頼して取引した者を保護する（取引安全の）ための制度であり，前主が無権利者であるために権利を取得できない場合に適用がある。ところが，権利の取得原因である売買が無効である場合には，仮に売主が権利者であったとしても，その取引によって買主は目的物の所有権を取得することができないのだから，買主を保護する必要はない。このため，取得の原因である売買（取引）が有効であることが即時取得の要件とされている。
3．正しい。即時取得は，「取引行為によって」動産の「占有を始めた者」に権利の取得を認めるものである。したがって，本問では，Ａが，Ｂとの売買を原因として占有を始めること，すなわちＢから占有を取得することが，即時取得の要件となる。なお，占有取得の方法には，現実の引渡し，簡易の引渡し，指図による占有移転，占有改定があるが，このうち占有改定の場合には民法 192 条にいう「占有を始めた」ことにならないとするのが判例である（大判大５・５・16 民録 22・961，最判昭 35・２・11 民集 14・２・168）。
4．正しい。即時取得は，「動産の占有を始めた者」が「善意であり，かつ，過失がないとき」に認められる。本問でいえば，占有を取得したＡが，Ｂからその占有を取得した時に，Ｂが甲の所有権を有すると過失なく信じていたことが必要である。

正解　2

即時取得

問題76 Aは，動産甲を，これを占有するBから買い，その引渡しを受けたが，甲の所有者はBではなく，Cであることが判明した。以下の記述のうち，判例がある場合には判例に照らして，誤っているものを1つ選びなさい。

1．Aが，売買契約締結の時点ではBを甲の所有者であると無過失で信じていたが，引渡しの時点ではCが所有者であると知っていた場合には，Aは，甲の所有権を取得しない。
2．Aが引渡しを受けた後も甲をBにそのまま預けておいた場合，Aが善意無過失であっても，Cが先にBから動産の返還を受ければ，Aは，甲の所有権を取得しない。
3．Cが甲を紛失していた場合には，Cは，AB間の契約締結の時から2年以内であれば，甲の回復を求めることができる。
4．甲がCのもとから盗まれていた場合であっても，Aがその種の動産を販売する商人Bから善意無過失で甲を買い，引渡しを受けていたときは，Cは，Aが支払った代価を弁償しなければ，甲を回復することができない。

【S 39】

解説 本問は，動産の即時取得制度（民192条以下）についての基本的知識に関する問題である。

1．正しい。民法192条は,「占有を始めた者」の善意無過失を要件としている。したがって，契約締結時に善意無過失であっても，占有取得時に悪意となっていた者には，民法192条による権利の取得は認められない。
2．正しい。上に述べたように，即時取得が成立するためには，占有の取得が必要であるが，占有改定はこれに含まれないとするのが判例である（最判昭35・2・11民集14・2・168）。
3．誤り。即時取得制度は，占有取得者を保護するための制度ではあるが，権利を喪失する者（本問では，C）の利益にも配慮しており，それが，盗品または遺失物の例外（民193条）において表現されている。すなわち，Cは,「盗難又は遺失の時から2年間」に限って占有者（A）から回復を求めることができる（本肢は,「AB間の契約締結の時から2年以内」としている点が誤りである）。
4．正しい。占有者が「競売若しくは公の市場において，又はその物と同種の物を販売する商人から，善意で買い受けたときは，……占有者が支払った代価を弁償しなければ，その物を回復することができない」(民194条)。ここにあげられるような状況で動産を取得した占有者は，そうでない場合より強く保護すべき理由があるとして，取得代価の弁償が要求されている。

正解 3

問題 77 占有に関する以下の記述のうち，正しいものを１つ選びなさい。
1．占有は，物を所持することのみによって取得される。
2．１つの物について，同時に複数の占有者が存在することはない。
3．物を他人に貸して引き渡した者は，その物の占有を失う。
4．占有者は，所有の意思をもって占有するものと推定される。
【B 39】

解説 占有は，自己のためにする意思をもって物を所持することによって取得される（民180条）。民法は，占有にさまざまな法的効果を付与するのみならず，占有を物権の一種とし（占有権），その侵害に対して占有の訴えにより，物権的な保護を与えている。

1．誤り。占有は,「所持」という客観的要素と「自己のためにする意思」という主観的要素の両方が備わって取得される（民180条）。物の所持は，物に対する事実的支配をいうが，相当程度観念化されたものとして理解されている。たとえば，遠隔地にある別荘にも所持は認められる。「自己のためにする意思」とは，物の所持による事実上の利益を自己に帰属させようとする意思をいう。物を所持するだけで,「自己のためにする意思」が欠ける場合は，占有は取得されない。たとえば，甲土地にボール乙が投げ込まれても，甲土地の所有者がそれに気づかない場合，甲土地の所有者には乙について自己のためにする意思はなく，乙の占有を取得しない。

2．誤り。たとえば，不動産が賃貸された場合，目的物を直接に占有するのは賃借人であるが，賃貸人も，賃借人の占有を通じて間接的にその物を占有する。このほかに，１つの住居を複数人が共同使用する場合など，同一物を共同占有するものとみられるべき場合もある。

3．誤り。占有権は代理人によっても取得することができる（民181条）。この場合の占有を代理占有という。たとえば，不動産を賃貸する場合，目的物を直接に占有するのは賃借人であるが，賃貸人も，賃借人の占有を通じて間接的に賃貸目的物を占有する（肢２の解説も参照)。

4．正しい。占有の性質に関して,「占有者は，所有の意思をもって，善意で，平穏に，かつ，公然と占有をするものと推定」(民186条１項）される。所有の意思をもってする占有を自主占有という（→問題 78)。自主占有は，取得時効（民162条）や無主物の帰属（民239条１項）等の所有権取得原因の要件とされている。これに対して，所有の意思なしに行われる占有を他主占有とよぶ。賃借人または受寄者が目的物を他人（賃貸人または寄託者）の所有物として占有する場合がこれにあたる。

正解 4

占有の意義と性質

問題78　Ａが，Ｂの所有する甲土地を，25年間継続して占有している。この場合に関する以下の記述のうち，Ａが甲土地の所有権を時効によって取得する可能性がないものを１つ選びなさい。

1．Ａは，甲土地の所有者であると称するＣから甲土地を購入したことにより占有を開始した。この場合において，Ｃが甲土地の所有者でないことをＡが知らず，その知らないことにつき過失もなかったとき。
2．Ａは，甲土地の所有者であると称するＣから甲土地を購入したことにより占有を開始した。この場合において，Ｃが甲土地の所有者でないことをＡが知っていたとき。
3．Ａは，Ｂから甲土地を賃借して占有しているが，内心で甲土地を返還しないままいずれ自分の物にしてしまうつもりでいたとき。
4．Ａは，甲土地がＢの所有する土地であると知りながら，Ｂと何ら契約を結ぶことなく勝手に建物を建てて甲土地の占有を開始したとき。

【B 30】

解説　所有権の取得時効の完成には，他人の物を，所有の意思をもって，平穏に，かつ，公然と占有するという事実状態が，20年間（占有開始当初に善意無過失であれば10年間）継続することが必要である（民162条）。本問はこのうち,「所有の意思をもって」する占有に関する問題である。所有の意思をもってする占有とは，所有者と同じように物を排他的に支配しようとする占有であり，自主占有とよぶ。これに対して，所有の意思なしにする占有とは他人が所有者であることを前提としてする占有であり，他主占有とよぶ。

1．可能性がある。自主占有か否かは，占有者がその物を占有することになった原因(権原という)の客観的性質によって判断される。売買契約は，買主に物の所有権を与える契約であるから，売買に基づく占有は自主占有である。そして,この性質は，売主が無権利者であったとしても変わりがない。
2．可能性がある。自主占有か否かは，占有者が，自分は真の所有者でないことを知っていたか否かによって左右されない。自分が真の所有者でないことを知っていた（または過失によって知らなかった）という事情は，時効期間に影響するだけである。
3．可能性がない。賃貸借は他人の所有物を使用することを目的とする契約であるから，賃貸借に基づく占有は，他人が所有者であることを前提とした占有，つまり，他主占有である。これは，占有者がその内心に自己の所有物とする意思をもっていたとしても変わらない。
4．可能性がある。不法占有者のする占有は，真の所有者を排除して自分のものとする意思によるものと考えられるから，自主占有と認められる。

正解　3

所有権の取得時効

問題79 以下の記述のうち，Xが甲土地を時効により取得する可能性がある場合を1つ選びなさい。

1．Xは，A所有の甲土地を自己の物にしようと思い，その意図を隠してAから甲土地を借り，そのたくらみをAに気づかれないまま，甲土地を20年間占有した。

2．Bは，A所有の甲土地を自己の物にしようとたくらんで，甲土地を8年間不法占有した後，善意無過失のXに甲土地を譲渡した。Xは，その後2年間，甲土地を占有した。

3．Bは，A所有の甲土地を借り，乙建物を建てて甲土地を占有していたが，家族には，甲土地は自己の物であると説明していた。Bの子Xは，甲土地をBの物であると信じて，乙建物にBと共に20年間同居した。

4．Bは，A所有の甲土地をAから借り，乙建物を建てて甲土地を占有していたが，家族には，甲土地は自己の物であると説明していた。Bの死亡後，Bの唯一の相続人Xは，甲土地がBの物であると信じて乙建物に住みはじめ，そのまま20年が経過した。

【S 40】

解説 本問は，取得時効の完成要件としての占有に関する問題である。

所有権を時効により取得するには，「所有の意思」をともなう占有（自主占有）を10年間または20年間継続する必要がある（民162条）。「所有の意思」の有無は，原則として，権原の性質に従って客観的に決まる（民185条参照）。

1．時効取得する可能性がない。使用貸借または賃貸借に基づく占有は，権原の性質上，他主占有である。他主占有から自主占有への転換が認められるためには，占有者Xが，占有をさせた者Aに対して所有の意思のあることを表示するか，新権原により所有の意思をもった占有を開始しなければならない（民185条）。ところが，本肢にはこうした事情がない。

2．時効取得する可能性がない。Bは悪意の自主占有者であり，Xは善意無過失の自主占有者である。Xは，Bの占有期間を通算することができるが，その場合には，Bが悪意であるため，全体として悪意の占有者として扱われる（民187条）。したがって，占有期間10年では，取得時効は完成しない（民162条1項参照）。

3．時効取得する可能性がない。Xは，Bの占有補助者であり，甲土地を独立して占有していないから，甲土地を時効により取得することはない。なお，Bの占有は他主占有であるから，本肢では，Bが甲土地を時効により取得することもない。

4．時効取得する可能性がある。Bの占有は他主占有であるが，相続を契機として新たに開始された相続人Xの占有が，賃料の支払もなく客観的にみて自主占有と評価されるときには，民法185条により，相続を契機とするX独自の自主占有が認められる（最判平8・11・12民集50・10・2591参照）。この場合，X独自の自主占有が開始したときから20年または10年の経過により，Xが甲土地を時効により取得することがある。

正解 4

取得時効の完成要件としての占有

問題80　占有の訴えに関する以下の記述のうち，誤っているものを1つ選びなさい。

1．Aは，Bから借りた時計をCの自宅に置き忘れた。この場合，Aは，占有回収の訴えによってCから時計を取り戻すことができない。
2．Aは，Bから借りた時計をCに無理矢理奪われた。Cが，その時計をさらに善意のDに売却して，引き渡した。この場合，Aは，占有回収の訴えによってDから時計を取り戻すことができない。
3．Aは，Bから借りた甲土地を駐車場として使用していたが，Cが粗大ゴミを甲土地上に頻繁に投棄するようになった。Aが費用を負担して，そのゴミを除去した。この場合，Aは，Cに対して損害賠償を請求することはできない。
4．Aは，Bから借りた乙土地上に丙建物を築造して居住していたが，大雨でC所有の隣地の崖が軟化し，土砂崩れの危険が生じている。この場合，Aは，Cに対して土砂崩れを予防するための措置を請求することができる。

【B 40】

解説　民法は物の占有者に対して，その占有の効力として，占有の訴えを通して物権的な保護を与えている（民197条）。占有の訴えには，占有回収の訴え，占有保持の訴え，占有保全の訴えの3種類がある。これらは，所有権に基づく返還請求権，妨害排除請求権，妨害予防請求権に対応している。

1．正しい。占有者は，その占有する物を侵奪されたときは，占有物の返還および損害賠償の請求をすることができる（民200条1項）。これを占有回収の訴えという。本肢において，Cは，Aの時計の占有を奪ったわけではない。このため，Aは，Cを相手に占有回収の訴えを提起することはできない。
2．正しい。占有回収の訴えは，侵奪者の善意の特定承継人に対しては提起することができない（民200条2項本文）。これに対し，侵奪の事実を知っている悪意の特定承継人に対しては提起することができる（同条ただし書）。
3．誤り。占有侵奪以外の方法で占有を妨害された占有者は，妨害者に対して，その妨害の停止および損害の賠償を請求することができる（民198条）。これを占有保持の訴えという。本肢においては，Aは，ゴミの除去費用として相当な額について，Cに対して損害賠償を請求することができる。
4．正しい。占有者は，その占有を妨害されるおそれがある場合，妨害による損害はまだ発生していないが，妨害の予防または損害賠償の担保を請求することができる（民199条）。これを占有保全の訴えという。大雨のように自然力を原因とする場合であっても，妨害の危険が現存する以上，占有保全の訴えを提起することができる。

正解　3

問題81　A所有の甲建物に，Bが自己の所有物であると信じて住んでいる。この場合に関する以下の記述のうち，誤っているものを1つ選びなさい。

1．Aが実力でBを退去させるおそれがあるとして，Bが，占有保全の訴えを提起した。この場合，Aは，Bに対して，所有権に基づいて甲建物の明渡しを請求することができない。

2．Aが，実力でBを甲建物から退去させ，甲建物を占拠した。これに対して，Bが，占有回収の訴えを起こして勝訴し，甲建物の占有を回復した。この場合，Bの占有喪失による取得時効の中断は生じない。

3．Cが，実力でBを甲建物から退去させ，甲建物を占拠した。これに対して，Bが，占有回収の訴えを提起した。この訴えは，甲建物の所有者がAであることを理由として退けられることはない。

4．Bが，甲建物をDに賃貸した。その後，この賃貸借は終了した。ところが，Dが甲建物を返還しない。この場合，Bは，Dに対して，占有回収の訴えによって甲建物の返還を求めることができない。

【S 41】

解説　本問は，占有の訴えに関する問題である。

1．誤り。Bが占有保全の訴えを提起することができることの根拠は民法199条であるが，Aは，このこととは別の問題として，所有権に基づく返還請求権を行使することができる。なお，判例によるならば，Aは，Bの提起する占有保全の訴えにおいて，反訴として，所有権に基づく返還を請求することができる（最判昭40・3・4民集19・2・197）。

2．正しい。民法203条ただし書の定めるところである。なお，時効中断がなかったことになるのは，占有回収の訴えに勝訴した者が現実に占有を回復した場合に限られる（最判昭44・12・2民集23・12・2333）。

3．正しい。占有の訴えは，本権に関する理由により裁判することができない（民202条2項）。

4．正しい。Dは，Bから賃貸借契約という適法な権原に基づいて占有を開始していることから，Bが「占有を奪われた」（民200条1項）とはいえない。よって，占有回収の訴えは認められない。この場合，Bは，賃貸借契約の終了に基づく返還請求権を行使すればよい。

正解　1

問題 82　以下の文中のカッコ内に入る語の組み合わせとして，正しいものを1つ選びなさい。

所有権の取得は，承継取得と（　a　）取得に大別することができる。承継取得とは，前主の法的地位をそのまま承継することをいう。たとえば，売買契約や相続による取得がこれに該当する。承継取得はさらに，売買契約のような（　b　）承継と，相続のような（　c　）承継に分類されている。

（　a　）取得の代表的なものとして，遺失物の拾得，埋蔵物の発見，（　d　）による取得等がある。この場合は，承継取得と異なり，取得者は前主の法的地位に付着していた負担や瑕疵を当然には承継しない。

1．a＝即時　b＝包括　c＝特定　d＝遺贈
2．a＝原始　b＝特定　c＝包括　d＝時効
3．a＝原始　b＝包括　c＝特定　d＝時効
4．a＝即時　b＝特定　c＝包括　d＝遺贈

【B 41】

解説　所有権の取得は，承継取得と原始取得に分類される。したがって，aには，「原始」が入る。

承継取得は，売買・贈与・交換などの原因に基づいて他人の個々の権利を取得する特定承継と，相続（民896条）のように他人の権利義務を一括して取得する包括承継とに分けられている。したがって，bには「特定」が，cには「包括」が入る。遺贈は意思表示に基づく物権変動であり，承継取得に該当する（なお遺贈には，特定遺贈と包括遺贈とがある〔民964条〕）。承継取得の場合，前主の権利に付着していた諸制限もあわせて承継される。

原始取得に分類されるのは，無主物の帰属（民239条），遺失物の拾得（民240条），埋蔵物の発見（民241条），添付（民242条～248条），取得時効（民162条），即時取得（民192条）などである。したがって，dには「時効」が入る。取得される権利の内容はケースバイケースであり，前主の法的地位に付着していた負担や瑕疵は，承継取得と異なり承継されないことが多い。ただし，一律にそうであるわけではない。たとえば，不動産を時効取得した者は，その不動産を他人の制限物権の負担付きのものとして占有を開始していたときは，制限物権付きの所有権を取得する。これに対して，そうした制限のない不動産として占有していた場合は，負担のない所有権を取得する（大判大9・7・16民録26・1108を参照）。

正解　2

所有権の取得態様

問題83　不動産の共有に関する以下の記述のうち，正しいものを1つ選びなさい。

1．各共有者は，共有不動産上に持分を有するにすぎないから，共有不動産の全体を使用収益することはできない。
2．各共有者は，自己の持分を処分するために，他の共有者の同意を得なければならない。
3．共有不動産を不法に占拠する者がある場合，各共有者は，単独で明渡しを求めることができる。
4．共有者の1人が死亡すると，その持分は他の共有者に帰属する。

【B 42】

解説　共有とは，同一物を複数人が持分割合に応じて共同で所有する法律関係である。特段の定めがなければ，各共有者の持分は均等と推定される（民250条）。広義では，合有，総有などの共同所有形態をも含むが，本問では，民法が規定する狭義の共有関係のみを取り上げる。

共有不動産全体についての処分や変更については，他の共有者の同意（したがって，共有者の全員一致）を必要とする（民251条）。これに対し，共有不動産の管理に関する事項は，各共有者の持分の価格に従って，その過半数により決せられる（民252条本文）。ただし，保存行為については，各共有者がこれを単独で行うことができる（同条ただし書）。

1．誤り。各共有者は，共有不動産の全部に対して権利を有しており（民249条），持分の割合に応じて（上記の方法で）共有物の全部につき権利を行使することができる。
2．誤り。各共有者は，持分を自由に処分することができる。明文の規定はないが，持分（権）の所有権としての性質と，処分を認めても他の共有者の持分に影響が及ばないことから，当然に認められている。
3．正しい。保存行為は，各共有者が単独で行うことができる（民252条ただし書）。共有物の修繕などのように物の現状を維持するための行為がその代表例である。このほかに，共有者が，共有物に対する侵害者（たとえば不法占拠者）に対して，物権的請求権の行使として所有権に基づく明渡しを求めることも，保存行為にあたるとするのが判例である（大判大10・7・18民録27・1392を参照）。
4．誤り。共有者の1人が死亡しても，相続人がいるときには，その共有者の持分は相続人に承継される。共有者の1人が，その持分を放棄したとき，または死亡して相続人がないときは，その持分は他の共有者に帰属する（民255条）。

正解　3

共有

問題84　共有物の分割に関する以下の記述のうち，正しいものを1つ選びなさい。

1．共有物を分割するには，共有者全員の同意を必要とする。
2．共有者間で共有者の存命中は共有物を分割しないという内容の合意をした場合，各共有者はこの合意に拘束される。
3．共有者は，共有物の分割について共有者間で協議が調わないときは，その分割を裁判所に請求することができる。
4．共有者が裁判分割を請求した場合，裁判所は現物分割をしなければならない。

【B 43】

解説　各共有者は，共有物の分割をいつでも請求することができる（民256条）。民法は，単独所有が私的所有の形態として望ましい状態であり，共同所有から単独所有への移行を制約するような規律を置くべきではないという発想に基づき，共有関係を規律している。

1．誤り。上記のとおり，各共有者はいつでも共有物の分割を請求することができる。共有物の分割は共有物の変更（民251条）にあたらず，むしろ共有者相互間で，共有物の各部分につき，その有する持分の交換または売買がされるものと理解されている（最判昭42・8・25民集21・7・1729）。
2．誤り。共有者は，共有物を分割しないという内容の契約をすることができるが，その期間は5年を超えることができない（民256条1項）。また，この契約は更新することができるが，その期間も5年を超えることができない（同条2項）。
3．正しい。共有者間で協議が整えば，共有不動産をどのように分割しても構わない。協議が調わない場合には，裁判所に分割を請求することができる（民258条1項）。
4．誤り。民法258条2項によると，裁判分割の場合，裁判所は，現物分割のほか，現物分割が不可能であるとき，または分割により共有物の価格を著しく減少させるおそれがあるときに競売による分割をすることができる。判例は，さらに分割方法を柔軟化している。すなわち，①現物分割で生じた価額の過不足を金銭の支払で調整する方法（ 部価格賠償），② 部の共有者に現物分割する一方，残りの共有者の共有関係を残す方法，③一定の要件の下で，共有物を共有者の1人の単独所有または数人の共有とし，これらの者から他の共有者に持分の価格を賠償させる方法（全面的価格賠償）なども許される（最大判昭62・4・22民集41・3・408，最判平8・10・31民集50・9・2563）。

正解　3

共有物の分割

問題85　Aは，別荘用の甲建物をBおよびCと平等の割合で共有している。以下の記述のうち，判例がある場合には判例に照らして，正しいものを１つ選びなさい。

1．Bは，AとCに無断で，甲建物にベランダを増築しはじめた。この場合，Aは，単独で，Bに対して増築の中止を求めることができる。
2．A・B・Cの３人がいずれも甲建物を使っていない間に，Dが，何の権原もなく甲建物に住みはじめた。この場合，Aが単独でDに対して甲建物の明渡しを請求することはできない。
3．Bは，AとCが海外に赴任している間に，２人に無断で，甲建物をDに賃貸した。このとき，Aは，単独で，甲建物に住むDに対し甲建物の明渡しを請求することができる。
4．A・B・Cの３人が甲建物の分割を裁判所に請求した場合，甲建物を現実に分割することができなければ，甲建物を競売することにより得た代金を持分に応じて分割する方法によらねばならない。

【S 42】

解説　本問は，共有の法律関係に関する問題である。

1．正しい。甲建物の増築は，共有物の変更にあたるので，共有者全員の同意を得て行わなければならない（民251条）。他の共有者は，自己の共有持分権に基づいて，その禁止を求めることができる（大判大8・9・27民録25・1664，最判平10・3・24判時1641・80）。
2．誤り。共有物を共有者以外の者が無権原で占有している場合，各共有者は，単独で共有物全部の明渡しを請求することができる。その根拠について，かつては，共有物の保存行為であること（民252条ただし書）を理由とする見解が一般的であったが，最近では，各共有者の持分権の侵害を理由とする見解が有力である。
3．誤り。甲建物の賃貸は，共有物の管理にあたるので，持分権の価格の過半数の同意が必要である（民252条本文）。したがって，BはAまたはCの同意を得なければならず，Bが単独で賃貸しても，Dは，甲建物の賃借権を取得することができない。とはいえ，Dは，Bの持分権の限度では甲建物を占有・使用する権原を有しているから，AもCも，Dに対して，甲建物の明渡しを請求することはできない（最判昭63・5・20判時1277・116）。
4．誤り。協議による分割の方法は自由であるが，裁判所に分割を請求する場合でも，民法258条２項が明示する現物分割，売却代金による代価分割に加えて，一定の条件の下で，共有者の１人が全部の所有権を単独で取得し，他の共有者に持分に相当する価格を金銭で補償する方法（全面的価格賠償）も認められている（最判平8・10・31民集50・9・2563等）。

正解　1

共有の法律関係

問題86　用益物権に関する以下の記述のうち，誤っているものを1つ選びなさい。

1．用益物権は，建物や動産に設定することができる。
2．地上権は，一定範囲内の地下または空間に及ぶことがある。
3．永小作権の存続期間は，50年を超えることができない。
4．承役地の所有者は，承役地のうち地役権の行使対象となっている部分を自らも使用することができる。

【B 44】

解説　用益物権とは，制限物権のうち，目的物の使用収益を目的とする物権の総称である。具体的には，地上権，永小作権，地役権，共有の性質を有しない入会権の4種類が認められている。

地上権は，他人の土地において工作物または竹木を所有するため，その土地を使用する権利である（民265条）。永小作権は，小作料を支払って他人の土地において耕作または牧畜をする権利である（民270条）。両者は土地の使用目的の違いに着眼して区分されている。

地役権は，設定行為で定めた目的に従い，他人の土地（承役地）を自己の土地（要役地）の便益に供する権利である（民280条）。共有の性質を有しない入会権は，慣習に従うほか，地役権の規定が準用される（民294条）。

1．誤り。用益物権はいずれも土地を対象とする。建物や動産については賃借権または使用借権といった債権的な利用権を設定するしかない。
2．正しい。地下または空間は，工作物を所有するため，上下の範囲を定めて地上権の目的とすることができる（民269条の2）。
3．正しい。永小作権の存続期間は20年以上50年以下とされている（民278条1項）。
4．正しい。地役権は一定の目的の範囲で地役権者に承役地の共同利用を認める権利である。したがって，承役地所有者は地役権者の利用を妨げない範囲で自己も承役地を利用することができる（民288条1項）。また，同一の土地上に複数の地役権を設定する可能性も排除されていない。

正解　1

用益物権の意義と種類

問題87　用益物権に関する以下の記述のうち，誤っているものを1つ選びなさい。

1．地上権者は，土地所有者の同意がなくても，第三者に地上権を譲渡することができる。
2．永小作権者は，所有者に対して永小作権設定登記手続への協力を求める登記請求権を有する。
3．通行地役権が設定されたもののその旨の登記がされていない場合において，通行地役権の承役地が譲渡されたときには，地役権者は，承役地の譲受人に対し，その譲受人が背信的悪意者にあたる場合に限って当該通行地役権の設定を対抗することができる。
4．共有の性質を有しない入会権については，慣習に従うほか，地役権の規定が準用される。

【S 43】

解説　本問は，用益物権に関する問題である。

1．正しい。地上権は物権であるため，地主の承諾なしに自由に賃貸，譲渡等をすることができる。この点で，当事者間の信頼関係が重視される債権関係であるため，無断譲渡または無断転貸が禁じられている賃貸借とは異なる。
2．正しい。永小作権は物権であり，永小作権者は，物権取得の効果として，所有者に対して永小作権設定登記への協力を求める登記請求権を有する。この点で，債権であるために，特約がない限り，賃借人に登記請求権が認められない（大判大10・7・11民録27・1378）賃貸借とは異なる。
3．誤り。通行地役権の承役地が譲渡された場合において，譲渡の時に，承役地が要役地の所有者によって継続的に通路として使用されていることが，その位置，形状，構造等の物理的状況から客観的に明らかであり，かつ，譲受人がそのことを認識していたかまたは認識することが可能であったときは，譲受人は，通行地役権設定の事実につき善意であったとしても，特段の事情がない限り，地役権設定登記の欠缺を主張することについて正当な利益があるとはいえない（最判平10・2・13民集52・1・65）。
4．正しい。入会権には，共有の性質を有するもの（民263条），すなわち，入会地を入会権者が共同所有するものと，共有の性質を有しないもの（民294条），すなわち，入会権者以外の者が入会地を所有し，入会権者はその利用権を有するものの2種類が存在する。いずれも慣習に従うほか，前者には共有の規定が適用され，後者には地役権の規定が準用される。

正解　3

問題 88　地上権と土地の賃借権との比較に関する以下の記述のうち，誤っているものを1つ選びなさい。なお，これらの権利は，建物所有を目的とするものではないものとする。

1．地上権者は，土地所有者の同意がなくても地上権を譲渡することができる。これに対して，賃借人は，賃貸人の同意なしに賃借権を譲渡することができない。

2．地上権の存続期間については，特に制限はない。これに対して，賃借権の存続期間については，賃貸借契約において50年を超える期間を定めることができない。

3．地上権設定契約も，土地の賃貸借契約も，設定契約または賃貸借契約に定められた存続期間の満了後に，地上権者または賃借人が土地の使用を継続し，それに対して土地所有者または賃貸人が異議を述べないときは，更新される。

4．地上権も賃借権も，その登記をすることによって，土地の譲受人に対してその権利を対抗することができる。

【B 45】

解説　地上権も賃借権も目的物の利用を目的とする権利であるが，地上権は物権であるのに対して，賃借権は債権であることから，いくつかの点において違いが生ずる。ただし，建物所有を目的とする場合には，地上権と賃借権のいずれを設定したときも，借地権という共通の名称で包括され，借地借家法の同一の規律が適用される。

1．正しい。明文の規定はないが，地上権は物権であるから，その自由譲渡性は当然に認められる。地上権が抵当権の目的となる（民369条2項）ことはその1つの現れである。他方，賃借権の譲渡には，賃貸人の承諾が必要とされており，賃借権の自由譲渡性は制限されている（民612条）。

2．正しい。地上権の存続期間について特に制約はないが（民268条1項），賃借権の存続期間は50年を超えることはできない（民604条1項）。

3．誤り。地上権設定契約については，地上権者による期間満了後の使用の継続による更新に関する規定は存在せず，存続期間も含めて当然に更新されるとは考えられていない。賃貸借については，期間満了後に賃借人が使用を継続した場合には，賃貸人がこれを知りながら異議を述べなければ，従前の賃貸借と同一の条件で賃貸借をしたものと推定される（民619条）。

4．正しい。地上権は物権の一種であり，登記をしなければ第三者に対抗することができない（民177条）。賃借権は債権であるため賃貸人に対してしか主張することができないことになりそうであるが，不動産賃借権は登記が可能であり（不登3条8号），登記された賃貸借はその後の譲受人に対抗することができる（民605条）。

正解　3

地上権と土地賃借権との比較

問題89 通行地役権と民法210条による公道に至るための他の土地の通行権（隣地通行権）を比較した以下の記述のうち，誤っているものを1つ選びなさい。

1．通行地役権，隣地通行権のいずれにおいても，通行の対価または償金として一定額の金員を支払うべき場合と支払わなくてもよい場合の両方がある。
2．隣地通行権は他の土地に囲まれて公道に通じない土地の所有権から，通行地役権は要役地の所有権から，それぞれ分離して譲渡することができない。
3．通行地役権の場合，権利者は設定行為で定められた承役地上の特定部分しか通行することができない。これに対し，隣地通行権の場合には，権利者は周囲の他の土地のどの部分を通行してもよい。
4．通行地役権は，設定行為によるほか，時効によっても取得される。これに対し，隣地通行権は，土地相互間の客観的関係から法律上当然に発生する。

【B 46】

解説 地役権とは，他人の土地（承役地）を自己の土地（要役地）の便益に供するための用益物権であり，原則として設定行為によって生ずる（→問題86の解説）。隣地通行権は，他の土地に囲まれて公道に通じない土地の所有者が，公道に至るため，その土地を囲む他の土地を通行する権利であり（民210条1項），土地の客観的位置関係から当然に発生する法定の権利である。

1．正しい。通行地役権は設定行為の定めに応じて，有償の場合も無償の場合もある。隣地通行権においては，隣地の損害に対して通行権者は償金を支払わなければならない（民212条1項）が，分割により公道に通じない土地が生じたときには，償金を支払う必要がない（民213条1項）。
2．正しい。地役権は，承役地を要役地の便益に供する権利である。そのため，設定行為に別段の定めがない限り，要役地の所有権が移転すれば，地役権もそれに随伴して移転する（民281条1項）が，地役権のみを単独で譲渡することはできない(同条2項)。隣地通行権も，隣地上に法律上当然に課せられる物的負担であり，土地から分離して処分することはできない。
3．誤り。通行地役権においては，通行することのできる部分が通常は設定行為等において特定される。隣地通行権においても，通行の場所および方法について，通行権者のために必要で，かつ，隣地のために損害が最も少ないものを選ばなければならず（民211条1項），どこを通行してもよいわけではない。

4．正しい。地役権は，設定行為によるほか（民280条），継続的に行使され，かつ外形上認識可能なものについては時効によっても取得することができる（民283条）。これに対して隣地通行権は，上記のとおり，法定の通行権である。

正解　3

通行地役権と隣地通行権

III　担保物権

問題 90　以下の文中のカッコ内に入る語の組み合わせとして，正しいものを１つ選びなさい。

民法の定める担保物権には，（　a　），（　b　），（　c　），（　d　）がある。一定の条件を満たせば当事者の意思に関係なく法律上当然に成立するものを法定担保物権とよび，（　a　），（　b　）がこれに属する。他方，当事者の契約によって発生するものを約定担保物権とよび，（　c　），（　d　）がこれに属する。（　a　），（　c　）は，担保目的物を債権者が占有し，債権の弁済があるまでその返還を拒むことによって弁済を促すのに対し，（　d　）は目的物の占有を担保権設定者のもとにとどめるところに特徴がある。（　b　），（　c　），（　d　）の権利者は，目的物が競売された場合に優先的に配当を受けることができるが，（　a　）にそのような効力は認められていない。

1．a＝留置権　　b＝先取特権　　c＝抵当権　　d＝質権
2．a＝留置権　　b＝先取特権　　c＝質権　　d＝抵当権
3．a＝先取特権　　b＝留置権　　c＝質権　　d＝抵当権
4．a＝先取特権　　b＝留置権　　c＝抵当権　　d＝質権

【B 47】

解説　担保物権とは，制限物権のうち，目的物の交換価値を債権担保の目的で支配することを目的とする物権の総称である。民法には留置権，先取特権，質権，抵当権の４種類が規定されている。これらを典型担保物権とよび，その他の担保物権を非典型担保物権とよぶ。典型担保物権中の法定担保物権と約定担保物権の区別は問題文のとおりである。留置権と先取特権は法定担保物権であり，質権と抵当権は約定担保物権である。担保目的物を債権者が占有する留置権や質権については，担保権者は債権の弁済を受けるまで目的物の返還を拒むことで弁済を促すことができる。これを担保物権の留置的効力という。これに対して抵当権は，目的物の占有を抵当権設定者のもとにとどめるところに特徴がある。留置的効力はない。したがって，ｃには質権が，ｄには抵当権が入る。

担保物権には一般に優先弁済的効力（目的物の価値から優先弁済を受ける権利）が認められる。しかし，留置権にはこれがない（民 295 条１項・303 条・342 条・369 条１項）。したがって，ａには留置権が，ｂには先取特権が入る。もっとも，留置権者は，被担保債権の弁済まで買受人に対して目的不動産の引渡しを拒むことができ（民執 59 条４項・188 条），動産の場合は目的物の提出を拒むことで競売手続の進行を阻止することができる（民執 124 条・190 条）。このため，留置権者には事実上の優先弁済権があるともいわれる。

正解　2

担保物権

問題91　担保物権の性質に関する以下の記述のうち，誤っているものを1つ選びなさい。

1．留置物が第三者の不法行為により滅失した場合，留置権者は，その不法行為に基づく所有者の損害賠償債権について，物上代位権を行使して優先弁済を受けることができる。

2．建物賃貸人は，賃借人に未払の賃料債務が少しでも残っている限り，その賃借人が建物を利用するために建物に備え付けた動産の全部について先取特権を有する。

3．質権で担保された債権を譲り受けた者は，譲渡当事者間で質権移転についての合意がされていなくても，その質権を取得する。

4．抵当権の被担保債権が債務者の弁済により消滅したときは，抵当権設定登記が抹消されていなくても，その抵当権は消滅する。

【S 44】

解説　本問は，担保物権の通有性に関する問題である。

1．誤り。担保目的物の売却・賃貸・滅失または損傷によって目的物所有者が受けるべき金銭その他の物，および目的物に設定した物権の対価に対しても，担保権者は優先権を行使しうるという担保物権の性質を「物上代位性」という。物上代位性は，先取特権・質権・抵当権には認められるが（民304条・350条・372条），優先弁済的効力のない留置権にはこの性質は認められない。

2．正しい。担保権者は，被担保債権の全額の弁済を受けるまで，目的物の全部についてその権利を行使することができる。これを担保物権の「不可分性」という。民法は，留置権について規定を置き（民296条），先取特権・質権・抵当権にこれを準用している（民305条・350条・372条）。

3．正しい。被担保債権が譲渡されると担保物権もこれにともなって移転するという担保物権の性質を「随伴性」という。民法に直接これを定めた規定はないが，担保物権は特定の債権を担保する目的の権利であることから認められる性質である。ただし，確定前の根抵当権については随伴性が否定されている（民398条の7・398条の8）。

4．正しい。担保物権には付従性がある。担保物権の発生には，被担保債権の存在を必要とし（「成立における附従性」），当該被担保債権が消滅すれば，担保物権も当然に消滅する（「消滅における付従性」）。民法に直接この趣旨を定める規定はないが，担保物権は債権を担保する権利であるがゆえに，債権のないところには担保物権の存在意義がないことから認められる性質である。ただし，根抵当権（→問題100）については例外がある。

正解　1

担保物権の通有性

問題 92　以下の場合のうち，判例がある場合には判例に照らして，AのBに対する請求が認められることがあるものを1つ選びなさい。

1．留置権者Aが，目的物を第三者Bに奪われたので，Bに対して留置権に基づいて目的物の引渡しを請求した場合
2．動産売買先取特権者Aが，先取特権の目的物を所有者が第三者Bに売却し，引き渡したので，Bに対して，先取特権に基づいて目的物を自己に引き渡すよう請求した場合
3．不動産質権設定契約を締結し，その契約に基づいて登記も備えたAが，設定者から目的物の引渡しを受ける前にBが目的物を不法占拠したので，Bに対して，質権に基づいて目的物を自己に明け渡すよう請求した場合
4．抵当権者Aが，Bによる抵当不動産の不法占拠のために抵当権の実行が困難となっているので，Bに対して，抵当権に基づいて抵当不動産を自己に明け渡すよう請求した場合

【S 45】

解説　本問は，担保物権に基づく物権的請求権に関する問題である。

担保物権も物権であるから，権利の侵害に対して，担保物権者は物権の効力として，物権的請求権を行使することができそうである。ところが，担保物権は債権担保を目的とする権利であることから，物権的請求が認められない場合もある。

1．認められない。留置権は，目的物の占有を失えば消滅するから（民 302 条），留置権に基づく物権的請求を観念することはできない。もっとも，占有の訴えによって，占有の回復を求めることはできる（民 197 条・200 条）。
2．認められない。動産上の先取特権は，目的物が第三取得者に引き渡された場合には消滅する（民 333 条）。
3．認められない。質権は，目的物の占有移転を成立要件とするので（民 344 条），目的不動産の占有移転がされていない場合には，不動産質権は成立していない（登記は不動産質権の対抗要件にすぎない）。したがって，質権に基づく請求はありえない。
4．認められることがある。抵当権は非占有担保であるから，抵当権者は，抵当不動産の不法占有者に対して，抵当権に基づく「返還請求」をすることはできない。もっとも，不法占有により抵当権者の優先弁済権の行使が困難となっている場合，抵当権者は，所有者の不法占拠者に対する妨害排除請求権を代位行使すること（最大判平 11・11・24 民集 53・8・1899），あるいは抵当権に基づき直接に妨害排除請求をすることができる（最判平 17・3・10 民集 59・2・356）。そして，抵当不動産の所有者において抵当不動産に対する妨害が生じないよう抵当不動産を適切に管理することが期待できない場合には，抵当権者は，不法占有者に対して，抵当不動産を直接自己に明け渡すよう求めることができる（前掲・最判平 17・3・10）。

正解　4

担保物権に基づく物権的請求権

問題93　留置権に関する以下の記述のうち，誤っているものを1つ選びなさい。

1．留置権は，債務者以外の第三者に対しても主張することができる。
2．留置権によって担保されるのは，目的物に関して生じた債権である。
3．留置権者は，その保存に必要である限りにおいて留置物を使用することができる。
4．留置権者は，自己の財産に対するのと同一の注意をもって，留置物を占有する義務を負う。

【S 46】

解説　本問は，留置権の成立要件および効力に関する問題である。

1．正しい。留置権は，同時履行の抗弁権（民533条）と異なって，物権であるから，第三者に対しても，その効力を主張することができる。すなわち，動産の売主は，買主が売買目的物を第三者に譲渡した場合であっても，代金が未払であれば，自己の売買代金債権を担保するために，その第三者に対して留置権を主張することができる（最判昭47・11・16民集26・9・1619）。
2．正しい。留置権は，目的物に関して生じた債権についてのみ成立する（民295条1項）。すなわち，留置物と被担保債権との牽連関係が必要である。牽連関係が存在するのは，債権が物自体から生じた場合と，債権と物の引渡請求権とが同一の法律関係ないしは生活関係から生じた場合であるとするのが通説である。
3．正しい。留置権者は，目的物所有者（民298条2項本文は「債務者」とするが，このように解するのが判例〔最判昭38・5・31民集17・4・570〕・通説である）の承諾を得なければ，留置物を使用し，賃貸し，または担保に供することができないが，目的物の保存に必要な使用をすることはできる（民298条2項）。
4．誤り。留置権者は，善良な管理者の注意をもって，留置物を占有する義務を負う（民298条1項）。留置権者は，その物の引渡義務を負っているのであり，その義務の履行のために，目的物を適切に管理することが求められるからである。

正解　4

問題 94　先取特権に関する以下の記述のうち，正しいものを１つ選びなさい。

1．先取特権の客体となるのは，特定の物に限られる。
2．先取特権は，債権者が目的物の占有を取得することによって，その効力を生ずる。
3．先取特権の客体となるのは，債務者の所有物に限られる。
4．動産先取特権は，目的物が第三者に譲渡され，引き渡されたときは，その動産について行うことができなくなる。
5．同一物に複数の不動産先取特権者が競合する場合，その順位は登記の先後に従う。

【S 47】

解説　本問は，先取特権に関する問題である。

1．誤り。共益の費用，雇用関係，葬式の費用，日用品の供給によって生じた債権を有する者は，債務者の総財産について先取特権を有する（民 306 条）。これを一般の先取特権という。これに対して，債務者の財産のうち特定の動産（民 311 条）あるいは特定の不動産（民 325 条）を対象に先取特権が成立する場合もある。これを特別の先取特権という。

2．誤り。先取特権は，法定の非占有担保物権であり，目的物の占有を効力発生の要件とするものではない。

3．誤り。動産先取特権も不動産先取特権も，原則として，債務者の所有物につき成立する（民 311 条・325 条）。ただし，第 1 順位の動産先取特権（民 311 条 1 号～3 号・330 条 1 項 1 号）に関して，民法 313 条・314 条・317 条・318 条は，先取特権の効力が及ぶ目的物の範囲につき特別の定めをしている。そして，民法 319 条が，上記第 1 順位の先取特権に限って，民法 192 条を準用しており，債務者以外の第三者に帰属する財産にも先取特権が成立する場合が認められていることになる。

4．正しい。動産先取特権は，債務者が目的動産を第三取得者に引き渡した後は，その動産について行使することができない（民 333 条）。動産先取特権は，公示手段を欠いているため，追及力が認められていないのである。もっとも，この場合に，先取特権者は，民法 304 条により物上代位権を行使しうることがある。

5．誤り。先取特権は法定担保物権であり，その優先順位は法律の定めに従う（民 329 条以下）。不動産先取特権の場合も，その優先順位は登記の先後ではなく，不動産保存，不動産工事，不動産売買の先取特権の順番とされている（民 331 条 1 項）。

正解　4

先取特権

問題 95　質権に関する以下の記述のうち，正しいものを１つ選びなさい。

1．動産質権の対抗要件は継続した占有であり，不動産質権の対抗要件は登記である。

2．動産質権者は，質物所有者の承諾がなければ，質物を担保として利用することができない。

3．動産質権者が質物を占有している限り，その被担保債権が時効により消滅することはない。

4．債権が質権の目的とされる場合，その効力が生じるためには，設定契約を書面で行う必要がある。

【S 48】

解説　本問は，質権に関する問題である。

1．正しい。動産質において，引渡しは，動産譲渡と異なり，質権取得の対抗要件ではなく，効力発生要件である（民 344 条）。また，動産質権については，継続して質物を占有することが動産質権存続の対抗要件である（民 352 条）。したがって，動産質権者は，目的物の占有を失った場合，質権に基づく返還請求をすることができない。これに対し，不動産質権も，占有の移転がなければ効力を生じない（民 344 条）が，不動産質権を第三者に対抗するためには，民法 177 条の一般原則に従い，登記をする必要がある。

2．誤り。質権者は，質物所有者の承諾がなくても，質権の存続期間内において，自己の責任をもって質物について転質をすることができる（民 348 条）。

3．誤り。質権者による質物の留置は，債権の消滅時効の進行を妨げない（民 350 条による民 300 条の準用）。

4．誤り。質権は「物」権の一種であるが，債権を含む財産権も質権の客体となりうる（民 362 条 1 項）。その際，質権の設定契約を書面で行う必要はない。なお，債権を目的とした質権の設定の対抗要件は，民法 467 条の定める債権譲渡の対抗要件（→問題 134）と同様である（民 364 条）。

正解　1

質権

問題96　抵当権の効力に関する以下の記述のうち，誤っているものを1つ選びなさい。

1．建物に抵当権を設定しても，その建物の中に保管されている絵画に抵当権の効力は及ばない。
2．建物に抵当権を設定した後に，設定者が畳・建具を新調した場合，これらにも抵当権の効力が及ぶ。
3．抵当不動産が賃貸された場合において，被担保債権の不履行があったときは，抵当権者は，その後に生じた賃料債権について物上代位権を行使することができる。
4．抵当建物が焼失し，保険会社から抵当権設定者に火災保険金が支払われた。この場合，抵当権者は，この金銭について物上代位権を行使することができる。

【S 49】

解説　本問は，抵当権の効力が及ぶ範囲に関する問題である。

1．正しい。建物に設定された抵当権の効力は，抵当権設定時に建物の中に存在する建物と別個独立の物のうち，畳・建具等の従物には及ぶが（民370条本文参照），それ以外の物には及ばない。建物の中に保管されている絵画は建物に「附属させた」物とはいえず，従物にあたらない。
2．正しい。抵当権設定後に付加された従物についても，設定時において合理的に予測できる範囲で抵当権の効力が及ぶと解するのが通説である。
3．正しい。抵当権の効力は，被担保債権の不履行が発生した後に生じた果実に及ぶ（民371条）。したがって，賃料債権については，担保不動産収益執行手続による実現が可能であるが，抵当権者は，賃料債権に物上代位権を行使することも認められている（民執193条1項後段）。
4．誤り。火災保険金についても物上代位を認めるのが通説であるが，民法372条により準用される同法304条ただし書によれば，抵当権者は設定者への払渡しの前にこれを差し押さえることを要する。したがって，保険金がすでに支払われている本肢においては，抵当権者はもはや物上代位権を行使することができない。

正解　4

抵当権の効力が及ぶ範囲

問題97　Aは，Bに対する金銭債務を担保するため，自己の所有する甲建物に抵当権を設定する一方，甲建物をCに賃貸した。Bは，Aが弁済期到来後も債務を弁済しないため，AのCに対する賃料債権から自己の債権を優先的に回収しようと思っている。この場合に関する以下の記述のうち，判例がある場合には判例に照らして，誤っているものを1つ選びなさい。

1．Bは，弁済期到来後に発生した賃料債権から，担保不動産収益執行手続によって被担保債権の優先的な弁済を受けることができる。
2．Bが物上代位権の行使として差押えをするより前に，CがAに賃料を弁済した。この場合，その弁済は有効である。
3．Aが，Bのための抵当権設定登記をした後，将来生ずべき賃料債権をDに包括的に譲渡して，Cにその事実を通知した。その後，Bが，物上代位権の行使として賃料債権を差し押さえた。この場合，BがDに優先する。
4．Aの一般債権者Eが賃料債権を差し押え，差押命令がCに送達された後で，Bの抵当権設定登記がされた。Bが物上代位権の行使として賃料債権を差し押えた場合，BがEに優先する。

【S 50】

解説　本問は，抵当不動産の賃料から抵当権者が被担保債権を回収する方法とその可否に関する問題である。

1．正しい。抵当権の効力は，被担保債権の不履行後に発生した賃料債権に及ぶ（民371条）。不動産担保権の実行方法として，民事執行法は，担保不動産競売とならんで，担保不動産収益執行という方法を定めており（民執180条2号），抵当権者は，後者により，不動産から生ずる収益である賃料債権から，被担保債権の優先的な弁済を受けることができる。
2．正しい。物上代位権の行使としての差押えが行われるまでは，Aは，賃料を有効に収受することができる（民372条が準用する民304条参照）。したがって，本肢におけるCの弁済は有効である。
3．正しい。抵当権の効力が物上代位の目的である賃料債権に及ぶことは，抵当権設定登記によって公示されている。そのため，抵当権設定登記後にAのCに対する将来の賃料債権が包括的に譲渡された場合であっても，Bは，その賃料債権を差し押さえて物上代位権を行使することができる（最判平10・1・30民集52・1・1）。
4．誤り。一般債権者の差押えと抵当権者の物上代位権に基づく差押えが競合した場合には，両者の優劣は，一般債権者の申立てによる差押命令の第三債務者への送達と抵当権設定登記の先後によって決せられる（最判平10・3・26民集52・2・483）。本肢では，Bの抵当権設定登記より前にEの申立てによる差押命令がCに送達されているので，Bは，Eに劣後する。

正解　4

物上代位と担保不動産収益執行

問題 98　Ａの所有する甲土地にＢのための抵当権が設定されていた。この抵当権の実行としての競売が行われた。実行の当時，甲土地上に乙建物が存在していた。この場合に関する以下の記述のうち，判例がある場合には判例に照らして，乙建物のために法定地上権が成立する場合を１つ選びなさい。

1．Ｂのための抵当権の設定当時，Ａ所有の乙建物がすでに存在していたところ，ＡＢ間において，抵当権が実行されても法定地上権を成立させない旨の特約が結ばれていた場合
2．Ｂのための抵当権の設定当時，乙建物は存在しなかったが，Ａが近い将来甲土地上に乙建物を築造することをＢが承認していた場合
3．Ｂのための抵当権の設定当時，Ｃが甲土地を賃借して乙建物を所有し，所有権保存登記をしていたが，甲土地が競売される前に，Ｃが乙建物をＡに譲渡していた場合
4．Ｂのための抵当権の設定後にＡが甲土地上に乙建物を築造し，さらにその後に，Ａが甲土地にＤのための２番抵当権を設定した場合

【S 51】

解説　本問は，法定地上権（民 388 条）に関する問題である。

1．成立する。法定地上権は，法律が定める要件を満たす場合に当然に成立する物権であり，民法 388 条は強行規定であると考えられる。したがって，抵当権者と設定者との間の特約によって，法定地上権の成立を否定することはできない（大判明 41・5・11 民録 14・677）。
2．成立しない。法定地上権が成立するには，抵当権設定時に，土地所有者の所有建物が土地上に存在している必要がある。たとえ抵当権者が設定者による建物の築造を承認しても，建物が存在していなかった以上は，法定地上権は成立しない（最判昭 36・2・10 民集 15・2・219）。
3．成立しない。抵当権設定時に，土地と建物が別人に帰属する場合，通常は何らかの約定利用権が設定される。Ｃが乙建物をＡに譲渡し，甲土地において，貸主と借主の地位が同一人Ａに帰属したとしても，対抗要件を備えたＣの借地権は混同の例外（民 179 条 1 項ただし書類推適用）により，消滅せずに存続する（最判昭 46・10・14 民集 25・7・933）。よって，乙建物を存続させるために法定地上権の成立を認める必要がない。
4．成立しない。Ｂの１番抵当権設定時点では，甲土地上に建物が存在していない。他方，Ｄの２番抵当権が設定された時点では，Ａ所有の乙建物が存在していた。この場合，法定地上権の成否は，１番抵当権設定時を基準に決められる（最判昭 47・11・2 判時 690・42）。２番抵当権設定時を基準として，法定地上権の成立を認めると，甲土地を更地として評価していた１番抵当権者の利益を害するからである。

正解　1

法定地上権

問題 99　Aは，Cに対する1200万円の債権を担保するため，C所有の甲土地（時価1000万円）および乙土地（時価2000万円）の上に，第1順位の共同抵当権を有している。Bは，Cに対する800万円の債権を担保するため，甲土地上に第2順位の抵当権の設定を受けている。この場合に関する以下の記述のうち，誤っているものを1つ選びなさい。

1．Aが甲乙両土地について抵当権を実行し，同時に配当がされる場合，Aは，甲土地について400万円，乙土地について800万円の配当を受ける。
2．Aが甲乙両土地について抵当権を実行し，同時に配当がされる場合，Bは，甲土地について600万円の配当を受ける。
3．先に甲土地だけについて抵当権が実行された場合，Aは1000万円の配当を受け，のちに乙土地について抵当権が実行されたとき，Aは200万円の配当を受け，Bは800万円の配当を受ける。
4．先に乙土地だけについて抵当権が実行された場合，Aは1200万円の配当を受け，後に甲土地について抵当権が実行されたとき，Bは800万の配当を受ける。

【S 52】

Ⅲ 担保物権

解説　本問は，共同抵当権に関する問題である。

1．正しい。Aが甲乙両土地について抵当権を実行し，両不動産が競売されてその配当が同時にされる場合（「同時配当」という），共同抵当権者は，それぞれの不動産の売却代金から，不動産の価額で按分した額の配当を受ける（民392条1項）。甲土地と乙土地との価額の比率は1000万：2000万＝1：2であるから，Aは，甲土地について，1200万×1/（1＋2）＝400万円，乙土地について，1200万×2/（1＋2）＝800万円の配当を受ける。
2．正しい。同時配当の場合，甲土地の後順位抵当権者であるBは，甲土地の売却代金の残額から配当を受ける。
3．誤り。甲土地についてのみ先に抵当権が実行され，甲土地が競売された場合（「異時配当」という），Aは1000万円の配当を受ける。その後に乙土地について抵当権が実行されると，Aは，被担保債権の残額200万円の配当を受ける。それに対し，Bは，甲乙両土地が同時に競売されたならばAが乙土地から配当を受けるべき800万円からAが配当を受けた200万円を差し引いた残額600万円につき，Aに代位する（民392条2項）。したがって，Bは，600万円の配当を受ける。
4．正しい。Aが乙土地についてのみ先に抵当権を実行した場合，Aは1200万円全額について配当を受け，被担保債権が消滅するため，甲土地上のAの抵当権も消滅する。その結果，Bは，甲土地の1番抵当権者となり，抵当権が実行されると，800万円全額につき配当を受ける。

正解　3

問題 100　根抵当権に関する以下の記述のうち，正しいものを１つ選びなさい。

1．根抵当権は，根抵当権者と債務者との間に発生する一切の債権を担保するために設定することができる。
2．元本確定前に根抵当権の被担保債権となっている債権をすべて第三者に譲渡した場合，当該根抵当権も債権に随伴してこの第三者に移転する。
3．根抵当権は，元本確定前であっても被担保債権のすべてが弁済によって消滅してしまうと，消滅する。
4．根抵当権者は，極度額の範囲であれば，確定した元本のほか，利息その他の定期金につき，何年分でも優先弁済権を行使することができる。

【S 53】

解説　本問は，根抵当権に関する問題である。

1．誤り。根抵当権は，「一定の範囲に属する」「不特定の債権」を「極度額の限度において」担保するものである(民 398 条の 2 第 1 項)。根抵当権者と債務者との間に発生するすべての債権を担保する「包括根抵当」は認められておらず，被担保債権の範囲は，「債務者との特定の継続的取引契約によって生ずるものその他債務者との一定の種類の取引によって生ずるもの」に限定して，定めなければならない（民 398 条の 2 第 2 項，なお 3 項も参照)。
2．誤り。根抵当権は元本が確定するまでは，被担保債権とは形式的には独立した存在である。したがって，その時点で存在する被担保資格ある債権がすべて弁済されたとしても，あるいは，すべて譲渡されたとしても，その後にさらに，被担保資格のある債権が発生する可能性がある限り，根抵当権は設定当事者間に存続する。普通抵当権と異なり，付従性・随伴性がない点に特色がある。
3．誤り。肢 2 の解説参照。
4．正しい。根抵当権の特色は，極度額の限度において担保するという点にもある。普通抵当権の場合，抵当権が当該目的物件の交換価値のうちどのくらいの部分を支配しているのかは，登記に記載される被担保債権額を基礎として民法 375 条によって確定され，それをもとに，後順位担保権の設定の可否が判断されうる。これに対し，根抵当権は，被担保債権との直接の接点がないので，先順位の根抵当権者がいかなる担保価値を支配しているかが，そのままではわからない。そこで，極度額という限度額を設定することで，この点が明確にされている。極度額は登記され，他の債権者は，これを目安に後順位の担保権設定を考慮することになる。

正解　4

根抵当権

問題 101　非典型担保に関する以下の記述のうち，正しいものを1つ選びなさい。

1．譲渡担保は，債務不履行時に本来の債務の弁済に代えて目的物の所有権を債権者に移転させることをあらかじめ約する形式をもってされる。

2．所有権留保付で売却された動産を買主が第三者に転売した場合，留保売主は，法律上当然に所有権を失う。

3．金銭債権を担保する目的で不動産の売買予約が行われ，その旨の仮登記がされた場合，この売買予約には仮登記担保法が適用される。

4．目的物の価額が被担保債権額を上回る場合，譲渡担保ではその差額につき債権者に清算義務が課されているが，仮登記担保では，書面により無清算の特約をしていれば，清算する必要はない。

【S 54】

解説　本問は，非典型担保に関する問題である。

1．誤り。譲渡担保では，契約締結時に目的物の所有権を移転させる形式がとられる。本肢においては，所有権の移転は，契約締結時ではなく，債務不履行を停止条件としているので，譲渡担保にあたらない。この停止条件付の所有権移転を，仮登記によって公示するという形式をとるのは仮登記担保である（肢3の解説も参照）。

2．誤り。所有権留保とは，未払代金債権を担保するため代金完済まで所有権は買主に移転しないという売買当事者間の合意である。買主が第三者に目的物件を売却しても他人物売買であり，第三者が民法192条により即時取得しない限り，留保売主は当然に所有権を失うものではない。

3．正しい。仮登記担保の定義については，仮登記担保契約に関する法律（以下,「仮登記担保法」という）1条を参照のこと。本肢のような担保目的での売買予約のほか，代物弁済予約，停止条件付代物弁済契約等による場合も，仮登記担保契約の定義に含まれる。

4．誤り。譲渡担保では判例（最判昭46・3・25民集25・2・208）によって，仮登記担保では仮登記担保法3条によって，いずれも債権者に清算が義務づけられている。

正解　3

問題 102　動産譲渡担保に関する以下の記述のうち，判例がある場合には判例に照らして，誤っているものを1つ選びなさい。

1．譲渡担保権を設定するためには，設定者が譲渡担保権者となる者に対して目的物を引き渡すことを要する。
2．譲渡担保権の設定を受けても，目的物につき，先に所有権を取得し，占有改定による引渡しにより対抗要件を具備したと主張する第三者があらわれる危険性がある。
3．譲渡担保権の設定を受けても，その後に善意無過失の第三者が現実の引渡しを受けると，権利を失う危険性がある。
4．流動集合動産を譲渡担保の目的物とすることはできるが，目的物の範囲の特定の仕方があいまいである場合には，譲渡担保の効力が否定されるおそれがある。

【S 55】

解説　本問は，動産譲渡担保に関する問題である。

1．誤り。譲渡担保の設定は，合意のみによって可能である。譲渡担保権者による占有取得は，譲渡担保権の対抗要件となる。
2．正しい。動産譲渡の対抗要件としての引渡し（民178条）は占有改定によることもできるので（大判明43・2・25民録16・153），債務者が目的動産を占有したままで，債務者が第三者に目的物の所有権を譲渡している可能性がある。
3．正しい。譲渡担保の目的物を第三者が即時取得（民192条）すると，先に設定された譲渡担保の効力に優先する。

　なお,「動産及び債権の譲渡の対抗要件に関する民法の特例等に関する法律」において，法人が動産を譲渡する場合についての登記制度が設けられており，譲渡の登記がされたときは民法178条の引渡しがあったものとみなされる（動産債権譲渡特3条1項)。しかし，動産譲渡登記には，占有改定による引渡しより優先する効力は認められず，また，その後の第三者による即時取得を妨げる効力も直接には認められていないので，肢2および本肢の解説への影響はない。

4．正しい。本肢のような理解を前提として，判例は,「構成部分の変動する集合動産についても，その種類，所在場所及び量的範囲を指定するなどなんらかの方法で目的物の範囲が特定される場合には，一個の集合物として譲渡担保の目的となりうる」としている（最判昭54・2・15民集33・1・51)。

正解　1

動産譲渡担保

問題 103　担保物権の実行に関する以下の記述のうち，判例がある場合には判例に照らして，正しいものを１つ選びなさい。

1．抵当建物内に置かれていた従物が，抵当権設定者によって建物から搬出され，別の場所に移動させられた状態においても，物としての同一性が証明される限り，担保権の実行として抵当不動産が競売される際には，その従物も同時に換価され，抵当権者は，その代金からも優先弁済を受けることができる。

2．家電製品の卸売業者である債務者が，債権者に対して，ある倉庫に所蔵する家電製品全部を，継続的取引契約に基づく債権を担保するために譲渡した。その後，債務者は，その家電製品の一部を小売業者に売却し，現実に引き渡した。さらにその後に，譲渡担保権者が譲渡担保権を実行した。この場合，小売業者が引渡しを受けた製品も換価の対象になる。

3．特定の債権を担保するため，債務者が，その所有する不動産を債権者に譲渡した。債務者が弁済期に債務を履行しなかったため，債権者は，譲渡担保権を実行することにした。この場合，被担保債権の額と目的不動産の適正価額との間に差額があるときには，債権者は，その差額を債務者に支払わなくてはならない。

4．注文者から，動産の修理を依頼されてその動産を受け取り，その修理代金に関して留置権をもつ請負人は，注文者が修理代金を支払うまでその物を留置し，またその物につき競売を申し立てて，競売代金から優先的に修理代金債権を回収することができる。

【S 56】

解説　本問は，各種担保権の実行に関する問題である。

1．誤り。抵当権の効力は抵当不動産の付加一体物（民 370 条）たる従物にも及び，従物が抵当不動産から搬出されただけで直ちに抵当権の効力が消滅するわけではない。しかし抵当権者は，抵当不動産の担保権実行手続において，搬出された動産をそのままの状態で換価することはできない。

2．誤り。集合動産譲渡担保の目的物は，一定の場所にその時その時に存在する動産の集合体である（最判昭 62・11・10 民集 41・8・1559）。倉庫内にある製品に入れ替わりが生じると，新しく搬入された動産に譲渡担保権の効力が及ぶ一方，譲渡担保権設定当時に当該倉庫に存在していた製品であっても，第三者に転売され，倉庫から搬出されると，もはやその製品には効力が及ばなくなる。

3．正しい。譲渡担保権者は，債務者が弁済期に債務の弁済をしない場合，目的不動産を自己に完全に帰属させるかたちで（「帰属清算型」という），または他に処分するかたちで（「処分清算型」という），譲渡担保権を実行することができる。帰属清算型においては，債権者が債務者に物件の適正評価額と被担保債権額の差額の支払またはその提供をしたときに，実行手続が終了する（債務者は弁済権限を失い，不動産に対する権利を完全に失う）。処分清算型においては，目的不動産が第三者に処分されたときに実行手続は終了するが，物件価額と被担保債権額との間に差額がある場合には，債権者に清算金の支払義務が生じる。ここにいう物件価額とは，第三者に実際に処分された額ではなく，適正処分額であると解される。不当な廉価での処分により債務者の利益を害すべきではないからである。

4．誤り。請負人が動産の修理を行った場合，修理のために預かった動産と修理代金債権は，「その物に関して生じた債権」（民295条）といえる関係にあり（→問題93肢2解説を参照），請負人は預かった動産について留置権を有する。留置権者は，留置権の実行として，留置物を競売することができるが（民執195条），留置権には優先弁済的効力がない。したがって，売却代金から優先弁済を受けることはできない（民295条1項）。もっとも，債務者と所有者が同一の場合，留置権者に換価金が交付され，留置権者は所有者に換価金を返還する債務と，留置権の被担保債権とを相殺することができるため，事実上，留置権者に優先弁済権が与えられた結果になる。

正解　3

各種の担保物権

Ⅳ　債権総論

問題 104　Aは，Bに対して100万円の貸金債権を有している。Cは，Bに対して200万円の貸金債権を有している。なお，いずれの債権についても，弁済期が到来している。この場合に関する以下の記述のうち，正しいものを1つ選びなさい。

1．AがBに対して支払の催告をした後に，CがBに対して支払の催告をした。この場合，Bは，Aに対して先に100万円を弁済しなければならない。
2．Aの債権の弁済期が，Cの債権の弁済期よりも先に到来していた。この場合，Bは，Aに対して先に100万円を弁済しなければならない。
3．Cは，Aの貸金債権がすでに存在していることを知りながら，Bに対して金銭を貸し与えていた。この場合，Bは，Aに対して先に100万円を弁済しなければならない。
4．Bには，自動車（甲）しか財産がなかった。AとCがいずれも甲を差し押さえ，強制競売が行われて，60万円がAとCに配当されることになった。この場合，Aが20万円，Cが40万円を受け取ることになる。

【S 57】

解説　本問は，金銭債権の実現に関する問題である。債務者は，複数の債務を負っている場合において，任意に弁済するときは，どの債務から弁済しても構わない。債権者の側からみれば，任意弁済の場面では，債権の額，発生時期，弁済期，担保の有無等に関わらず，弁済を受けることができる。その結果として，他の債権者が弁済を十分に受けられないことになったとしても，詐害行為に該当するなどしない限り，原則として問題ない。

これに対し，執行・倒産といった債権の強制的実現の場面では，担保権者が優先弁済を受けることになり，また，同順位の債権者の間では債権額の割合に応じて配当を受けるという債権者平等の原則が妥当する。

1．誤り。催告の時期によって，債権の優劣は生じない。
2．誤り。弁済期の時期によっても，債権の優劣は生じない。
3．誤り。他の債権の存在についての知・不知によっても，債権の優劣は生じない。
4．正しい。AとCは，互いに一般債権者であり，債権額の割合に応じて平等に配当を受ける。AとCの債権額の割合は1：2だから，配当額も1：2の割合になり，Aが20万円の配当を，Cが40万円の配当を受け取ることになる。

正解　4

金銭債権の実現

問題105　Aを売主，Bを買主とする売買契約に関する以下の記述のうち，誤っているものを1つ選びなさい。

1．AB間で，Aの所有する中古自動車甲の売買契約が締結された。この場合，Aは，甲を給付するか，甲と同種かつ同等の他の自動車を給付するかを決めることができる。

2．AB間で，コシヒカリ米10kgの売買契約が締結された。この場合，特段の合意がなければ，Aは，どのコシヒカリ米を給付するかを決めることができる。

3．AB間で，Aが倉庫乙に保管している牛肉1000kgのうち100kgの売買契約が締結された。この場合，特段の合意がなければ，Aは，乙に保管された牛肉のうちどれを給付するかを決めることができる。

4．AB間で，Aの所有する丙土地1000m²のうち100m²の売買契約が締結された。この場合，特段の合意がなければ，Aは，丙土地のどの部分を給付するかを決めることができる。

【B 48】

解説　債権は，さまざまな観点から分類されている。債権総則には，特定物債権，種類債権，金銭債権，利息債権，選択債権に関する規定がある。本問は，それらのうち，特定物債権，種類債権，選択債権と，制限種類債権とよばれる債権につき，給付の客体がどのようにして決まるかを問題とするものである。

1．誤り。物の個性に注目して指定された目的物を特定物といい，特定物の引渡しを目的とする債権を特定物債権という。本肢のBの債権はこれにあたる。特定物債権においては，まさにその特定の物を引き渡すことが債務の内容であり，債務者Aが勝手に他の物を給付の客体とすることはできない。

2．正しい。物の個性に注目せず種類のみで指定された目的物を種類物といい，種類物の引渡しを目的とする債権を種類債権という（民401条1項参照）。本肢のBの債権はこれにあたる。種類債権においては，給付される物は，両当事者の合意，債権者の同意を得た債務者による指定，債務者による給付に必要な行為の完了により定まる（同条2項）。これによると，AB間に合意がないのであれば，Aが，給付するコシヒカリ米を定めることになる。

3．正しい。特定の範囲のものに制限された種類物の引渡しを目的とする債権を，制限種類債権とよぶ。本肢のBの債権は，特定の倉庫に所在するという制限つきの種類物たる牛肉を目的とするため，これにあたる。制限種類債権は，特定前でも制限内の種類物が全部滅失することにより履行不能となる，給付されるべき物の品質が問題にならない，債務者は特定前にも制限内の種類物につき保存義務を負いうる等の点で，種類債権と異なる。しかし，制限内の種類物からの特定の方法は，種類債権についてと同じである。

4．正しい。債権の目的が数個のありうる給付のなかから選択によって定められる債権を，選択債権という（民406条参照）。Bの債権は，土地という個性が重視される物（すなわち特定物）の引渡しを目的とするため，制限種類債権ではなく選択債権にあたる。選択債権において給付される物については，合意がなければ，まずは債務者（本肢ではA）が選択権をもつ（民406条）。

正解　1

債権の種類

問題 106　債権の目的に関する以下の記述のうち，正しいものを 1 つ選びなさい。

1．特定物を引き渡す債務を負う者は，その引渡しをするまで，自己の財産に対するのと同一の注意をもって，その特定物を保存する義務を負う。
2．種類債務において，給付すべき目的物の品質が法律行為の性質または当事者の意思によって定まらないときは，債務者は，その選択により任意の品質の物を給付することができる。
3．特定の倉庫内に保管されている米10 トンのうち1 トンの引渡しを目的とする債務において，その倉庫が火災により全焼し，倉庫内の米がすべて滅失したときは，この債務の履行は不能となる。
4．外国の通貨で債権額が指定されたときは，債務者は，その外国通貨によって弁済をしなければならない。

【S 58】

解説　民法典第 3 編の第 1 章第 1 節には，「債権の目的」とある。債権の目的とは，債権の内容のことを指す。本問は，物の引渡しまたは金銭の支払が債権の目的とされている場合に債務者が負う債務の具体的内容を問うものである。

1．誤り。特定物債権の債務者は，目的物の保存について善管注意義務を負う。この注意義務の具体的内容および程度は，契約その他の債権の発生原因および取引上の社会通念に照らして判断される（民 400 条）。たとえば，中古の携帯電話を引き渡す債務において，その携帯電話を通信用機器として使用させることを目的とするものか，それとも解体して希少金属を取り出すことを目的とするものかによって，債務者たる売主に要求される注意義務の程度は異なる。
2．誤り。種類債権において，法律行為の性質または当事者の意思によってその品質を定めることができないときは，債務者は，中等の品質を有する物を給付しなければならない（民 401 条 1 項）。
3．正しい。本肢のように，特定の範囲のものに制限された種類物を引渡しの目的とする債権を，制限種類債権という。種類債権は履行不能になることがないと考えられるのに対して，制限種類債権では，特定の範囲に存する種類物がすべて滅失することにより，履行不能となる。
4．誤り。外国の通貨で債権額を指定したときは，債務者は，履行地における為替相場により，日本の通貨で弁済をすることができる（民 403 条）。

正解　3

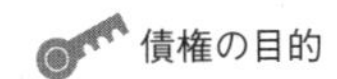
債権の目的

問題 107　種類債権の特定に関する以下の記述のうち，誤っているものを1つ選びなさい。

1．債務者が物の給付をするのに必要な行為を完了したときは，種類債権は特定する。
2．種類債権の目的物が特定されると，債務者は，特定された物を引き渡す義務を負う。
3．種類債権の目的物が特定されると，債務者は，善良な管理者の注意をもって，特定された物を保存する義務を負う。
4．種類物売買において，売主が自己所有の種類物を特定しなくても，その物の所有権は買主に移転する。

【S 59】

解説　種類債権においては，当初，物の個性に注目せず種類のみをもって目的物が定められている。この時点では，当事者間に具体的な物についての権利義務関係は生じない。しかし，種類債権においても，履行までのある時点で，目的物が具体的に定まる。これを特定（または集中）という。そして，特定後は，特定物債権についてとほぼ同様の法律関係が当事者間に認められる（民 401 条 2 項参照）。

1．正しい。債務者が物の給付をするのに必要な行為を完了すれば，種類物は特定する（民 401 条 2 項）。
2．正しい。特定により，債務者の債務の内容は，その特定された物の引渡しとなる（民 401 条 2 項）。
3．正しい。債務者は，特定により，その特定された物の保存義務を負うことになる。その保存に際しては，特定物債権の債務者と同様に，民法 400 条の定める善良な管理者の注意を用いなければならない。
4．誤り。特定前はおよそ所有権の移転はありえないが，特定により所有権移転が可能になる。ただし，特定により当然に所有権が移転することになるわけではない。判例によれば，原則として特定の時に所有権は移転するが（最判昭 35・6・24 民集 14・8・1528），当事者は特定後の別の時点における所有権移転を合意することができる。

正解　4

種類債権の特定

問題108　1000万円の貸金債権の利息・遅延損害金に関する以下の記述のうち，正しいものを1つ選びなさい。なお，この場合の利息制限法の定める制限利率は年15%，遅延損害金の上限はその1.46倍の率（年21.9%）である。

1．当事者が利息について何も定めていなかったときは，債務者は，法定利率に従って計算された利息と遅延損害金を支払わなければならない。

2．当事者が年15%の利息を定め，遅延損害金について何も定めていなかったときは，遅延損害金は，年15%の利率で計算される。

3．当事者が年20%の利息を支払うと定めた場合には，その利率が利息制限法に違反しているので，債務者は，利息をまったく支払わなくてよい。

4．利息・遅延損害金を法定利率によって支払う場合，その利率は年5%に固定されている。

【S 60】

解説　本問は，貸金債権の利息・遅延損害金に関する問題である。

1．誤り。当事者間に利息を生じさせる旨の約定がなければ，利息債権は生じない。法定利率に関する民法404条は，「利息を生ずべき債権」に関するものであり，利息の生じない債権については適用の余地がない（ただし，商人間の貸金債権であれば，利息を生じさせるとの合意がなくても，法定利率に基づく利息が生じる。商513条1項）。他方，遅延損害金は，当然に発生し，当事者間に利率や遅延損害金に関する約定がない場合には法定利率に従って計算される（民419条1項本文）。

2．正しい。遅延損金は，原則として，遅滞責任が生じた最初の時点における法定利率によって定まる（民法419条1項本文）。法定利率は民法404条2項以下により定まるが，年15%を超えることは考えにくい。したがって，民法419条1項ただし書により，遅延損害金も年15%の利率で計算される。これは，債務者が履行期前には法定利息よりも高い約定利息を支払っていたのに，履行遅滞後は約定利息よりも低い法定利率による遅延損害金を支払う義務しか負わないという不合理な結果を避けるためである。

3．誤り。利息制限法は，制限利率を超えた部分について無効とするだけで，利息に関する約定の全部を無効にするものではない（利息1条）。

4．誤り。民事法定利率は年5%の固定利率であったが，平成29年の民法改正により，金融機関が行う貸付金利に応じた変動制に変更された（ただし，改正民法施行から最初の3年間は年3%に固定される。民404条2項）。この場合，当事者間に別段の意思表示がない限り，その利率は，その利息が生じた最初の時点における法定利率による（民404条1項）。金銭債務の不履行による遅延損害金については，遅滞の責任を負った最初の時点が，その遅延損害金が生じた最初の時点となる（民419条1項本文）。

正解　2

貸金債権の利息・遅延損害金

問題 109　債権の効力に関する以下の記述のうち，誤っているものを１つ選びなさい。

1．債権者は，債務者に対して債務を履行するよう求めることができる。
2．債権者は，債務の履行期が到来してもその履行がない場合，あらかじめ債務者に対して催告をすることなく，その履行を求めて直ちに裁判所に訴えを提起することができる。
3．債権のなかには，履行の強制をすることができず，債務者が任意に履行しなければ実現されないものがある。
4．債権者は，履行の強制により債権の内容が実現されたときは，損害賠償を請求することができない。

【B 49】

解説　本問は，債権の本来的な効力に関する問題である。債権には，４つの権能があるとされている。請求力，給付保持力，訴求力，執行力である。

1．正しい。このように，債権者が債務者に対して任意の履行を求めることができる権能を，債権の請求力という。また，債権者は，債務者がこれに応じて行った給付を保持することができる。債権のこのような権能を給付保持力という。
2．正しい。債権者が債務者に対して履行を求めて訴えを提起し，勝訴判決を得ることができる権能を，債権の訴求力という。訴求力は，債権の本来的な効力として認められているものであり，任意の履行がない場合にはじめて認められるものではない。もっとも，実際には，債権者が債務者に対し任意の履行を求めたにもかかわらず，これに応じなかった場合にはじめて訴訟が提起されるのが通常である。
3．正しい。履行の強制とは，債務者が任意に履行しないときに，債権者が国家の助力を得て債権の内容を強制的に実現することをいう。これは，債権の執行力によるものである。もっとも，履行の強制は，債務者の人格の自由・意思の自由など他の尊重されるべき利益を害することもあり，それらの利益との衡量を要する。そのため，履行の強制は，債務の性質がこれを許さないときはすることができない（民 414 条１項ただし書）。夫婦の同居義務（大決昭５・９・30 民集９・926）や芸術家の創作義務がこれにあたる。
4．誤り。債権者は，債務が履行されないことにより損害を受けたときは，損害の賠償を請求することができる。この損害賠償は，債権の本来的内容が実現されない場合に認められる債権の効力の１つである。履行が遅れたことにより損害が生じることはあり，それは，履行の強制により最終的に債権が実現されても償われるものではない。そのため，履行の強制は，損害賠償請求を妨げないとされている（民 414 条２項）。

正解　4

債権の効力

問題 110　履行遅滞の生じる時期に関する以下の記述のうち，正しいものを1つ選びなさい。

1．売買代金の支払日が2020年3月6日とされた場合，買主は，代金債務について，その日以後に売主から支払の請求を受けた時から履行遅滞になる。

2．寄託者が死亡した時にその子に返還することを約束して物を預かった場合，受寄者は，その物の返還債務について，寄託者が死亡した時から履行遅滞になる。

3．貸金について返還時期が定められていない場合，借主は，その返還債務について，貸主から返済の請求を受けた時から履行遅滞になる。

4．買主が代金の支払として売主の預金口座に誤って代金額よりも多額の振込みをした場合，売主は，その超過額の返還債務について，買主から返還の請求を受けた時から履行遅滞になる。

【S 61】

解説　本問は，履行期と履行遅滞の生じる時期に関する問題である。この問題については，民法412条にその原則が規定されている。

1．誤り。確定期限のあるときは，債務者は，請求を受けていなくても，その期限の到来した時から遅滞の責任を負う（民412条1項）。本肢の場合，支払日である2020年3月6日が終了した時点で期限が到来し，債務者はその翌日から遅滞の責任を負う。

2．誤り。不確定期限があるときは，債務者は，その期限の到来した後に履行の請求を受けた時，または，期限の到来を知った時のいずれか早い時から遅滞の責任を負う（民412条2項）。

3．誤り。期限の定めのない債務については，債務者は，履行の請求を受けた時から遅滞の責任を負うのが原則である（民412条3項）。しかしながら，消費貸借については，貸主は「相当の期間」を定めて返還の催告をすることとされている（民591条1項）。借主は，この相当の期間が経過した時から遅滞の責任を負う。

4．正しい。本肢のような善意不当利得者の返還債務は，民法412条3項が適用される典型例である（たとえば，大判昭2・12・26新聞2806・15）。法令の規定によって生じる債務の多くが同様であるが，不法行為による損害賠償債務については，債務者は，催告を待つまでもなく，損害発生と同時に履行遅滞に陥るのが原則であるとされている（最判昭37・9・4民集16・9・1834）。

正解　4

問題111　履行の強制に関する以下の記述のうち，判例がある場合には判例に照らして，正しいものを１つ選びなさい。

1．売買契約の売主が履行期に目的物を引き渡さなかったが，そのことが，売主の責めに帰することのできない事由によるものであるときは，買主は，目的物引渡債務の履行を強制することができない。

2．妨害物を建築しないという債務を負っている者がこの債務に違反して妨害物を建築したときは，債権者は，債務者の費用で第三者に妨害物を除去させることを裁判所に請求することができる。

3．夫婦間における同居義務は，直接強制はできないが，間接強制によって履行を促すことはできる。

4．法律行為を目的とする債務を負う者がこの債務の履行としての意思表示をしないときは，間接強制によって履行を促す以外に，履行を強制する手段はない。

【S 62】

解説　本問は，履行の強制に関する問題である。

1．誤り。履行の強制は，債権の本来の効力であり，債務不履行の効果ではないから，これを行うについては，客観的に履行が可能であり，不履行を正当化する事由（履行期の未到来，抗弁権の存在等）がないのに履行がないという事情があれば足り，債務者の帰責事由を必要としない。

2．正しい。不作為債務に違反して築造された妨害物の除去については，債務者自身がこれを行わず，第三者がこれを行っても，債権の目的を達することができるから，裁判所の授権に基づいて，債権者自身または特定の第三者をして妨害物の除去を実現し，その費用を債務者から取り立てるという方法（代替執行）によって債務の履行を強制することができる（民執171条参照）。なお，不作為債務の違反が継続ないし反復されている場合には，裁判所は，債務者が将来において再び不履行をしないようにするために，適当な処分を命じることもできる（平29改正後民執171条1項2号）。将来の損害に対して担保を提供させることなどがその例である。

3．誤り。債務者の自由な意思に反してその履行を強制することが社会的相当性を欠く場合には，履行の強制をすることができない（民414条1項ただし書参照）。本肢のような夫婦間における同居義務の履行強制がその典型例である。（大決昭5・9・30民集9・926等参照）。

4．誤り。法律行為を目的とする債務の場合には，裁判をもって債務者の意思表示に代えることができる（民執174条参照）。

正解　2

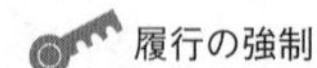
履行の強制

問題 112　金銭債務（特定の通貨または特定の種類の通貨を目的とするものを除く）の不履行に関する以下の記述のうち，誤っているものを1つ選びなさい。

1．金銭債務は履行不能になることがない。

2．金銭債務の不履行の場合，債権者は，実際に生じた損害額について証明しなくても，損害賠償を請求することができる。

3．法定利率を下回る利率で利息を支払うべきことが約定された場合，債務不履行による損害賠償の額は，その約定利率によって計算された額となる。

4．債務者は，弁済のために用意していた金銭を強盗に奪われたために弁済期に弁済できなかったときでも，債務不履行責任を免れない。

【B 50】

解説　金銭の支払を目的とする債権を金銭債権，それに対応する債務を金銭債務という。特定の通貨または特定の種類の通貨を目的とする場合を除けば，金銭債権の目的は，通貨という物の引渡しではなく，通貨に化体した価値の移転である。そのため，いくつかの特徴的な取扱いがされている。

1．正しい。金銭債権においては，物の引渡しとしての側面が重視されないため，種類物の給付を目的とする種類債権とも異なり，目的物が特定することがない。そのため，特定後の滅失による履行不能の問題は生じない。

2．正しい。金銭債務については，不履行による損害賠償責任についても特徴がある。すなわち，損害賠償を請求する債権者は，損害の証明をする必要がない（民 419 条 2 項。損害額の定め方は肢 3 の解説を参照）。

3．誤り。金銭債務の不履行による損害賠償の額は，原則として法定利率によって定まる（民 419 条 1 項本文）。ただし，約定利率のほうが法定利率よりも高い場合には，約定利率により定まる（同項ただし書）。常に約定利率によるわけでないことに注意が必要である。約定利率は，弁済期まで元本を利用することができることの対価としての性質をもつものであり，本来は，弁済期後の損害（遅延損害）について定めるものではないが，弁済期を徒過すると約定利率よりも低い法定利率による遅延損害金を支払えばよくなるというのは不合理であるため，このように規定されている。なお当事者は，約定利率とは別に，遅延損害について約定することもできる。

4．正しい。金銭債権については，債務不履行が不可抗力によるものでも債務者は免責されない（民 419 条 3 項）。債務者の責めに帰することのできない事由によるものである場合も同様に解されている。

正解　3

金銭債務の不履行

問題 113　以下のうち，履行遅滞による損害賠償請求のために必要ではないものを1つ選びなさい。ただし，金銭債務の履行遅滞については考えないものとする。

1．履行期の経過
2．相当期間を定めた催告
3．債務者の同時履行の抗弁権の不存在
4．債務者の責めに帰することができない事由の不存在

【B 51】

解説　債務の本旨に従った履行がされないことを債務不履行という。一般に，債務不履行の態様には，履行遅滞，履行不能，不完全履行の3つがあるとされている。履行遅滞は履行が可能であるのに履行すべき時に履行がされない場合，履行不能は履行が不可能な場合，不完全履行は履行としてされた行為が債務の本旨に従った履行とはいえない場合をいう。

本問は，このうちの履行遅滞について，損害賠償の要件を問題とするものである。

1．必要である。債務者が履行すべき時期（履行期）を経過していなければ，そもそも履行遅滞にならない。

2．必要ではない。履行期が経過すれば，特段の事情がない限り，履行しないことは法的に許されない。履行遅滞による損害賠償は，この許されないことにより債権者に損害を生じさせた債務者に責任を負わせるものである。履行期が経過したならば，債務者は履行するのが当然であり，債権者の催告がないからといって履行をしなくてもよいことにはならない。したがって，履行期経過後の催告は，損害賠償責任の発生に必要ない。催告が必要となることがあるのは，契約の解除（→問題 153）をしようとする場合である（民 541 条）。

3．必要である。債務者に同時履行の抗弁権（→問題 149）がある場合，履行期が経過しても，債務者は，相手方（債権者）からの債務の履行またはその提供がない限り，自己の債務の履行をしないことが正当化される（民 533 条）。つまり，相手方からの債務の履行と引換えに自己の債務を履行すればよい。したがって，損害賠償責任の発生には，債務者に同時履行の抗弁権のないことが必要である。

4．必要である。民法 415 条1項ただし書は，債務の不履行が債務者の責めに帰することができない事由によるものである場合には，債権者は損害賠償を請求することができないと規定している。なお，金銭債務については民法 419 条3項に特則がある（→問題 112）。

正解　2

履行遅滞による損害賠償の要件

問題 114　以下のうち，売主の目的物引渡債務が履行不能となった場合における買主の主張として認められることがないものを１つ選びなさい。

1．代金支払債務の履行の拒絶
2．売主に対する損害賠償の請求
3．契約の解除
4．売主の目的物引渡債務の履行請求

【B 52】

解説　履行不能とは，債務の履行が契約その他の債務の発生原因および取引上の社会通念に照らして不能であることをいう（民 412 条の 2 第 1 項）。目的物の引渡債務でいえば，たとえば，目的物が滅失した場合のように，引渡しが物理的に不可能な場合のほか，動産の二重売買の売主が一方の買主に目的物を引き渡したことによりもう一方の買主に対する引渡債務の履行ができなくなる場合も，履行不能と評価される。もっとも，履行することができない原因が債務者の個人的事情にある場合（たとえば売主に資金がないために売買目的物を調達することができない場合）には，履行不能とされないことが多い。

本問は，履行不能の効果について，売主の目的物引渡債務を例にとって問うものである。

1．認められることがある。目的物引渡債務の履行不能が，当事者双方の責めに帰することができない事由によるものであるときは，債権者は，自らの反対給付の履行を拒むことができる（民 536 条 1 項）。すなわち，買主は，代金債務の履行を拒絶することができる。

2．認められることがある。債務の履行が不能であるときは，債権者（本肢では買主）に損害賠償請求権が認められる（民 415 条 1 項本文）。ただし，履行不能が，債務者の責めに帰することができない事由によるものであるときは，損害賠償請求権は生じない（同項ただし書）。

3．認められることがある。民法 542 条 1 項 1 号が，履行不能による契約解除権を認めている。その際，損害賠償請求権とは異なり，履行不能が債務者の責めに帰することのできない事由によるものであっても，解除権の発生は妨げられない。これは，契約の解除が，債務者に対する制裁ではなく，存在意義を失った契約の拘束から当事者を解放するための手段と理解されているからである。

4．認められることがない。債務の履行が契約その他の債務の発生原因および取引上の社会通念に照らして不能であるときは，その債務の履行請求は認められない（民 412 条の 2 第 1 項）。

正解　4

履行不能の法律上の効果

問題 115　債務不履行による損害賠償の範囲に関する以下の記述のうち，誤っているものを1つ選びなさい。

1．損害賠償は，債務不履行と因果関係のある損害についてのみ認められる。
2．損害賠償は，財産的損害だけでなく非財産的な損害についても認められる。
3．債務不履行によって通常生ずべき損害は，賠償の対象になる。
4．特別の事情によって生じた損害は，当事者がその特別の事情を実際に予見していたときにのみ，賠償の対象になる。

【B 53】

解説　本問は，債務不履行による損害賠償の対象になる損害の範囲に関する問題である。

1．正しい。債務不履行による損害賠償における損害とは何かについて，主要な考え方が3つある。①債務不履行がなかったと仮定した場合の債権者の仮定的財産状態と債務不履行があった後の債権者の現実の財産状態の差額（または差）であるとする考え方，②債務不履行によって債権者が特定の法益に被った損失とする考え方，③債権が実現されない事実やそれを起点に債権者に生じた不利益となった事実とする考え方である。①②においては損害概念のなかにすでに債務不履行との因果関係が含まれている（債務不履行と因果関係のない損害はありえない）。③においても，この意味での損害のうち債務不履行と事実しての因果関係があるものだけ（債務不履行がなければ生じなかったと考えられる損害だけ）が賠償の対象になるとされている。

2．正しい。損害賠償は，財産上の不利益（財産的損害）だけでなく，精神的苦痛ないし不利益（精神的損害）についても認められる。精神的損害を賠償する金銭を慰謝料という。不法行為については民法710条に精神的損害の賠償に関する規定があるのに対し，債務不履行については明文の規定がない。しかし，医療過誤により重篤な後遺症が残った場合を典型として，精神的損害についても，財産的損害と同じく，債務不履行による損害賠償の範囲に関する判断準則に照らして賠償の対象となることがある。

3．正しい。債務不履行と因果関係があると認められる損害のすべてが賠償の対象となるわけではない。賠償の対象となる損害は，民法416条に従って定められる。同条1項によると，債務不履行によって通常生ずべき損害（通常損害）は当然に賠償の対象となる。

4．誤り。民法416条2項によると，特別の事情によって生じた損害は，当事者がその特別事情を予見すべきであったときに，賠償の対象となる。実際に予見していたときに限られるのではない。予見の主体および時期については学説上争いがあるが，判例は，同項の「当事者」を債務者，予見可能性の判断基準時を債務不履行時と解している（大判大７・８・27民録24・1658）。

正解　4

債務不履行による損害賠償の範囲

問題 116　債務不履行に基づく損害賠償請求に関する以下の記述のうち，判例がある場合には判例に照らして，誤っているものを１つ選びなさい。

1．債務不履行によって通常生ずべき損害は，当事者がその発生を実際に予見していなくても，損害賠償の範囲に含まれる。

2．特別の事情によって生じた損害の賠償が認められるためには，債務不履行の時点において債務者がその特別の事情を予見すべきであったことを要する。

3．債務の履行に遅滞が生じれば，債権者は，直ちに，債務者に対し履行に代わる損害賠償を請求することができる。

4．債務不履行が生じた場合でも，債務者は，その債務不履行が自らの責めに帰することができない事由によって生じたことを証明すれば，損害賠償の責任を負わない。

【S 63】

解説　本問は，債務不履行に基づく損害賠償の範囲に関する問題である。

1．正しい。債務不履行に基づく損害賠償の範囲については，民法 416 条が定めている。同条 1 項によると，通常生ずべき損害（通常損害）は当然に賠償の範囲に含まれる。当事者がその発生を現実に予見している必要はない。なぜなら，通常損害については，当事者において定型的にその発生が予見可能であると考えられているからである。

2．正しい。特別の事情によって生じた損害（特別損害）については，当事者が特別の事情を予見すべきであった（平成 29 年改正前民法では，「予見することができた」〔予見可能性が存在した〕と規定していた）場合にのみ賠償範囲に含まれる（民 416 条 2 項）。

平成 29 年改正前民法の定める予見可能性に関しては，予見の主体と予見の時期をどう解すべきかについて，見解が分かれていた。判例（大判大 7・8・27 民録 24・1658）・通説によれば，民法 416 条の趣旨は債務不履行時において特別事情による損害の発生を予見しえたにもかかわらず不履行に至った債務者に賠償義務を課すことにある。そのため，予見の主体である「当事者」とは債務者であり，予見可能性が問われる時期は債務不履行時である。これに対し，有力説は，債務不履行責任を契約責任としてとらえる観点から，契約当事者が契約時に予見しえた事情による損害が，契約に組み込まれており賠償されるべきものであるとする。そのため，予見の主体である「当事者」とは債権者および債務者の双方であり，予見可能性が問われる時期は契約締結時であるとする。もっとも，契約責任の観点に立ちながらも，契約後に特別事情による損害発生を予見しながら故意の不履行があった場合などを考え，予見時期を債務不履行時とすることを認める見解もある。

3．誤り。債権者が債務者に対し履行に代わる損害賠償を請求することができるのは，①債務の履行が不能であるとき，②債務者が債務の履行を拒絶する意思を明確に表示したとき，③債務が契約によって生じたものである場合において，その契約が解除され，または債務の不履行による契約の解除権が発生したときである（民415条2項）。履行遅滞が生じただけでは足りない。

4．正しい。債務不履行が契約その他の債務の発生原因および取引上の社会通念に照らして債務者の責めに帰することができない事由によるものであるときは，債務者は損害賠償の責任を負わない（民415条1項ただし書）。

正解　3

債務不履行による損害賠償の範囲

問題 117　履行不能を理由とする損害賠償額の算定基準時についての判例に関する以下の文中のカッコ内に入る語の組み合わせとして，正しいものを1つ選びなさい。

売買の目的物の引渡しが債務者の責めに帰することができない事由によらずに不可能となった場合の債務不履行による損害賠償額について，判例は，原則として（　a　）の目的物の時価によるべきであるとする。もっとも，目的物の価格が騰貴しつつあるという特別の事情があり，かつ，（　b　）が（　c　）にその特別の事情を知っていたか，知りえた場合には，その騰貴した現在の時価によることができる。ただし，債権者がその騰貴前に目的物を他に処分したであろうと予想された場合は，この限りでない。また，目的物の価格が騰貴した後に下落した場合に，債権者が騰貴価格（中間最高価格）による利益を（　d　）取得したと予想されたときは，その騰貴価格によることができる。これに対して，目的物の価格が現在なお騰貴している場合は，債権者が現在においてこれを他に処分するであろうと予想されたことは必要ない。

1．a＝履行不能時　　b＝債務者
　 c＝履行不能となった時　　d＝確実に
2．a＝履行不能時　　b＝債権者と債務者
　 c＝契約をした時　　d＝通常
3．a＝履行すべきであった時　　b＝債務者
　 c＝履行不能となった時　　d＝通常
4．a＝履行すべきであった時　　b＝債権者と債務者
　 c＝契約をした時　　d＝確実に

【S 64】

解説　本問は，履行不能における損害賠償額の算定時期に関する判例（最判昭37・11・16民集16・11・2280，最判昭47・4・20民集26・3・520）の立場を問題とするものである。平成29年改正民法も，このルールを積極的に変更しようとするものではない。

aには「履行不能時」，bには「債務者」，cには「履行不能となった時」，dには「確実に」が入る。したがって，肢1が正解となる（→問題116肢2の解説も参照）。

正解　1

履行不能における損害賠償額の算定時期

問題 118　債務不履行による損害賠償に関する以下の記述のうち，正しいものを 1 つ選びなさい。

1．債務不履行による損害賠償は金銭による賠償とされ，別の方法によることはできない。
2．債務不履行に関して債権者にも過失があったときは，損害賠償は認められない。
3．当事者は，債務不履行が生じた場合に支払うべき損害賠償額を，あらかじめ合意することはできない。
4．受寄物を過失により盗まれた受寄者が，寄託者たる所有者に目的物の価額相当額を損害賠償金として支払った場合，これにより受寄者がその物の所有権を取得する。

【B 54】

解説　本問は，債務不履行による損害賠償に関して，その方法，賠償額に影響を与える事由，損害賠償による代位を問題とするものである。

1．誤り。債務不履行による損害賠償は，原則として金銭によって行われる（金銭賠償の原則：民 417 条）。簡便な解決が実現できるというのがその理由である。しかし，民法 417 条は，別段の意思表示による例外を認めている（民法 421 条は，当事者が金銭以外の方法による損害賠償を予定した場合について定めている）。
2．誤り。債務不履行に関して債権者にも過失があった場合，損害の全部につき債務者に責任を負わせることは，公平とはいえない。そこで，賠償額は減額される（民 418 条）。債権者の過失の程度によっては債務者が免責されることもあるが，常に損害賠償が認められなくなるわけではない。
3．誤り。債務不履行による損害賠償が認められるためには，損害の発生とその金額の証明が必要になる。しかし，この証明は困難なことが珍しくなく，それゆえに争いが長期化することもある。そこで，そのようなことを避けるため，債務不履行による損害賠償の額を当事者があらかじめ合意しておくことがある。これを損害賠償額の予定という（民 420 条 1 項）。
4．正しい。債権者が損害を填補するための賠償金を受け取ったのに，なお損害填補の対象とされた権利を失わないとすると，債権者は二重に利得することになり，公平ではない。そこで，債権者が損害賠償として債権の目的物の価額の全部を得たときには，債務者がその目的物の権利につき，当然に，債権者の地位にとって代わる（民 422 条）。これを損害賠償による代位という。もっとも，この制度は債権者から所有権を奪うことを目的とするものではない。そこで本肢のような場合には，債権者は賠償金の返還と引換えに目的物の返還を請求することができると解されている。

正解　4

問題 119　損害賠償額の予定に関する以下の記述のうち，判例がある場合には判例に照らして，誤っているものを1つ選びなさい。

1．損害賠償額が予定されている場合において，債務不履行の事実があったときは，債権者は，損害の発生および損害額を証明しなくても，予定賠償額を請求することができる。
2．損害賠償額が予定されている場合においても，債務者が履行遅滞に陥ったときは，債権者は，債務の履行を請求することができる。
3．損害賠償額が予定されている場合においては，債務の不履行に関して債権者にも過失があったとしても，裁判所は，債務者が賠償するべき額を過失相殺によって減額することができない。
4．違約金の定めは，損害賠償額の予定と推定される。

【S 65】

解説　本問は，損害賠償額の予定に関する問題である。損害賠償額の予定については，民法420条に規定がある。

1．正しい。民法420条は，債務不履行があったときに，損害の有無や額を問わず，債権者に予定賠償額を得させる趣旨の規定と解されている（大判大11・7・26民集1・431）。損害賠償額が予定されている場合，裁判所は，原則として賠償額を増減することができない。ただし，予定賠償額が民法90条に反して過大または過小である場合には，損害賠償額の予定に関する約定を無効としたり予定賠償額を減額したりすることはありうる。
2．正しい。損害賠償額の予定は，債務の履行を請求したり，契約を解除したりすることを妨げるものではない（民420条2項）。
3．誤り。当事者が損害賠償の額を予定した場合においても，債務不履行に関し債権者に過失があったときは，裁判所は，過失相殺により，賠償額の減額をすることができる（最判平6・4・21集民172・379）。
4．正しい。違約金には，損害賠償額の予定の性質をもつものと，実損害の賠償を別個に請求することができる違約罰の性質をもつものがある。このうち，後者は債務者に大きな負担を課するものであることから，民法420条3項は，本肢のように違約金の定めを前者と推定している。

正解　3

損害賠償額の予定

問題 120　AがCに対して100万円の，BがCに対して150万円の金銭債権を有していた。この場合に関する以下の記述のうち，誤っているものを1つ選びなさい。

1．CがAとBに対する両債務を弁済するに足る資力を有する場合，Cは，どちらの債務を先に弁済してもよい。
2．Cの財産に対する強制執行によりAとBに配当がされるときは，両者に同額が配当される。
3．Aは，自己のCに対する金銭債権を保全する必要があるときは，CがDに対して有する金銭債権をCに代わって行使することができる。
4．Cが，唯一の財産である自動車（200万円相当）をEに贈与した。その当時，CとEは，これによりAが債権の満足を得られなくなることを知っていた。この場合，Aは，CE間の贈与契約の取消しを裁判所に求めることができる。

【B 55】

解説　本問は，責任財産の保全の前提と方法に関する問題である。

1．正しい。債務者は，債権者に対して債務を弁済する義務を負う。しかし，債権者は本旨にかなった弁済を受けられればそれでよく，本旨弁済を受けられなくなるような事情がない限り，債権者に債務者の自由を制約する地位を認める必要はない。以上のことは，債務者が複数の債務を負っているときであっても異ならない。こういったことから，債務者は，複数の債務を負っているときにも，原則として，任意に弁済をすることができる。
2．誤り。任意に債務者が債務を履行しない場合，債権者は強制執行によって債務者の財産（責任財産とよばれる）から債権の満足を得ることができる。この場合において債権者が複数あるときには，原則として，各債権者は債権額の割合に応じて配当を受けることとされている。これを債権者平等の原則という。本問では，Aの債権額は100万円，Bの債権額は150万円であるから，配当の割合は1：1ではなく（配当額は同額ではなく），2：3である。
3．正しい。債権は，最終的に，債務者の責任財産の状況により影響を受ける。そのため，民法は，債権者に債権の満足を確保するためつぎのような手段を用意している。①約定担保物権の設定，②人的担保の設定，③債務者の責任財産の保全である。③は，債務者が債務の弁済をすることができないような状態になった場合に，債権者が債権保全の目的で債務者の財産管理に介入する権利を認めるものである。本肢は，③に位置づけられる債権者代位権（→問題121の解説）について述べたものである。
4．正しい。本肢は，解説3に述べた③に位置づけられる詐害行為取消権（→問題123の解説）について述べたものである。

正解　2

責任財産の保全総論

問題 121　AがBに対して100万円の貸金債権（甲）を有し，BがCに対して150万円の売買代金債権（乙）を有している。この場合におけるAの債権者代位権に関する以下の記述のうち，誤っているものを1つ選びなさい。ただし，A以外にBの債権者は存在しないものとする。

1．Aが乙を行使するには，Bが乙を除けば甲の弁済をする資力のないことが必要である。

2．Aが乙を行使するには，甲が乙よりも先に成立していることが必要である。

3．Aが乙の消滅時効の完成を阻止するために乙を行使するときには，甲の弁済期が到来している必要はない。

4．Aによる乙の行使は，甲の金額の範囲に限って認められる。

【B 56】

解説　債権者代位権は，債権者が自己の債権（被保全債権という。本問では甲がこれにあたる）を保全するために，債務者に属する権利を行使することができる権利である（民423条1項）。

1．正しい。債権者代位権の行使は，債務者の財産管理の自由に介入するものである。このため，その介入が正当化される場合にのみ認められる。この正当化の事由として，代位権を行使する者の債権を保全する必要性のあることが求められる（民423条1項本文）。そして，ここにいう債権保全の必要性とは，債権者が介入しなければ債務者の責任財産が減少し，債権の満足を得られなくなること（債務者の「無資力」）であるとされている。

2．誤り。詐害行為取消権（民424条）の場合と異なり，債権者代位権に関しては，甲と乙の成立の先後は問われない。債権者代位権は債務者の権利不行使による責任財産の減少防止をはかるものであるため，代位権行使の時点で被保全債権が存在することで十分と考えられるからである。

3．正しい。自己の債権を行使しえない時点で債権者が債務者の権利を行使することができるとすることは時期尚早であり，濫用の恐れもあることから，原則として，被保全債権が弁済期にあることが必要であるとされている（民423条2項本文）。しかし，被保全債権の弁済期を待っていては，その間に債務者の責任財産が減少・消滅してしまう場合には，弁済期の前であってもその保全を行う必要性がある。そこで，民法423条2項ただし書は，債務者の財産の保存行為については，被保全債権の弁済期の前であっても，債権者が債務者に代位して行うことができると定める。債権の消滅時効の完成猶予・更新の効果を生じさせる措置は，保存行為にあたる。

4．正しい。債権者代位権は債権の保全に必要な限りで認められるものであるため，債権者は，被保全債権額の範囲に限って，債務者に属する権利を行使することができる（民423条の2）。

正解　2

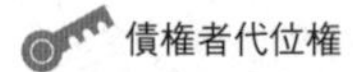
債権者代位権

問題 122　債権者代位権に関する以下の記述のうち，判例がある場合には判例に照らして，誤っているものを１つ選びなさい。

1．AはBに対して100万円の貸金債権（甲）を有しており，BはCに対して扶養請求権（乙）を有している。Aは，Bが甲を弁済するに足る他の財産を有しないときでも，Bに代わって乙を行使することはできない。

2．AはBに対して1000万円の貸金債権（甲）を有しており，BはCに対して500万円の請負報酬債権（乙）を有している。Aが債権者代位権により乙を行使することができる場合，AはCに対し，その支払を自己に対してすることを求めることができる。

3．AはBに対して1000万円の貸金債権（甲）を有しており，BはCに対して500万円の売買代金債権（乙）を有している。Aが債権者代位権により乙を行使した場合，CはBに対して乙の履行をすることはできない。

4．Aが，ある土地をBから譲り受けた。この土地は，BがCから譲り受けたものであり，その登記簿上の所有者はCのままになっている。Bは，Cに対して所有権移転登記手続を求めようとしない。この場合，Aは，Bに代わって，BのCに対する登記請求権を行使することができる。

【S 66】

解説　本問は，債権者代位権の要件および効果に関する問題である。

1．正しい。債権者代位権は，債務者が自らの権利を行使しないために責任財産が維持されない場合に，債権者が債務者に代わってその権利を行使する制度である（民423条以下）。責任財産は債務者の財産であるから，どのように管理処分しようとも，本来は債務者の自由である。しかし，これを完全に債務者の自由にゆだねると，債権者が不当に害されることがある。そこで，債権者は，債務者の責任財産を確保するために必要な限りで，すなわち債務者が債務を弁済するに足る財産を有しない（無資力）場合に，債務者の財産管理に干渉することができることとされている。ただし，債務者の一身専属権や差押えを禁じられた権利を代位行使することは，認められていない（民423条1項ただし書）。本肢のような扶養請求権は，Bの一身専属権であるから，Aはこれを代位行使することができない。

2．正しい。債権者代位権は，強制執行を準備するために責任財産を確保するための制度だが，実際は，それを超える機能を果たしている。その一例が本肢である。債権者Aは，債務者Bが第三債務者Cに対する金銭債権（乙）を代位行使することにより，直接自己への金銭の支払を請求することができる（民423条の3）。この場合，Aが受け取った金銭はBの責任財産を構成するため，Aは，Bに対してその金銭の返還債務を負う。しかし，Aは，この返還債務と自己のBに対する債権（甲）とを相殺することにより，事実上の優先弁済を受けることができる。

3．誤り。被代位債権は債務者の財産であるから，たとえ債権者が債権者代位権によりこれを代位行使しても，債務者は，これを自ら行使することを妨げられない（民423条の5前段）。また，被代位債権の債務者（第三債務者）も，債務者に履行することを妨げられない（同条後段）。したがって，Cは，Bに対して500万円を支払うことで債務を消滅させることができる。

4．正しい。登記または登録を対抗要件とする財産を譲り受けた者は，その譲渡人が第三者に対して有する登記手続または登録手続をすべきことを請求する権利を代位行使することができる（民423条の7）。本肢におけるBは，土地の買主として，売主Cに対して，土地の所有権移転登記手続をすべきことを請求する権利（登記請求権）を有している。同様に，Aは，Bに対して，登記請求権を有している。そこで，Aは，自らの登記請求権を保全するために，BがCに対して有する登記請求権を代位行使することができる。このとき，債務者（ここではB）が無資力であることは必要ない。判例は，古くから，債権者が金銭債権を保全するためだけでなく，登記請求権等の特定債権（非金銭債権）を保全するために，債務者の有する権利を代位行使することを認め，その際，債務者が無資力であることは必要ないとしてきた（大判明43・7・6民録16・537）。

正解　3

問題 123　詐害行為取消権に関する以下の記述のうち，誤っているものを1つ選びなさい。

1．債務者のした行為のうち，財産権を目的としないものは詐害行為取消しの対象にならない。

2．詐害行為取消しのためには，行為の結果として債権者が債権の十分な満足を得られなくなることが必要である。

3．詐害行為取消しのためには，行為に際して債務者と行為の相手方が債権者を害するために通謀していたことが必要である。

4．詐害行為取消権は，裁判上でしか行使することができない。

【B 57】

解説　詐害行為取消権は，弁済資力のない債務者が責任財産を減少させる行為をした場合に，債権者がその行為を取り消し，責任財産を回復する権利である（民 424 条 1 項）。

1．正しい。詐害行為取消権は責任財産を保全するためのものであるため，債務者のした行為であっても財産権を目的としないものは取消しの対象にならない（民 424 条 2 項）。

2．正しい。詐害行為取消権は債務者の財産管理の自由に介入するものであるため，その介入が正当化される場合，すなわち，債務者の行為によって債権者が害される場合にのみ認められる（民 424 条 1 項）。債務者に弁済の資力があり，債権者が債権の十分な満足を得られるのであれば，債務者の行為により債権者が害されることはないので，詐害行為取消しには，本肢のような要件が課されている。

3．誤り。いったんされた行為を取り消すことは，行為の相手方（受益者）の法的地位に影響を及ぼし，取引安全を害するおそれがある。そこで，詐害行為取消しは，受益者が「債権者を害することを知らなかったとき」はすることができないとされている（民 424 条 1 項ただし書）。しかし，債務者と受益者との通謀までは要件とされていない。

4．正しい。民法 424 条 1 項は，債権者は詐害行為の取消しを「裁判所に請求することができる」としている。詐害行為取消権は，裁判外では行使することができない。なぜなら，詐害行為取消権は他人のした行為を取り消すものであり，第三者の利害に大きな影響を及ぼすものであるから，要件がみたされているかを裁判所に判断させ，また，取消しの効果を明確にすることが適当であると考えられるからである。

正解　3

問題 124　詐害行為取消権に関する以下の記述のうち，判例がある場合には判例に照らして，正しいものを１つ選びなさい。

1．債務者が自己所有の不動産を売却することは，売却価格が相当であれば，詐害行為になることはない。

2．債務者が離婚に際して配偶者に対してする財産分与は，その額が不相当に過大であっても，詐害行為になることはない。

3．債務者が一部の債権者に対して債務を弁済することは，債務者が支払不能の状態にはなく，かつ，その債務の履行期の到来後にされるのであれば，詐害行為になることはない。

4．債務者が一部の債権者のために自己所有の不動産に抵当権を設定することは，詐害行為になることはない。

【S 67】

解説　本問は，詐害行為取消権に関する問題である。

1．誤り。債務者が，その有する財産を相当の対価をもって処分する行為は，原則として詐害行為にならない。ただし，その行為が，たとえば不動産を金銭に変えることによって財産の隠匿等の生じるおそれを現に生じさせ，債務者がそうした隠匿等の処分をする意思を有するとともに，受益者も債務者の意思を知っていたときには，詐害行為になる（民 424 条の 2）。

2．誤り。財産権を目的としない行為は，原則として詐害行為にならない（民 424 条 2 項）。ただし，遺産分割協議は詐害行為取消権行使の対象になり（最判平 11・6・11 民集 53・5・898），離婚にともなう財産分与や慰謝料の合意は，民法 768 条 3 項の規定の趣旨に反して不相当に過大であると認められる特段の事情がある場合，相当額を超えた部分についてのみ詐害行為取消権行使の対象になるとされている（最判昭 58・12・19 民集 37・10・1532，最判平 12・3・9 民集 54・3・1013）。

3．正しい。債務者がした既存の債務についての弁済その他の債務の消滅は，原則として詐害行為にならない（民 424 条の 3 第 1 項）。ただし，①その行為が債務者の支払不能の時に行われたものである場合，または②その行為が債務者の義務に属せず，もしくは債務の消滅の時期が債務者の義務に属しないものであり，かつ，その行為が，債務者が支払不能となる前 30 日以内に行われた場合には，さらに債務者と受益者が通謀して他の債権者を害する意図をもってその行為を行ったことを要件として，詐害行為になる（同条 2 項）。本肢の場合は，いずれにも該当しない。

4．誤り。債務者が一部の債権者のために自己所有の不動産に抵当権を設定しても，財産総額は変わらない。しかしながら，民法 424 条の 3 は，肢 3 について説明したような債権の消滅についてと同様の要件のもとで，債権者の１人に対する担保供与が詐害行為になるものとしている。

正解　3

詐害行為取消権

問題 125　以下の記述のうち，誤っているものを1つ選びなさい。

1．分割債権の各債権者は，自己の債権につき単独で履行を請求する。
2．不可分債権の各債権者は，全部の履行を単独で請求することができる。
3．不可分債務の債権者は，すべての債務者に対して同時に全部の履行を請求しなければならない。
4．連帯債務の債権者は，連帯債務者の1人に対して全部の履行を請求することも，すべての連帯債務者に対して同時に全部の履行を請求することもできる。

【B 58】

解説　当事者の一方または双方が複数である債権関係を多数当事者の債権関係という。多数当事者の債権関係については，特に，①請求の方法，②債権者または債務者の1人に生じた事由の他の者への影響の有無，③債権者の1人が弁済を受け，または債務者の1人が弁済等をした場合における債権者相互間または債務者相互間の利益調整が問題となる。このうち，本問は①に関するものである（②③は→問題126を参照）。

1．正しい。分割債権とは，1個の可分給付を目的とする債権が複数の債権者に各別に帰属する場合（たとえば，100万円の金銭債権が各10万円に分割されて10人の債権者に帰属する場合）をいう。この場合，各債権者は互いに独立した債権をもつのであり，自己の債権を単独で行使することになる。
2．正しい。不可分債権とは，その性質上不可分の給付を目的とする債権を複数の債権者が有する場合（たとえば，3人で共同して1棟の建物を買った場合の引渡債権）をいう。不可分債権者は単独で全債権者のために全部の給付を請求することができ，債務者は全債権者のために各債権者に対して履行をすることができる（民428条の準用する民432条）。
3．誤り。不可分債務とは，その性質上分割することのできない給付を目的とする債務を複数の債務者が有する場合（たとえば，3人で共有している1棟の建物を売った場合の引渡債務）をいう。不可分債務では，債権者は，債務者の1人に対して全部または一部の履行を請求することも，すべての債務者に対して同時または順次に全部または一部の履行を請求することもできる（民430条の準用する民436条）。
4．正しい。連帯債務とは，複数の債務者が同一内容の給付について，各自独立に債権者に対して全部の給付をする債務を負い，債務者の1人（または数人）が全部の給付をすれば全債務者のために債務が消滅する債務をいう。給付が性質上可分であるときに，法令の規定または当事者の意思表示によって生じる。連帯債務では，債権者は連帯債務者の1人に対して全部または一部の履行を請求することも，全連帯債務者に対して同時または順次に全部または一部の履行を請求することもできる（民436条）。

正解　3

多数当事者の債権関係

問題 126　連帯債務に関する以下の記述のうち，正しいものを１つ選びなさい。

1．数人がある建物を共同で購入する契約を結んだ場合，代金債務は，特約がない限り，連帯債務となる。
2．連帯債務者の１人が債務の全部を弁済したときは，他の連帯債務者の債務も消滅する。
3．債権者が連帯債務者の１人に対して債務の全部免除をしたときは，他の連帯債務者の債務も消滅する。
4．債務の一部を弁済した連帯債務者は，自己の負担部分を超えて弁済をした場合にのみ，他の連帯債務者に対して求償をすることができる。

【B 59】

解説　本問は，多数当事者の債権関係のうち連帯債務について，その成立，連帯債務者の１人について生じた事由の他の連帯債務者への影響，連帯債務者の１人が債務を弁済した場合の連帯債務者間の利益調整を問うものである。

1．誤り。同一内容の可分給付につき複数人が債務を負う場合には，原則として分割債務となる（民 427 条）。例外として，当事者間に連帯の特約がある場合および法令の規定により連帯とする定めがある場合（たとえば，民 719 条・761 条，商 511 条１項）には連帯債務となる。本肢のような場合，連帯の特約があるとされることも多いが，特約がなければ分割債務となる。
2．正しい。連帯債務においては，各連帯債務者が債権者に対して全部給付義務を負うが，連帯債務者の１人が全部の弁済をしたときには，債権の目的が達せられるため，他の連帯債務者の債務も消滅する。
3．誤り。連帯債務者の１人について生じた事由は，原則として他の連帯債務者に影響を及ぼさない（相対的効力事由：民 441 条）。もっとも，弁済をはじめとする債権者に満足を得させる事由は他の連帯債務者との関係でも債務を消滅させるほか，民法 438 条，439 条１項および 440 条に他の連帯債務者にも影響を及ぼす事由（絶対的効力事由）が定められている。
　本肢のような免除は，絶対的効力事由として定められておらず，債務消滅原因の１つではあるが債権者に満足を得させるものではないことから，他の連帯債務者に影響を及ぼさない。このため他の連帯債務者は，引き続き全額の弁済をする義務を負う。ただし，他の連帯債務者が弁済をしたときは，免除を受けた債務者に対して，求償権を取得する（民 445 条）。
4．誤り。連帯債務者は，債権者に対しては全部給付義務を負うが，連帯債務者相互の間では負担部分に応じた責任を負う。弁済など「自己の財産をもって共同の免責を得た」連帯債務者は，他の連帯債務者に対して求償をすることができる（民442条1項）。その際，自己の負担部分を超えて弁済をする必要はない。一部弁済をした連帯債務者は，他の連帯債務者に対し，弁済額のうち各自の負担部分に応じた額の求償をすることができる。

正解　2

問題 127　債権者Ａに対して，ＢおよびＣが連帯して債務を負っている。この場合に関する以下の記述のうち，正しいものを１つ選びなさい。

1．ＢがＡに対して有する債権をもって相殺を援用したときは，これによる債権消滅の効果は，Ｃにも及ぶ。
2．ＡがＢに対して裁判上の請求を行った。これによる時効の完成猶予の効力は，Ｃにも及ぶ。
3．ＢがＡに対して債務を承認した。これによる時効の更新の効力は，Ｃにも及ぶ。
4．ＡがＢに対して債務を免除した。これによる債権消滅の効果は，Ｃにも及ぶ。
5．Ｂについて消滅時効が完成した。これによる債権消滅の効果は，Ｃにも及ぶ。

【S 68】

解説　本問は，連帯債務者の１人に生じた事由の効力が他の連帯債務者にも及ぶかという点について問うものである。連帯債務者の１人に生じた事由の効力が，他の連帯債務者にも及ぶとき，その事由を「絶対的効力事由」といい，効力が及ばないときは，その事由を「相対的効力事由」という。民法は更改，相殺，混同についてのみ，これらが絶対的効力事由であることを定め（民438条・439条1項および440条），それ以外のものは，別段の意思表示のない限り，相対的効力事由であるとしている（民441条）。

1．正しい。連帯債務者の１人が債権者に対して有する債権をもって相殺を援用した場合，債権者は，対当額において債権の満足を得たことになるので，その部分について他の連帯債務者からさらに弁済を受ける権利を認める必要はない。このため，相殺は絶対的効力事由とされている（民439条1項）。なお，弁済についても同様のことが当てはまるので，明文の規定はないが，弁済は絶対効力事由と解されている。
2．誤り。請求は，平成29年改正前の民法434条では，絶対的効力事由とされていたが，この規定は削除された。債権者が連帯債務者の１人に請求をしただけでは，他の連帯債務者が負う債務について，時効の完成猶予および更新の効力は生じない。
3．誤り。債務の承認は，絶対的効力事由を定める民法438条，439条1項および440条に含まれていないため，相対的効力事由である（民441条）。したがって，連帯債務者の１人が債務を承認しても，他の連帯債務者が負う債務について，時効の更新は生じない。
4．誤り。平成29年改正前の民法437条では，免除を受けた債務者の負担部分の限度で債務者全員に効力が及ぶとされていたが，この規定は削除された。これにより，他の連帯債務者は依然として全額の債務を負担することになる。ただし，他の連帯債務者が債権者に対する弁済をすると，免除を受けた債務者に対しても求償権を行使することができる（民445条）。

5．誤り。平成29年改正前の民法439条では，連帯債務者の1人について消滅時効が完成すると，この債務者の負担部分の限度で債務者全員に効力が及ぶとされていたが，この規定は削除された。これにより，他の連帯債務者は依然として全額の債務を負担することになる。ただし，他の連帯債務者が債権者に対する弁済をすると，消滅時効の完成した債務者に対しても求償権を行使することができる（民445条）。

正解　1

連帯債務者の1人に生じた事由の他の債務者への影響

問題 128　ＡＢが各２分の１の負担部分でＣに対して 200 万円の連帯債務を負っている。この場合における求償権に関する以下の記述のうち，誤っているものを１つ選びなさい。なお，ＡもＢも，他に連帯債務者がいることを知っているものとする。

1．ＡがＣに対して 150 万円を弁済した。ＡはＢに対し求償をすることができる。

2．ＡがＣに対して 50 万円を弁済した。ＡはＢに対し求償をすることができる。

3．ＡがＣに対して 200 万円を弁済したが，このことについてＢに通知することを怠った。その後，Ｂは，Ａによる弁済を知らずにＣに対して 200 万円を弁済した。この場合，Ａは，Ｂに対し求償をすることができる。

4．ＣがＢの債務を免除した。その後，ＡがＣに対して 200 万円全額を弁済した。この場合，Ａは，Ｂに対し求償をすることができる。

【S 69】

解説　本問は，連帯債務における求償権について問うものである。

1．正しい。連帯債務者の１人が弁済をしたときは，この者が支出した額のうち，各自の負担部分に応じた額の求償権を取得する（民 442 条１項）。本肢では，Ａが 150 万円を支出し，ABの負担部分は各２分の１であるから，ＡはＢに対して 150 万円の２分の１である 75 万円の求償権を取得する。

2．正しい。連帯債務者の１人が弁済をしたときの求償権は，弁済した額がこの債権者の負担部分を超えていたかを問わない（民 442 条１項）。本肢では，Ａが 50 万円を支出し，ABの負担部分は各２分の１であるから，ＡはＢに対して 50 万円の２分の１である 25 万円の求償権を取得する。

3．誤り。Ａが弁済をしながら，その旨をＢに通知せず，そのためにＢが善意で弁済をした場合，Ｂは，自分のした弁済が有効であったと主張することができる（民 443 条２項。ただし，Ａが他の連帯債務者Ｂがいることを知っていたことを要する）。その結果，ＡはＢに対する求償権を行使できなくなる（逆に，ＢがＡに対する求償権をもつ）。なお，Ａは，二重の弁済を受けたＣに対して，不当利得に基づく利得返還を請求することができる。

なお，こうした弁済後の通知義務に加え，連帯債務者は相互に弁済前の通知義務も負う。たとえば，ＡがＢに通知をせずに弁済を行ったが，ＢはＣに対して反対債権をもっており相殺をすることができる状態にあったというときには，Ｂは，Ａに対する求償を拒むことができる（民443条１項前段）。この場合，Ａは，Ｂの有していた反対債権をＣに対して行使することができる（同項後段）。

4．正しい。Bに対して債務の免除がされた場合でも，Aは，引き続き債務の全額を弁済する義務を負う。このとき，Aは，弁済をすると，Bに対して求償権を取得する（民445条。消滅時効が完成した場合にも同旨が規定されている）。

正解　3

連帯債務における求償権

問題 129　保証に関する以下の記述のうち，誤っているものを 1 つ選びなさい。なお，この保証は連帯保証ではないものとする。

1．保証契約が有効に成立するために，主たる債務者の同意は必要ない。
2．保証契約は，書面でしなければ効力を生じない。
3．債権者は，主たる債務の弁済期が到来すれば，直ちに保証人の財産を差し押さえて保証債務の満足を受けることができる。
4．保証債務は，主たる債務が消滅したときは，消滅する。

【B 60】

解説　本問は，多数当事者の債権関係のうち保証債務について，成立，主たる効力，保証債務と主たる債務の関係を問うものである。

1．正しい。保証とは，債務者が債務を履行しない場合に，他の者がその履行をする責任を負うことをいう（民 446 条 1 項)。ここにいう債務者を「主たる債務者」，債務を「主たる債務」，他の者を「保証人」，保証人が負う債務を「保証債務」という。保証債務は，保証人が債権者に対して負う債務であり，債権者と保証人になる者との間の保証契約に基づき発生する。主たる債務者は保証の成否に重大な関心をもつことが通常であるが，保証契約の成立に法的に関与するわけではない。

2．正しい。保証人にとって保証契約は債務を負担するだけの無償契約であり，場合により重大な負担になるにもかかわらず，比較的軽率にされることが珍しくない。そこで，保証を慎重にさせ，保証意思を外部からも明確に分かるようにするため，保証契約は書面でしなければ効力を生じない（民 446 条 2 項。保証契約の内容を記録した電磁的記録もここでいう書面に含まれる，同条 3 項）こととされている。

3．誤り。保証人の責任は，主たる債務者が履行しないときに備えた補充的なものである。そのため，保証人は，債権者に対して，①債権者が保証人に保証債務の履行を請求したときに，主たる債務者にまず催告するよう求めること（催告の抗弁：民 452 条)，②主たる債務者に弁済の資力があり，かつ執行が容易なことを証明して，まず主たる債務者の財産に執行することを求めること（検索の抗弁：民 453 条）ができる。このため，債権者は，直ちに保証人の財産に執行することはできない。ただし，連帯保証の場合は，上記①②は認められない（民 454 条)。

4．正しい。保証債務は，主たる債務の履行を担保するためのものであることから，いくつかの点で主たる債務に付き従った法的扱いを受けるという性質（付従性）を有する。その 1 つとして，主たる債務の消滅により保証債務は消滅する（消滅における付従性)。

正解　3

保証債務

問題 130　保証債務に関する以下の記述のうち，正しいものを 1 つ選びなさい。

1．保証人は，主たる債務者が相殺権を有するときは，債権者からの保証債務の履行請求に対し，相殺権の行使によって主たる債務者がその債務を免れるべき限度において，履行を拒むことができる。
2．債権者が主たる債務者に対して債務の免除をしても，その効果は保証債務に及ばない。
3．保証人は，債権者からの保証債務の履行請求に対し，主たる債務者が有する同時履行の抗弁をもって対抗することができない。
4．債権者が主たる債務者に裁判上の請求をしても，保証債務の消滅時効について完成猶予は生じない。
5．保証人は，主たる債務者の履行遅滞による損害賠償債務については履行の責任を負わない。

【S 70】

解説　本問は，保証債務に関する問題である。

1．正しい。民法 457 条 3 項がこの旨を定めている。
2．誤り。保証債務は，主たる債務の履行を担保することを目的としている。したがって，主たる債務が消滅すれば，保証債務は存続理由を失い，消滅する（保証債務の付従性）。
3．誤り。保証債務は，主たる債務を担保するものであるから，主たる債務の成立・消滅の影響を受ける。また，主たる債務に履行を拒絶できる抗弁が付着している場合，主たる債務者が履行を拒絶できるのであるから，保証人が保証債務の履行を拒絶することも認められてよい。そこで，民法 457 条 2 項は，保証人は主たる債務者が主張することができる抗弁をもって債権者に対抗することができることとした。同時履行の抗弁はその典型例である。
4．誤り。主たる債務に関する時効の完成猶予および更新の効力は，保証債務に及ぶ（民 457 条 1 項）。この規定の理解については，保証債務の付従性に基づくとするものと（最判昭 43・10・17 判時 540・34），保証債務の付従性から当然に生じる効果ではなく，主たる債務が時効消滅する前に保証債務が時効消滅することのないようにして，債権の担保を確保しようとする政策に基づくとするものがある。
5．誤り。保証債務は，主たる債務に関する利息，違約金，損害賠償等，主たる債務に付随するすべての債務を担保する（民 447 条 1 項）。

正解　1

保証債務

問題 131　Aは，BがCに対して負う100万円の甲債務を担保するために，Cとの間で保証契約を締結している。Aは，この保証契約に基づいて生じる保証債務を全額弁済した。この場合に関する以下の記述のうち，誤っているものを1つ選びなさい。

1．Aは，Bの委託を受けて保証人となっていた。また，Aによる弁済は，甲債務の弁済期が到来した後であった。この場合，Aは，Bに対して，弁済のために支払った額の全部の償還および弁済期以後の利息の支払を請求することができる。

2．Aは，Bの委託を受けて保証人となっていた。また，Aによる弁済は，甲債務の弁済期が到来する前であった。そして，Aが弁済をする前に，BはCに対して40万円の債権を取得していた。この場合，AがBに対して求償できる金額は，弁済のために支払った100万円から，Bによる相殺で消滅すべきであった40万円を差し引いた60万円となる。

3．Aが保証人となったのはBの委託を受けたものではなかったが，Bの意思に反するものではなかった。そして，Aが弁済をしてからBに対して求償をするまでの間に，BはCに対して40万円の債権を取得していた。この場合，AがBに対して求償できる金額は，弁済のために支払った100万円から，Bによる相殺で消滅すべきであった40万円を差し引いた60万円となる。

4．Aが保証人となったのはBの委託を受けたものではなく，Bの意思に反するものであった。そして，Aが弁済をしてからBに対して求償をするまでの間に，BはCに対して40万円の債権を取得していた。この場合，AがBに対して求償できる金額は，弁済のために支払った100万円から，Bによる相殺で消滅すべきであった40万円を差し引いた60万円となる。

【S 71】

解説　本問は，保証人の求償権の範囲について問うものである。保証人の求償権については，保証人が主たる債務者の委託を受けていたか否か，主たる債務者の委託を受けていなかった場合に，主たる債務者の意思に反していたか否かに応じて，その範囲が異なるものとされている。

1．正しい。委託を受けた保証人は，弁済のために支出した財産の額の求償権を取得する（民459条1項）。さらに，弁済があった日以後の法定利息および避けることができなかった費用その他の損害の賠償が含まれる（同条2項の準用する民442条2項）。

2．正しい。保証人が主たる債務の弁済期前に債務の消滅行為をしたときは，弁済のための支出額全額ではなく，主たる債務者がその当時利益を受けた限度で求償権を取得する（民459条の2第1項前段。さらに弁済期以後の法定利息などが含まれる〔同条2項〕）。ここでいう「その当時」とは，保証人が弁済した時点をさす。本肢のように，保証人が弁済した当時，主たる債務者が債権者に対して反対債権を有しており相殺ができる状態にあった場合には，主たる債務者は，保証人の弁済がなくても主たる債務を消滅させることができた可能性がある。したがって，主たる債務者は，保証人の弁済の当時に相殺が可能であった金額の分だけ利益を受けていなかったことになり，その分だけ，保証人に対して求償をする責任を免れる（民459条の2第1項後段参照）。したがって，本肢では，Aは40万円についてはBに求償をすることができない。

3．誤り。主たる債務者の委託を受けていない保証人のうち，主たる債務者の意思に反していない者は，肢2で説明をした，委託を受けた保証人が主たる債務の弁済期前に弁済をした場合と同様の求償権を取得する（民462条1項が民459条の2第1項を準用する。なお，弁済期以後の法定利息などの求償も認める民459条の2第2項は準用されていないため，委託を受けていない保証人は，法定利息などの求償を求めることはできない）。しかし，本肢では，肢2とは異なり，BがCに対する債権を取得した時期は，Aの弁済後である。このため，Aが弁済した当時においてBは弁済された100万円の利益を受けたことになる。したがって，Bは，Aに対し，弁済のために支払った100万円を求償することができる。

4．正しい。主たる債務者の意思に反して保証をした者は，主たる債務者が保証人からの求償の当時に現に利益を受けている限度でのみ求償権を有する（民462条2項前段）。主たる債務者が利益を受けたか否かをみる基準時は，肢2や肢3の場合のように「保証人の弁済の当時」ではなく，「保証人からの求償の当時」である。このため，本肢のように，Aによる弁済から求償までの間に，BがCに対する債権を取得した場合にも，Aの求償できる金額は減額されることとなる。Bは，求償の当時に，相殺によって債務額を減らすことができた（本肢の場合には，相殺により40万円の部分を消滅させることができた）ので，Aの弁済によってBが受けている利益は，60万円にとどまるからである。

正解　3

問題 132　債権の譲渡に関する以下の記述のうち，誤っているものを1つ選びなさい。

1．債権は，譲渡の当時，現に発生していないものでも，譲渡することができる。
2．債権の譲渡は，債務者の事前の同意がなくても有効に成立する。
3．債権の譲渡は，譲渡人から債務者への口頭での通知があれば，債務者および債務者以外の第三者に対抗することができる。
4．債権が譲渡されても，債務者は，対抗要件が備えられた時までに譲渡人に対して生じた事由をもって譲受人に対抗することができる。

【B 61】

解説　AがBに対してもつ債権をCに契約により移転し，CのBに対する債権とするように，債権者が債権を，その同一性を変えずに，契約により他に移転することを債権譲渡という。

1．正しい。債権は，原則として譲渡可能とされている（民466条1項本文）。そして，債権の譲渡は，その意思表示の当時，現に発生していないもの（将来債権）でも可能である（民466条の6第1項）。譲渡契約の当時において目的とされる債権の発生可能性が低かったとしても，譲渡契約の効力は影響を受けない。しかし，譲渡の目的とされる債権がその発生原因や金額等によって特定されている必要はある。将来の一定期間に発生し，または弁済期が到来すべき複数の債権を譲渡の目的とするときは，その期間の始期と終期を明確にすることなどにより，債権を特定することができる（最判平11・1・29民集53・1・151）。
2．正しい。債権譲渡は，譲渡人と譲受人の間の契約である。誰が債権者であるかは債務者の利害に影響を生じうるが，譲渡契約の有効な成立に債務者の関与を要しない。
3．誤り。債権譲渡の効力は，譲渡人と譲受人の間の合意のみにより生じる。しかし，その効力を債務者その他の第三者に対抗するためには，対抗要件を備える必要がある。民法が定める対抗要件は，債務者に対しては譲渡人から債務者への債権譲渡の通知または債務者による承諾であり（民467条1項），債権の二重譲受人等の債務者以外の第三者に対しては，この通知または承諾が確定日付ある証書によって行われることである（同条2項）。なお，確定日付ある証書とは，公正証書や内容証明郵便など民法施行法5条に定められたものをいう。
4．正しい。債務者は，「対抗要件具備時までに譲渡人に対して生じた事由」（たとえば，同時履行の抗弁権，譲渡された債権の発生原因たる契約の無効，取消原因の存在，債権の弁済など）をもって，譲受人に対抗することができる（民468条1項）。これは，債権譲渡によって債務者が不利益を被ることがないようにするためである。

正解　3

債権の譲渡

問題133　AはBに対して金銭債権（甲債権）を有しており，Bとの間で甲債権の譲渡を禁止する旨の特約（譲渡禁止特約）を結んでいる。この場合に関する以下の記述のうち，誤っているものを1つ選びなさい。

1．Aは甲債権を第三者Cに譲渡する契約をCとの間で締結したが，Cは，譲渡禁止特約の存在を過失なく知らなかった。Bは，Cからの履行請求を拒むことができない。

2．Aは甲債権を第三者Cに譲渡する契約をCとの間で締結した。Bは，甲債権の全額に相当する金銭を供託することができる。

3．Aは甲債権を第三者Cに譲渡する契約をCとの間で締結したが，Cは，譲渡禁止特約の存在を重過失により知らなかった。Bは，Aに弁済することにより甲債権を消滅させることができる。

4．Aの債権者Cは，譲渡禁止特約の存在を知りながら，甲債権を差し押さえた。Bは，Aに弁済することにより甲債権を消滅させることができる。

【S 72】

解説　債権者は，原則として債権を自由に譲渡することができる（民466条1項本文）。ただし，法令の規定または債権の性質により譲渡できないものとされたり（同項ただし書），当事者の意思表示により譲渡が禁止または制限されたりすることがある（同条2項）。本問は，当事者の意思表示によって譲渡が禁止された場合に関する問題である。

1．正しい。譲渡制限特約のある債権が譲渡されても，譲渡の効力は妨げられない（民466条2項）。しかし，債権の譲受人が，譲渡制限の合意の存在を知っていた場合，または重過失によって知らなかった場合，このような譲受人を保護する必要はない。むしろ債権者を固定するために譲渡制限をした債務者の利益が保護されるべきである。そこで，債務者は，このような譲受人からの履行請求を拒むことができ，かつ，譲渡人に対する弁済等をもって当該譲受人に対抗することができる（同条3項）。他方，本肢のように，譲渡制限特約が存することについて譲受人が善意無過失である場合は，原則どおり，債務者は，譲受人からの履行請求を拒むことができないし，譲渡人への弁済等をもって譲受人に対抗することができない。

なお，預貯金債権には譲渡制限特約が存するのが通常であり，このことは公知の事実である。そこで，譲渡制限特約の存する預貯金債権が譲渡された場合には，債務者は，このような特約の存在を知り，または重過失によって知らなかった譲受人に対して，譲渡禁止特約を対抗することができる（民466条の5第1項）。

2．正しい。譲渡制限特約のある債権が譲渡された場合，弁済受領権限を有するのは，①譲受人においてこの特約の存在を知っていたか，または重過失によって知らなかったときは，譲渡人であり，②それ以外の場合は譲受人である。しかし，債務者がこのような譲受人の主観的事情を常に認識できるとは限らず，債務者は，この誤認によって弁済の相手方を誤った場合のリスクを負うことになる。債権譲渡の当事者ではない債務者にこのようなリスクを負わせるのは妥当でないことから，民法466条の2第1項は，債務者に供託の権利を認めている。

3．正しい。肢1のとおり，甲債権が預貯金債権以外の場合，譲渡制限特約が存することを重過失により知らなかった譲受人に対して，債務者は，譲渡人への弁済を対抗することができる（民466条3項）。また，甲債権が預貯金債権の場合は，このような譲受人に対しては，債務者は，譲渡制限特約の存在を対抗することができるので（民466条の5第1項），譲渡人への弁済により甲債権を消滅させることができる。

4．誤り。譲渡制限特約という私的な契約によって，差押禁止財産を作ることは認められない。このため，差押債権者が譲渡制限特約の存在を知っていたとしても，差押えの効力は影響を受けない（民466条の4第1項）。このことは，預貯金債権についても同様である（民466条の5第2項）。

正解　4

問題 134　Aは，Bに対する甲債権をCに譲渡した。この場合に関する以下の記述のうち，判例がある場合には判例に照らして，誤っているものを1つ選びなさい。

1．債権譲渡の対抗要件としての通知は，AとCのいずれからされてもよい。
2．債権譲渡の対抗要件としての承諾は，AとCのいずれに対してされてもよい。
3．Aが甲債権をDにも譲渡し，Cへの譲渡とDへの譲渡の双方について確定日付のある証書による通知がされた。確定日付はCへの譲渡のほうが早い日付であるが，Dへの譲渡についての通知が先にBのもとに到達した。この場合，Dへの譲渡がCへの譲渡に優先する。
4．Aが甲債権をDにも譲渡し，Cへの譲渡とDへの譲渡の双方について同日付の確定日付のある証書による通知がされ，これらの通知がBのもとに同時に到達した。この場合，CもDも，Bに対して債権全額の弁済を請求することができる。

【S 73】

解説　本問は，債権譲渡の対抗要件に関する問題である。債権譲渡の対抗要件は，譲渡人から債務者への通知，または債務者による承諾である（民467条1項）。債務者に対する関係では，通知または承諾がされることで十分であるが，債務者以外の第三者に対する関係では，通知または承諾は，確定日付のある証書によってされる必要がある（同条2項）。

1．誤り。債務者への通知は，譲渡人からされなければならない（民467条1項）。譲受人と自称する者が虚偽の通知をすることを避けるためである。
2．正しい。債務者の承諾が債権譲渡の対抗要件とされたのは，債務者の利益を考慮したものである。そのため，債務者が承諾したと認められることで十分であり，その相手方は，譲渡人でも，譲受人でもよい。
3．正しい。二重にされた債権譲渡の双方について確定日付のある証書により通知がされた場合には，通知が先に債務者に到達したほうが優先する（最判昭49・3・7民集28・2・174）。確定日付の先後は関係ない。債権譲渡においては，債務者が公示機関の機能を果たすが，そのためには債務者が債権譲渡の事実を認識する必要がある。そこで，この認識を得させることになる通知の到達の先後によって，債権譲渡の効力の優劣が決められる。
4．正しい。債権の二重譲渡において両方の譲渡について譲渡人から確定日付のある通知がされ，それらが同時に到達したときは，いずれの譲受人も債務者に全額の請求をすることができる（最判昭55・1・11民集34・1・42）。この場合でも，債務者はいずれか一方に全額を支払えば他方からの請求に応じる必要はない。もっとも，到達の先後関係が不明である場合には，債務者が債権者不確知による供託をすることができる。この場合，譲受人相互の間に優劣の関係はなく，各譲受人は債権額に応じて供託金還付請求権を分割取得する（最判平5・3・30民集47・4・3334）。

正解　1

債権譲渡の対抗要件

問題135　債務引受の要件に関する以下の記述のうち，正しいものを１つ選びなさい。

1．併存的債務引受は，債権者と引受人の間で契約することによって成立し，効力を生じる。
2．併存的債務引受は，債務者と引受人の間で契約することによって成立し，効力を生じる。
3．免責的債務引受は，債権者と引受人の間で契約することによって成立し，効力を生じる。
4．免責的債務引受は，債務者と引受人の間で契約することによって成立し，効力を生じる。

【S 74】

解説　本問は，債務引受の要件に関する問題である。債務引受には，併存的債務引受と免責的債務引受がある。併存的債務引受においては債務者の負う債務が残るのに対して，免責的債務引受においては債務者が免責されることを念頭に，それぞれの債務引受が成立し，効力を生じるための要件を整理することが必要である。

1．正しい。債権者と引受人の間で行われた併存的債務引受契約は，成立と同時に効力を生じる（民470条2項）。併存的債務引受によっても，債務者が債権者に対して負う債務の内容は変わらないため，その承諾は必要とされていない。
2．誤り。債務者と引受人の間で行われた併存的債務引受契約は，債権者が引受人に対して承諾をした時に，その効力を生じる（民470条3項）。併存的債務引受により，債権者は，引受人に対する新たな債権を獲得するだけであり，不利益を被るわけではない。しかし，債権者が権利の取得を望まない場合にまで当然に権利を発生させるのは適当でないと考えられたため（第三者のためにする契約に関する民537条3項も参照），債権者の承諾が必要とされている。
3．誤り。債権者と引受人の間で行われた免責的債務引受契約は，債権者が債務者に対してその契約をした旨を通知した時に，その効力を生じる（民472条2項）。債務者の承諾が必要とされず，債権者からの一方的な通知でよいとされているのは，債権者は，一方的な意思表示で免除（民519条）をすることができるからである。
4．誤り。債務者と引受人の間で行われた免責的債務引受契約は，債権者が引受人に対してその契約を承諾した時に，その効力を生じる（民472条3項）。免責的債務引受により，債権者は，従来の債務者に対する権利を失うのであるから，債権者の承諾が必要とされている。

正解　1

債務引受の要件

問題 136　債務者Ａが債権者Ｂに対して金銭債務を負っており，引受人Ｃがこの債務の引受けを行ったという場合に関する以下の記述のうち，誤っているものを１つ選びなさい。

1．この債務引受が併存的債務引受であったとき，ＡはＢに対する債務を免れる。
2．この債務引受が併存的債務引受であったとき，Ｂに弁済をしたＣは，Ａに対して求償をすることができる。
3．この債務引受が免責的債務引受であったとき，Ａは，Ｂからの支払請求を拒むことができる。
4．この債務引受が免責的債務引受であったとき，Ｂに弁済をしたＣは，Ａに対して求償をすることができない。

【B 62】

解説　債務の同一性を保ったまま，契約によって債務を移転することを債務引受という。債務引受には，併存的債務引受と免責的債務引受がある。それぞれの場合に，債権者（本問ではB）・債務者（A）・引受人（C）の間の債権関係がどのようになるかを確認し，それと関連づけながら，債務引受が成立し，効力を生じるための要件も確認しておくことが大切である。

1．誤り。併存的債務引受では，債務者が債務を負いつつ，引受人が新たに負う債務と「併存」する（民470条1項）。債務者と引受人は，連帯債務を負うことになる。AのBに対する債務は消滅せずに残ることとなる。

　なお，債務者の債務内容に変化がないため，併存的債務引受は，債権者と引受人の二者間の契約ですることができる（同条2項）。併存的債務引受はさらに，債務者と引受人の契約で成立させることもできるが，このときは，債権者が引受人となる者に対して承諾をした時に，その効力を生じる（同条3項）。併存的債務引受は，債権者にとって利益になるだけで不利益をともなわないが，債権者の意思に反する場合にまで引受人に対する債権を発生させることは適切でないからである（第三者のためにする契約に関する民537条3項も参照）。

2．正しい。肢1の解説のとおり，併存的債務引受が行われると，債務者と引受人は，連帯債務を負うことになるので，弁済をした者は，他方に対して求償をすることができる（民442条1項参照）。

3．正しい。免責的債務引受では，債務者が債務を「免責」され，新たに引受人のみが債務者となる（民472条1項）。このため，債務者と引受人で契約をしただけでは効力を生じず，債務者に対する債権を失うこととなる債権者が引受人に対して承諾をすることによって効力を生じる（同条3項）。

　他方，免責的債務引受は，債権者と引受人の間の契約で成立させることもできる。この場合には，債権者から債務者にその旨を通知した時に効力を生じる（同条２項）。債務者の承諾は不要であり，債権者から債務者への一方的な通知で足りる。というのも，債権者はもともと債務者への一方的通知のみで，債務を免除できるからである（民519条）。

4．正しい。肢３の解説のとおり，免責的債務引受によって，債務者は債務を免れるため，引受人が弁済しても求償をすることはできない（民472条の3）。

なお，これに対して，連帯債務者の１人が債務の免除を受けた場合は別である。この場合も，その債務者が債権者との関係で免責される点では共通するが，免責的債務引受では，債権者は，その債務者を完全に免責し債権関係から離脱させる意思を有しているし，引受人もこれを承諾している。このため，免責を受けた債務者は，引受人との関係でも免責される。しかし，連帯債務者の１人が債務の免除を受けた場合は，債権者は，その連帯債務者に履行を請求しないという意思を有しているだけであって，他の連帯債務者も免責することを意図していないのが通常である。このため，連帯債務者の１人に対する免除の効果は，その連帯債務者と債権者との間だけで相対的にしか生じず（民441条），他の連帯債務者との関係では連帯債務者であり続ける。したがって，他の連帯債務者が債権者に弁済をした場合，その連帯債務者は，債務の免除を受けた連帯債務者に求償をすることができる（民445条。→問題126肢３の解説参照）。

正解　1

債務引受の効果

問題 137　弁済に関する以下の記述のうち，正しいものを１つ選びなさい。
1．債務者以外の者がした給付は，弁済としての効力を認められない。
2．弁済の時期と場所は，別段の定めがない限り，債権者が定める。
3．債務者が，債権者ではないが債権者としての外観を有する者を債権者と過失なく信じて弁済をした場合，それにより債権は消滅する。
4．債務者が，債務の一部についてのみ弁済の提供をしたときであっても，債権者はその受領を拒むことができない。

【B 63】

解説　弁済とは，債務者または第三者によって債権の内容である給付行為がされ，それによって債権が消滅することをいう。本問は，弁済を，誰が，いつ，どこで，誰に対して，どのようにするべきかを問題にするものである。

1．誤り。弁済をすべき者は債務者であるが，それ以外の第三者が給付行為をした場合に，それが弁済の効力を認められることがある（民 474 条 1 項）。これを，第三者弁済という。第三者弁済は，債務の性質や第三者と債務者との関係により，効力を認められないことがある。たとえば，弁済をするについて正当な利益を有しない第三者が債務者の意思に反して給付をしても，弁済の効力は認められない（同条 2 項本文）。ただし，債務者の意思に反することを債権者が知らなかったときは，第三者弁済として効力が認められる（同項ただし書）。

2．誤り。弁済には，なすべき時期（弁済期または履行期という）と場所がある。弁済期，弁済の場所のいずれについても，債権者と債務者は合意によって決めることができる。合意がないときは，弁済期は，契約など法律行為によって生ずる債権については法令の規定（たとえば，民 573 条・591 条・624 条・633 条など）により定まる。不法行為による損害賠償債権については不法行為の時である。弁済の場所は，民法 484 条により定まる。

3．正しい。弁済は，債権者その他の弁済受領権限を与えられた者に対してしなければ効力を生じないのが原則である。しかし，給付を受領した者が取引上の社会通念に照らして弁済受領権者らしい外観を有しており，給付者がその者を過失なく弁済受領権者であると信じて給付行為をしたときは，弁済の効力が認められる（民 478 条）。これは表見法理の一種であり，弁済者の信頼を保護し，取引社会の安全を保護することを目的とする。

4．誤り。弁済の提供は，債務の本旨に従ってされる必要があり（民 493 条），原則として債務の全部についてされる必要がある。債務者が債務の一部についてしか弁済の提供をしないときは，債権者は受領を拒絶することができる。この場合，弁済の効力はもちろん，弁済提供の効果も生じない（なお，不足額がごくわずかな金額にとどまる場合には，弁済提供の効果が認められることがある〔最判昭 35・12・15 民集 14・14・3060〕）。

正解　3

弁済

問題 138　Aは，B銀行に100万円の定期預金（甲預金）を有していた。Cが，甲預金の通帳と届出印を盗み出した。この場合に関する以下の記述のうち，判例がある場合は判例に照らして，正しいものを1つ選びなさい。

1．Cが，甲預金の満期到来後に，Aを装って甲預金の払戻しをBに請求した。この場合，BがCをA本人と信じて払い戻したならば，そう信じたことに過失があったとしても，その払戻しは有効である。
2．Cが，甲預金の満期到来後に，Aの代理人と称して甲預金の払戻しをBに請求した。この場合，BがCの受領権限を無過失で信じて払い戻したときは，その払戻しは有効である。
3．Cが，Aを装って，甲預金を中途解約して払い戻すようBに求めた。この場合，BがCをA本人と無過失で信じて払戻しに応じたとしても，その払戻しは無効である。
4．Cが，Aを装って，甲預金を担保として60万円を貸し付けるようBに求め，Bがこれに応じた。返済日に貸付金の返済がされなかったため，Bが，Aに対して，甲預金債権を貸付金債権と対当額で相殺する旨の意思表示をした。この場合，Bが甲預金を担保とする貸付の際にCをA本人と無過失で信じていたとしても，Bによる相殺は無効である。

【S 75】

解説　本問は，弁済受領権者としての外観を有する者に対してされた弁済の効力に関する問題である。

1．誤り。弁済受領権者としての外観を有する者に対する弁済が有効とされるためには，弁済者の善意無過失が必要である（民478条）。本肢では，Bに過失があるため同条の要件を満たさず，払戻しは無効である。
2．正しい。平成29年改正前民法478条の解釈として，本肢のような代理人と称して債権を行使する者（詐称代理人）に対する弁済にも同条が適用されると解されていた（最判昭37・8・21民集16・9・1809）。このことを反映して，平成29年の民法改正により，同条の受領権者には，債権者のみならず，法令の規定または当事者の意思表示によって弁済受領権限を付与された第三者が含まれることが明記された。
3．誤り。定期預金の期限前払戻しについても，民法478条は適用される（最判昭41・10・4民集20・8・1565）。したがって，Bが善意無過失で期限前払戻しに応じたときは，その払戻しは有効である。
4．誤り。判例は，いわゆる預金担保貸付についても民法478条の類推適用を肯定している（最判昭48・3・27民集27・2・376）。なお，民法478条によって保護を受ける者は，取引相手の取引権限を無過失で信じたことを要するが（前掲・最判昭41・10・4），預金担保貸付の場合における善意無過失の判断基準時は貸付時であるとされており，銀行がその時点において善意無過失であれば，その後に悪意に転じていたとしても，相殺の効力が認められる（最判昭59・2・23民集38・3・445）。

正解　2

債権の受領権者としての外観を有する者に対する弁済

問題 139　弁済の提供および弁済供託に関する以下の記述のうち，誤っているものを１つ選びなさい。

1．債権者があらかじめ弁済の受領を拒んでいるときは，債務者は，弁済の準備をしたことを債権者に通知して受領の催告をすることにより，履行遅滞の責任を免れる。

2．持参債務の債務者が，自らの住所で弁済をする準備をした旨を債権者に通知して受領の催告をしたことでは，弁済の提供をしたことにならない。

3．債務者が弁済の提供をした場合において，債権者がその受領を拒んだときは，債務者は，弁済の目的物を供託することができる。

4．債務者が債権者のために弁済の目的物を供託した場合，債権者が供託所でその還付を受けた時にその債権は消滅する。

【B 64】

解説　本問は，弁済の提供および弁済供託に関する問題である。

1．正しい。債務者は，弁済の提供をすることにより，その時から履行遅滞の責任を免れる（民 492 条）。弁済の提供は，債務の本旨に従って現実にしなければならない（民 493 条本文）。これを現実の提供という。すなわち，債務者は，弁済が完了するために自らすべきことをすべて行い，後は債権者が受領しさえすればよいという状態にする必要がある。ただし，これには例外がある。債権者があらかじめ受領を拒んでいる場合と，債務の履行について債権者の行為を要する場合である。これらの場合には，債務者は，弁済の準備をしたことを通知して受領の催告をすればよい（同条ただし書）。これを口頭の提供という。

2．正しい。持参債務とは，債務者が債権者の住所で弁済をすべき債務をいう。したがって，債務者は，債権者の住所で現実の提供をしなければ，弁済の提供をしたことにならない。

3．正しい。債務者が債務を弁済したくてもできない場合，債務者は債務を免れることができず，履行遅滞の責任を負う可能性もある。このような事態を避けるため，弁済供託という制度がある。これは，債務者が弁済の目的物を債務の履行地の供託所に提出して管理をゆだねるというものである（民 495 条 1 項参照）。債務者は，この弁済供託をすることによって債務を消滅させることができる。債権者は，供託所から弁済の目的物の還付を受けることによって，弁済の目的物を取得することができる（民 498 条参照）。民法では，494 条以下に弁済供託の原因（弁済供託ができる場合）・効果等の概要を定め，供託手続に関する詳細については供託法が定めている。弁済供託の原因は，①弁済の提供がされたにもかかわらず，債権者がその受領を拒んだとき，②債権者が弁済の受領をすることができないとき，③弁済者が債権者を確知することができないとき（弁済者に過失がある場合を除く）のいずれかを満たすことである（民494条）。

4．誤り。弁済供託によって債権消滅の効果が発生するのは，弁済供託をした時である（民494条1項後段）。債権者が弁済の目的物の還付を受けた時ではない。さもないと，債務者は，弁済供託をした後も，債権者が還付を受けるまでは遅滞の責任を負いうることになってしまい，弁済供託制度の意義が大きく減殺されるからである。

正解　4

問題 140　AB間で，AがBにアンティーク家具（甲）を10万円で売る契約が結ばれた。この契約では，2日後にB宅でAがBに甲を引き渡し，それと引換えにBがAに代金を支払うこととされていた。Aが約定の期日に甲をB宅に持参したところ，Bは，「甲の置き場をまだ用意できていない」と述べて，受け取らなかった。この場合に関する以下の記述のうち，誤っているものを1つ選びなさい。

1．Aは，Bに対してその場で代金を支払うよう求めることができる。
2．Aが甲を持ち帰った場合，Aは，再配達の義務を負わない。
3．Aが甲を再配達した場合，Aは，その再配達のための費用をBに請求することができる。
4．Aが甲を持ち帰る途中，Cの運転するトラックに追突されて，甲が大破した。この事故による甲の大破がAの責めに帰することができない事由によるものであった場合，Aは，Bに対して甲の代金の支払を求めることができる。

【S 76】

解説　本問は，弁済の提供の効果（民492条）または受領遅滞の効果（民413条）に関する問題である。2つの効果の関係について種々の見解があるが，受領遅滞は弁済の提供を前提とするため，受領遅滞があれば弁済の提供の効果はいずれにせよ認められる。そして，本問では，Bに受領遅滞がある。

1．正しい。弁済提供の効果として，債権者は同時履行の抗弁権（民533条）を失う。したがって，Aは，Bに対して，その場で代金を支払うよう求めることができる。
2．誤り。弁済提供の効果としても，受領遅滞の効果としても，債務者の義務が消滅することはない。したがって，Aは，Bの受領遅滞後も配達義務を負う。
3．正しい。受領遅滞によって履行のための費用が増加した場合，その増加費用は債権者の負担となる（民413条2項）。
4．正しい。債権者の受領遅滞中に，当事者双方の責めに帰することができない事由によって債務の履行が不能となったときは，債権者の責めに帰すべき事由によるものとみなされる（民413条の2第2項）。このため，民法536条2項により，債権者は，反対債権の履行（代金の支払）を拒むことができない。したがって，Aは，代金の支払をBに求めることができる。

正解　2

弁済の提供または受領遅滞の効果

問題141　以下のうち，債務者が有効な供託をして弁済と同様の効力を生じさせることができない場合を１つ選びなさい。

1．債務者が弁済の提供をしたが，債権者が正当な理由なく弁済の受領を拒絶した場合
2．債権者に意思能力がなく法定代理人も選任されていない場合
3．債権者が遠隔地に転居したことにより，弁済に手間がかかるようになった場合
4．債権者が死亡したが，その相続人が誰であるのか不明である場合

【S 77】

解説　本問は，弁済供託に関する問題である。

弁済供託の原因（弁済供託ができる場合）として，民法494条には，①債権者の受領拒絶，②債権者の受領不能，③債権者不確知の３つの場合があげられている。

1．できる。上記①にあたる。民法494条１項１号のとおりである。
2．できる。上記②にあたる。民法494条１項２号のとおりである。
3．できない。上記①，③にあたらないことは，明らかである。また，このような事情だけでは，上記②の債権者の受領不能とまではいえない。なお，債権者が住所の移転などによって弁済にかかる費用を増加させたときは，その増加分については債権者が負担する（民485条ただし書）。
4．できる。上記③にあたる。他に上記③にあたる場合としては，債権の帰属先について争いがある場合がある。

正解　3

弁済供託

問題 142　相殺に関する以下の記述のうち，誤っているものを１つ選びなさい。

1．相殺は，自働債権と受働債権の両方の弁済期が到来しているときに，することができる。
2．相殺の意思表示は，将来に向かって効力を生ずる。
3．債権が時効によって消滅したとしても，その消滅前に相殺適状にあったときは，債権者は，その債権を自働債権として相殺をすることができる。
4．金銭債権の債権者Ａが債務者Ｂを殴って重傷を負わせた場合，ＡのＢに対する金銭債権とＢのＡに対する損害賠償債権について，Ａから相殺することはできないが，Ｂから相殺することはできる。

【B 65】

解説　ＡとＢが互いに金銭債権を持ちあっている場合のように，２人が互いに相手方に対して同種の債権を有する場合には，両者は差引計算により互いの債権を消滅させることを合意することができる。また，一方が，他方に対する意思表示（相殺の意思表示）によって，互いの債権額が重なりあう範囲（「対当額」）において互いの債権を消滅させることもできる。どちらも相殺とよばれるが，後者を特に法定相殺という。法定相殺において，相殺の意思表示をする者が有する債権を自働債権，相殺される者の債権を受働債権という。

1．正しい。民法 505 条１項本文がこれを定めている。この状態を相殺適状という。これが必要とされるのは，相殺される者の期限の利益を保護するためである。そこで，自働債権の弁済期さえ到来していれば，相殺をする者は，受働債権について期限の利益を放棄して弁済期を到来させることにより（民 136 条２項本文），相殺をすることができる。もっとも，受働債権の弁済期が未到来のまま相殺の意思表示がされたときは，その意思表示は，受働債権の期限の利益を放棄して弁済期を到来させる意思を含むものと解される。

2．誤り。相殺は，当事者の一方から相手方に対する意思表示によってされる（民 506 条１項前段）。相殺適状により当然に相殺の効力が生じるとする外国の立法例もあるが，わが国では，当事者が知らないうちに債権が消滅することは好ましくないと考えられ，このように定められている。相殺の効力は，相殺の意思表示時に生ずるのではなく，相殺適状の時にさかのぼって生ずる（同条２項）。このように遡及効が認められた理由は，相殺適状になれば両債権は当然に清算されたものと考えるのが当事者の通常の意思であること，法律関係の簡便な処理が可能になることにある。

3．正しい。民法508条がこれを定めている。相殺適状による当然清算への期待を保護するためとされる。

4．正しい。2つの同種の債権が対立していても，①当事者が相殺禁止の意思表示をしたとき（民505条2項），②自働債権に相手方の抗弁権が付着しているとき，③受働債権が悪意の不法行為による損害賠償債権であるとき（民509条1号），④受働債権が人の生命または身体の侵害による損害賠償債権であるとき（同条2号），⑤受働債権が差押禁止債権であるとき（民510条），⑥差押えを受けた債権を受働債権とし，差押え後に取得した債権を自働債権として相殺しようとするとき（民511条）等，相殺できないことがある。

このうち，本肢は③または④に該当する。③のような相殺が禁止されているのは，金銭債権を有する者がその回収のために債務者に不法行為を行い，これによる損害賠償債務と相殺することを認めると不法行為を誘発することになるし，このような加害者を保護する必要はないからである。また，④のような相殺が禁止されているのは，不法行為の被害者に損害賠償金の現実の給付を得させる必要があるからである。このような趣旨にかんがみ，被害者からする相殺（③または④の損害賠償債権を自働債権とする相殺）は許されている（最判昭42・11・30民集21・9・2477）。

正解　2

相殺

問題 143　相殺に関する以下の記述のうち，誤っているものを1つ選びなさい。

1．弁済期未到来の債権は，相殺の自働債権とすることができない。
2．特約により譲渡を禁止されている債権は，相殺の自働債権とすることができない。
3．差押禁止債権は，相殺の自働債権とすることができる。
4．相殺の意思表示には，期限を付することができない。

【S 78】

解説　本問は，相殺に関する問題である。

1．正しい。このような相殺を認めると，相手方の期限の利益を奪うことになるからである。他方，弁済期未到来の債権を受働債権として相殺することは認められる。民法505条1項本文は，双方の債務が弁済期にあることを相殺の要件とするが，受働債権の弁済期が未到来の場合は，その債務者は，期限の利益を放棄して，弁済期を到来させることができるからである(民136条2項本文)。
2．誤り。譲渡を禁止または制限された債権を相殺の自働債権とすることは，債務者に何ら不利益は生じないので，認められる。
3．正しい。差押禁止債権には，給料債権など債権者にとって現実に弁済を受けることが必要とされる債権が含まれる（民執152条等)。そのため，これらを受働債権として相殺することはできないものとされている（民510条)。これに対して，債権者が差押禁止債権を自働債権として相殺することは認められる。この場合には，債権者が自らの意思によって現実の弁済を要しないと判断したからである。
4．正しい。相殺の意思表示には，条件または期限を付することができない(民506条1項後段)。期限については，相殺には遡及効があるため，期限を付しても意味がないからである。条件については，一方的な意思表示に条件が付されることによって相手方の地位が不安定になることを避けるためである。

正解　2

相殺

問題 144　AがBに対して300万円の甲債権を，BがAに対して300万円の乙債権を，CがBに対して300万円の丙債権を有している。丙債権についてBが履行遅滞に陥り，Cの申立てにより乙債権が差し押さえられた。この場合に関する以下の記述のうち，誤っているものを1つ選びなさい。

1．Aは，乙債権の差押えの前に，甲債権を取得していた。この場合に，Aは，甲債権を自働債権として乙債権と相殺したことをもって，Cに対抗することができる。
2．Aは，乙債権の差押えの後に，Bに300万円を貸し付ける契約を締結し，これに基づき甲債権を取得した。この場合に，Aは，甲債権を自働債権として乙債権と相殺したことをもって，Cに対抗することができない。
3．Aは，乙債権が差し押さえられる前に，Bからの委託を受けて，BがDに対して負う債務の保証人となっていた。そして，乙債権が差し押さえられた後に，Dに対して保証債務を弁済し，それに基づく求償権として，甲債権を取得した。この場合に，Aは，甲債権を自働債権として乙債権と相殺したことをもって，Cに対抗することができない。
4．Aは，乙債権の差押えの後に，Eから甲債権の譲渡を受けた。この場合に，Aは，甲債権を自働債権として乙債権と相殺したことをもって，Cに対抗することができない。

【S 79】

解説　本問は，民法511条の定める差押えと相殺に関する問題である。なお，本問では，Cが差押債権者，Bが債務者，Aが第三債務者にあたる。

1．正しい。差押えの前に第三債務者が債務者に対する債権を取得していたときは，第三債務者は，この債権を自働債権とし，差し押えられた債権を受働債権として相殺を行うことができる（民511条1項）。第三債務者がもつ相殺への期待を保護する趣旨である。
2．正しい。肢1とは異なり，差押えの後に第三債務者が債務者に対する債権を取得したときは，第三債務者は，この債権を自働債権とし，差し押さえられた債権を受働債権として相殺を行うことができない（民511条1項）。この場合は，差押えの時点では，第三債務者と債務者との間に債権の対立状況がなく，第三債務者の相殺への期待は存在しないからである。
3．誤り。差押え後に取得した債権が差押え前の原因に基づいて生じたものである場合にも，この債権を自働債権とする被差押債権との相殺が認められる（民511条2項本文）。なぜなら，この場合には，差押え前の原因に基づいて生じた債権を相殺によって回収することへの期待は，差押え前に生じていると考えられるからである。「差押え前の原因」の典型例は，差押えの前に契約が締結され，その契約に基づいて，差押えの後に債権が発生する場合である。本肢のように，差押え前の保証委託契約に基づいて，差押え後に第三債務者が求償権を取得する場合も，これにあたる。

4．正しい。差押え後に第三債務者が他人の有する債務者に対する債権を取得した場合については，差押え前には相殺への期待が生じていない。このため，原則どおり，この債権を自働債権とする相殺をすることはできない(民511条2項ただし書)。本肢はこれに該当する。

正解　3

差押えと相殺

問題 145　AがBに対して金銭債権（甲債権）を有していた。この場合に関する以下の記述のうち，誤っているものを１つ選びなさい。

1．Bは，Aの承諾があれば，金銭の支払ではなく絵画乙を引き渡すことによって，甲債権を消滅させることができる。

2．AとBが，Bの債務の内容を絵画乙の給付に変更することを内容とする更改契約を締結した。この場合，甲債権は消滅する。

3．Aは，Bの同意がなくても，免除によって甲債権を消滅させることができる。

4．Aが死亡し，BがAを相続した。この場合，甲債権にCの質権が設定されていたとしても，甲債権は消滅する。

【B 66】

解説　本問は，各種の債権消滅原因に関する問題である。

1．正しい。ＡＢ間でされているのは代物弁済である。代物弁済とは，債務者が，債権者との間で，その負担した給付に代えて他の給付をすることにより債務を消滅させる旨の契約をし，実際にその給付をすることをいう（民 482 条）。代物弁済は弁済と同一の効力を認められることから，代物弁済により債権は消滅することになる。

　代物弁済は，つぎの更改と似たところがあるが，①債権が消滅するためには，他の給付が実際にされなければならないこと，②債権が単純に消滅するのみであり，それに代わる新たな債権が発生するわけではないことにおいて，更改と異なる。

2．正しい。ＡＢ間でされているのは更改である。更改とは，当事者が①給付の内容の重要な変更，②債務者の交替，③債権者の交替をすることにより，もとの債務を消滅させ，新たな債務を成立させる契約である（民 513 条）。本肢では，給付の内容の重要な変更が行われている。

　なお，債権者の交替は債権譲渡により，債務者の交替は免責的債務引受により，債務の内容の変更は代物弁済や変更契約等によっても実現することができる。また，更改の場合，旧債務の消滅により，旧債務につき存した担保や抗弁権が消滅する。このような効果を債権者が欲することはあまりないため，更改の存在意義は大きくない。

3．正しい。ＡＢ間でされているのは，免除である。免除は，債権者が債務者に対する一方的な意思表示によって，債権を消滅させるものである（民 519 条）。利益といえども押し付けるべきではないとして，免除を契約によってされるものとする外国の立法例もあるが，わが国では，免除は単独行為とされている。

4．誤り。土地の所有者と抵当権者，債権者と債務者のような，相対立する

2つの法的地位が同一人に帰属することを混同という。混同が生じると，通常は，2つの法的地位をそのまま存続させておく意味がなくなる。そこで，たとえば所有権と他の物権との混同では他の物権が消滅し（民179条1項本文），債権の混同ではその債権が消滅する（民520条本文）。しかし，混同により消滅することになる権利が第三者の権利の目的になっているときは，第三者を害することは適当でないため，混同による権利の消滅は生じない（民179条1項ただし書・同条2項後段・520条ただし書）。本肢は，甲債権が第三者Cの質権の目的になっているため，この場合にあたる。

正解　4

問題 146　民法典に定められている担保物権以外にも，実質的に優先弁済的効力が得られることに着目して，債権を担保する手段として用いられているものがある。以下のうち，こうした意味での担保手段になりえないものを１つ選びなさい。

1．相殺予約
2．代物弁済予約
3．代替執行
4．債権譲渡
5．代理受領

【S 80】

解説　本問は，担保的機能を有する各種の制度に関する問題である。

1．なりうる。相殺（民 505 条以下）は，たとえば，銀行が企業に貸付けを行う際に，その企業が銀行に対して有する定期預金債権を第三者が差し押さえた場合には銀行が相殺をすることができる旨をあらかじめ約しておくなどの方法（相殺予約）により，貸金債権を担保する手段として用いられている。

2．なりうる。債務者が債務を弁済できない場合にはその所有する土地を債権者に譲渡することで本来の債務の弁済に代える旨の代物弁済（民 482 条参照）の合意をあらかじめしておくなどの方法（代物弁済予約）により，債権が担保されることがある。これによって土地を債権の担保にするのと同様の効果が得られる。代物弁済予約による債権者の権利を保全するためには仮登記が用いられることが多く,「仮登記担保」とよばれている。仮登記担保法がこれを規律している。

3．なりえない。代替執行は，国家機関によってされる債権内容の強制的実現の方法の１つで，第三者の手により債務者に代わって債権の内容を実現させ，その費用を債務者から強制的に徴収するものである（民 414 条１項，民執 171 条）。優先弁済を受ける目的で利用されるものではない。

4．なりうる。債権譲渡（民 466 条以下）は，債権担保のために債権を譲渡し，債務が履行されたときに，それを譲渡人（譲渡担保設定者）に返還する旨を約するかたちで，債権を担保化する手段としても用いられる。債権譲渡担保を設定することの便宜をはかるために，動産・債権譲渡特例法等の立法もされている。

5．なりうる。代理受領は，債権の受領を他人にゆだねることをいう。債権者が債務者の有する金銭債権の代理受領権限を得た場合，債権者は，受領した金銭を債務者に交付する債務を負うが，その債務と自己の債権を相殺することによって，事実上の優先弁済を受けることができる。

正解　3

担保的機能を有する各種の制度

V　債権各論

問題 147　契約の成立に関する以下の記述のうち，正しいものを 1 つ選びなさい。

1．代金が一定額以上の売買は，契約書を作成しなければ成立しない。
2．不動産の売買は，登記をしなければ成立しない。
3．贈与は，受贈者が目的物を受け取らなければ成立しない。
4．書面によらない消費貸借は，借主が目的物を受け取らなければ成立しない。

【B 67】

解説　契約は，契約を成立させる意思表示の合致のみによって成立するのが原則である（諾成主義の原則：民 522 条 1 項）。また，契約自由の原則の一内容として方式自由の原則があるとされており，法令に特別の定めがある場合を除き，契約の成立には書面の作成その他の方式を具備することを要しない（民 522 条 2 項。不要式行為という）。しかしながら，例外的に，契約における意思表示を一定の方式で（たとえば，契約書によって）することや目的物の引渡しが，契約の成立要件とされている場合がある。契約締結の方式が定められている場合を要式行為（または，要式契約），契約成立のために目的物の引渡しを要する場合を要物契約という。たとえば，保証契約は，契約書を作成しなければ成立しない要式行為である（民 446 条 2 項）。また，書面によらない消費貸借（民 587 条）は，要物契約である。

1．誤り。売買契約は，不要式の諾成契約である（民 555 条）。売買は，代金額の多少にかかわらず合意のみによって成立する。契約の成立に契約書の作成は必要ない。
2．誤り。売買契約は，目的物が不動産であるときも不要式の諾成契約であることに変わりがない。したがって，不動産売買の成立に登記は必要ない。登記は，売買によって生ずる所有権の移転（民 176 条）を第三者に対抗するために必要な要件（対抗要件）である（民 177 条）。
3．誤り。贈与も，売買と同じく，不要式の諾成契約であり（民 549 条），その成立に目的物の授受は必要ない。もっとも，書面によらない贈与は，履行が終わった部分を除き，各当事者が解除することができる（民 550 条）。
4．正しい。書面によらない消費貸借は要物契約である（民 587 条）。書面によらない消費貸借は，当事者の合意があっても，借主が目的物を受け取らなければ，成立しない。したがって，書面によらない消費貸借の合意が成立した後，貸主が翻意して借主に目的物を引き渡すことを拒絶しても，借主は，貸主に対して消費貸借契約に基づき目的物の引渡しを請求することはできない。以上に対し，書面でする消費貸借は諾成契約であるが（民 587 条の 2 第 1 項），借主は，貸主から目的物を受け取るまで，契約の解除をすることができる（同条 2 項）。

正解　4

契約の成立

問題 148　申込みと承諾に関する以下の記述のうち，誤っているものを1つ選びなさい。

1．申込みの意思表示も承諾の意思表示も，相手方に到達したときに，その効力を生じる。
2．承諾期間の定めのある申込みは，申込者が撤回をする権利を留保したのでない限り，撤回することができない。
3．承諾期間を定めずにされた申込みは，申込者が撤回をする権利を留保していなくても，承諾がされるまではいつでも撤回することができる。
4．申込みを受領した者が，申込みに変更を加えて同意する意思表示をした場合，その意思表示によって契約は成立しない。

【B 68】

解説　申込みは特定の契約を成立させようとする意思表示であり，申込みに同意する意思表示が承諾である。申込みとそれに対する承諾により，契約は成立する（民 522 条 1 項）。

1．正しい。意思表示は，相手方に到達した時に効力を生ずるのが民法の原則である（民 97 条 1 項）。申込みも承諾も，この原則に従って効力を生ずる。このため，契約は，承諾の意思表示が相手方に到達した時に効力を生じる。
2．正しい。申込者が，申込みを自由に撤回することができるのでは，相手方の利益が著しく害されかねない。このため，民法は，申込みの撤回を制限している。その1つとして，承諾期間の定めのある申込みは，撤回することができない（民 523 条 1 項本文）。ただし，申込者は，撤回をする権利を留保することができる（同項ただし書）。
3．誤り。承諾期間を定めずにされた申込みは，申込者が承諾の通知を受けるのに相当な期間を経過するまでは，撤回することができない（民 525 条 1 項本文）。この場合も，申込者は，撤回をする権利を留保することができる（同項ただし書）。
4．正しい。承諾者が申込みに変更を加えてそれに同意する意思表示をしたときは，その意思表示は，その申込みを拒絶するとともに，変更した内容で新たな申込みをしたものとみなされる（民 528 条）。したがって，相手方がこの申込みに対して承諾をすれば，それにより契約は成立する。

V 債権各論

正解　3

申込みと承諾による契約の成立

問題149　同時履行の抗弁権に関する以下の記述のうち，誤っているものを1つ選びなさい。

1．同時履行の抗弁権は，相手方の債務の弁済期が未到来であっても主張することができる。
2．同時履行の抗弁権を主張することができる債務者は，自己の債務の履行期が経過しても，履行遅滞を理由とする損害賠償責任を負わない。
3．売主の目的物引渡債務は，特約のない限り，買主の代金支払債務と同時履行関係に立つ。
4．請負人の仕事完成債務は，特約のない限り，注文者の報酬支払債務より先に履行されなければならない。

【B 69】

解説　双務契約から生ずる債務は，互いに，相手の債務が履行されるからこそ自らも債務を履行するという対価的関係にある。このような債務について，当事者の一方が履行期の到来にもかかわらず債務を履行しない場合にも，相手方は自らの債務を履行しなければ履行遅滞に陥るというのでは，公平に反する。そこで，同一の双務契約から生ずる対価的債務の間では，一方当事者は，相手方が債務の履行の提供をするまで自己の債務の履行を拒絶することができるのが原則である（民533条）。これを，同時履行の抗弁権という。

1．誤り。相手方の債務の弁済期が到来していないときは，同時履行の抗弁権を主張することができない（民533条ただし書）。相手方の期限の利益を保護するためである。
2．正しい。同時履行の抗弁権を主張することができる債務者は，自己の債務の弁済期が経過しても，履行遅滞にならない。したがって，相手方は，履行遅滞を理由とする損害賠償請求（民415条1項）も解除（民541条）もすることができない。
3．正しい。売主の目的物引渡債務と買主の代金支払債務は，互いに対価的関係に立ち，弁済期に関する特約のない限り，同時履行関係に立つ。
4．正しい。請負契約は，完成した仕事に対して注文者が報酬を支払う契約である（民632条）。その債務の履行期について，建物の建設請負など仕事の目的物の引渡しを必要とする場合には，目的物の引渡しと報酬の支払は，特約のない限り，同時に履行されなければならない（民633条本文）。引渡しを要しない場合には，仕事の完成が先履行となる（同条ただし書・民624条1項）。結局，請負人の仕事完成債務は，特約のない限り，注文者の報酬支払債務に対して先履行の関係に立つ。

正解　1

同時履行の抗弁権

問題 150　同時履行の抗弁権に関する以下の記述のうち，判例がある場合には判例に照らして，誤っているものを１つ選びなさい。

1．債務の弁済と受取証書の交付とは，同時履行の関係に立つ。
2．債務の弁済とこの債務を担保する抵当権の設定登記の抹消登記手続とは，同時履行の関係に立つ。
3．契約解除にともなって各当事者が相手方に対してするべき原状回復は，同時履行の関係に立つ。
4．不動産売買における代金の支払と所有権移転登記手続とは，同時履行の関係に立つ。

【S 81】

解説　本問は，同時履行の抗弁権に関する問題である。同時履行の関係に立つかは，法律に明示の定めがあるほか（肢1・3），解釈によって定まる（肢2・4）。

1．正しい。両者は同時履行の関係に立つ（民486条）。なお，債務の弁済と債権証書の返還とは，前者が後者に対し先履行の関係にあり，同時履行の関係に立つものではない（民487条）。
2．誤り。債務の弁済とこの債務を担保する抵当権の設定登記の抹消登記手続とは，前者が後者に対し先履行の関係にあり，同時履行の関係に立たつものではない（大判明37・10・14民録10・1258，最判昭57・1・19判時1032・55）。弁済による債務消滅にともなって抵当権が消滅し，それを理由として抹消登記手続協力義務が生じると解されるからである。
3．正しい。両者は同時履行の関係に立つ（民546条・533条本文）。
4．正しい。両者は同時履行の関係に立つ（大判大7・8・14民録24・1650）。

正解　2

同時履行の抗弁権

問題151　ＡとＢは，双務契約により，ＡはＢに対して甲債務を，ＢはＡに対して乙債務をそれぞれ負担した。この場合の危険負担と解除に関する以下の記述のうち，誤っているものを１つ選びなさい。

1．当事者双方の責めに帰することができない事由によって，甲債務を履行することができなくなった。この場合，Ｂは，甲債務の不履行を理由に，契約の解除をすることができない。
2．当事者双方の責めに帰することができない事由によって，甲債務を履行することができなくなった。この場合，Ｂは，契約の解除をしなくても，乙債務の履行を拒絶することができる。
3．Ｂの責めに帰すべき事由によって，甲債務を履行することができなくなった。この場合，Ｂは，甲債務の不履行を理由に，契約の解除をすることができない。
4．Ｂの責めに帰すべき事由によって，甲債務を履行することができなくなった。この場合，Ｂは，乙債務の履行を拒絶することができない。

【B 70】

解説　双務契約において，対価的関係に立つ債務の一方が債務者の責めに帰することができない事由により履行することができなくなった場合に，他方の債務（反対債務）の債務者は，なお債務を履行しなければならないか。この問題に関する制度としては，契約の解除と危険負担がある。解除は契約の拘束力から債権者を解放する制度であり，危険負担は債権者に反対債務の履行拒絶権を与える制度である。

1．誤り。債権者が債務不履行を理由に契約の解除をする場合，損害賠償を請求する場合とは異なり（民415条1項ただし書参照），債務者の帰責事由は要件とされていない。債務不履行が債務者の責めに帰することができない事由による場合であっても，契約の解除は妨げられない（民541条・542条）。
2．正しい。民法536条1項は，当事者双方の責めに帰することができない事由によって債務を履行することができなくなったときは，債権者（履行不能になった債務の債権者をいい，本肢のＢにあたる）は，反対給付の履行を拒むことができると定める。一方の債務の履行ができなくなったのであるから，他方の債務の履行も要しないとするのが，公平と考えられるからである。なお，Ｂは，甲債務の不履行を理由に，契約を解除することもできる（肢1の解説参照）。その場合，契約から発生した債権債務（甲債務および乙債務）は消滅するから，Ｂは乙債務の履行を拒絶することができる。以上のように，双務契約上の一方の債務が当事者双方の責めに帰することができない事由によって履行不能となった場合，その債務の債権者は，契約を解除するか否かにかかわらず，自身の債務の履行を拒絶することができる。

3．正しい。民法543条は，債務の不履行が債権者の責めに帰すべき事由によるものであるときは，債権者は，契約の解除をすることができないと定める。帰責事由のある債権者に契約の拘束力からの離脱を認める必要はないからである。

4．正しい。民法536条2項前段は，債権者の責めに帰すべき事由によって債務を履行することができなくなったときは，その債権者は，反対給付の履行を拒むことができないと定める。Aが甲債務を履行することができなくなったのがBの帰責事由による場合にまで，Aが乙債務の履行を受けられなくなるのは不当と考えられるからである。ただし，Aが甲債務の履行を免れたことにより利益を得たときには，これをBに償還することが必要である（同項ただし書）。

正解　1

危険負担と解除

問題 152　Aは，Bとの間で，自己所有の甲建物をBに売る旨の契約を締結した。この場合に関する以下の記述のうち，誤っているものを1つ選びなさい。

1．契約締結日の前日，落雷によって甲建物が焼失していたが，AもBもこのことを知らなかった。AがBに対して代金の支払を求めた場合，Bは，支払を拒むことができる。
2．契約締結後，甲建物の引渡し前に，Bのタバコ火の不始末によって甲建物が焼失した。AがBに対して代金の支払を求めた場合，Bは，支払を拒むことができない。
3．甲建物の引渡し後，台風によって甲建物が半壊した。Bは，Aに対して，追完を求めることができる。
4．甲建物の引渡し後，地震によって甲建物が全壊した。AがBに対して代金の支払を求めた場合，Bは，支払を拒むことができない。

【S 82】

解説　本問は，危険負担に関する問題である。

1．正しい。本肢の場合，契約締結前に売買の目的物たる甲建物が滅失しているため，その所有権移転および引渡しは原始的不能である。このような契約も当然には無効とならないが（民412条の2第2項），この履行不能が当事者双方の責めに帰することができない事由によって生じた場合は，履行が不能な債務の債権者は，反対給付の履行を拒むことができる（民536条1項）。したがって，Bは，代金の支払を拒むことができる。
2．正しい。債権者の責めに帰すべき事由によって債務を履行することができなくなったときは，債権者は，反対給付の履行を拒むことができない（民536条2項前段）。
3．誤り。目的物の引渡し後に，当事者双方の責めに帰することができない事由によって目的物が滅失・損傷した場合，買主は売主に対して追完など契約不適合に基づく権利を主張することができない（民567条1項前段）。
4．正しい。売主がその債務の履行を完了した後に，目的物が滅失・損傷した場合に，買主が代金の支払を拒むことができないことは当然である。また，売主が債務の履行を完了していない場合であっても（たとえば所有権移転登記が未了である等），目的物の引渡し後に，当事者双方の責めに帰することができない事由によって目的物が滅失・損傷した場合，買主は，代金の支払を拒むことができない（民567条1項後段）。したがって，Aの債務の履行が完了しているか否かにかかわらず，Bは代金の支払を拒むことができない。

正解　3

危険負担

問題 153　売買の解除に関する以下の記述のうち，正しいものを 1 つ選びなさい。

1．買主が定められた期日に代金を支払わない場合，売主は，直ちに契約を解除することができる。
2．AとBが共同で買主となり，売主Cとの間で契約を締結した。この場合，Cの債務不履行を理由に契約を解除するためには，AまたはBのどちらか一方が解除の意思表示をすれば足りる。
3．売主の債務不履行を理由に契約を解除した買主は，売主に対し，すでに支払った代金の返還を請求することができる。
4．売主の債務不履行を理由に契約を解除した買主は，売主に対し，損害賠償を請求することができない。

【B 71】

解説　双務契約の当事者は，相手方が債務を履行しない場合，契約を解除することができる。本問は，解除権の発生要件，行使方法および解除の効果に関する問題である。

1．誤り。債務者の履行遅滞を理由に契約を解除する場合，債権者は，原則としてまず相当期間を定めて履行の催告をしなければならず，その期間が経過したにもかかわらず債務が履行されないときに，契約を解除することができる（民 541 条）。したがって，直ちに契約を解除することができるわけではない。もっとも，債務の全部の履行が不能であるときや，債務者がその債務の全部の履行を拒絶する意思を明確に表示したとき等，債権者が催告をしても契約をした目的を達するのに足りる履行がされる見込みがないことが明らかであるときは，債権者は，催告をせず直ちに契約を解除することができる（民 542 条 1 項）。
2．誤り。契約の解除は，解除権を有する当事者が，相手方に解除の意思表示をすることによって効力を生ずる（民 540 条 1 項）。本肢のように，契約の一方当事者が複数の場合，解除の意思表示は，当事者全員（本肢では，AとB）によってされなければならない（民 544 条 1 項。解除権の不可分性という）。
3．正しい。契約が解除された場合，両当事者は互いに原状回復義務を負う（民 545 条 1 項）。買主は，すでに代金を支払っていれば，支払った代金の返還を請求することができる。この場合，売主は，代金額に，代金受領の時から法定利率で計算した利息を付さなければならない（同条 2 項）。
4．誤り。債務不履行により損害を被った債権者は，契約の解除とともに，債務者に対し，債務不履行を理由とする損害賠償請求（民 415 条）をすることができる（民 545 条 4 項）。

正解　3

V 債権各論

解除

問題 154　解除に関する以下の記述のうち，判例がある場合には判例に照らして，誤っているものを１つ選びなさい。

1．履行遅滞において，相当の期間を定めた催告をし，その催告期間が徒過したとしても，その不履行が，契約および取引上の社会通念に照らして軽微である場合，債権者は，契約の解除をすることができない。

2．債務者が，その債務の全部の履行を拒絶する意思を明確に表示したときは，債権者は，催告をすることなく直ちに契約の解除をすることができる。

3．債権者が，履行遅滞にある債務者に対し，履行の催告をしたが，その際に相当の期間を定めていなかった。この場合，債権者は，その後も債務の履行がされないまま客観的に相当の期間が経過しても，契約の解除をすることができない。

4．動産の買主が，解除権の発生を知りながら，その動産を第三者に譲渡した。この場合，買主は，契約の解除をすることができない。

【S 83】

解説　本問は，解除の要件について問うものである。

1．正しい。履行遅滞における催告解除の要件を満たした場合であっても，相当期間が経過した時点における債務の不履行がその契約および取引上のは社会通念に照らして軽微であるときは，契約の解除をすることができない（民 541 条ただし書）。これは，不履行が軽微なものにとどまる場合には，債権者は，解除以外の救済手段（損害賠償等）で満足するべきだとの考え方による。

2．正しい。債権者は，一定の場合には，催告をすることなく直ちに債務不履行を理由として契約の解除をすることができるとされている。民法 542 条１項は，催告なしで契約の全部を解除することができる場合を定めており，債務者がその債務の全部の履行を拒絶する意思を明確に表示した場合もこれにあたる（同項２号）。なお，同項１号から４号はいずれも，債務不履行により契約の目的の達成が不可能になったと評価できる場合だとされる（同項５号参照）。

3．誤り。民法 541 条によれば，履行遅滞による契約の解除をするときは，「相当の期間を定めて」債務者に履行を催告することが必要である。相当の期間とは，履行期までに履行の準備をしていることを前提として，履行をするのに必要な期間をいう。もっとも，判例によれば，債権者が相当期間を定めずに催告した場合（大判昭２・２・２民集６・133）や，定められた期間が相当でない場合（最判昭 31・12・6 民集 10・12・1527）であっても，催告後に客観的に相当の期間が経過したときは，解除権が発生する。解除権の発生は，債権者の定めた催告期間の当否に影響されるべきではないからである（前掲・大判昭2・2・2）。

4．正しい。解除権を有する者が，故意または過失によって，契約の目的物を著しく損傷したり，返還することができなくなったときには，解除権は消滅する（民548条本文）。このほか，契約の目的物を加工・改造して他の種類の物に変えたような場合にも解除権は消滅する。ただし，解除権を有する者が，自分が解除権を有することを知らなかったときは，解除権は消滅しない（同条ただし書）。

正解　3

解除

問題155 ＡＢ間で，ＡがＢに動産甲を売却する契約が締結された。その際，Bは，売買代金をＣに支払うものとされた。ＡＢ間のこの合意が第三者Ｃのためにする契約にあたる場合に関する以下の記述のうち，誤っているものを1つ選びなさい。

1．Cが受益の意思表示をする前に，ＡＢ間の売買契約が合意解除された。この場合，Ｃは，Ｂに対して代金の支払を請求することができない。

2．Cは，受益の意思表示をした後に，Ｂに代金の支払を求めた。この場合において，Ａが甲の引渡債務の履行期にその履行を提供しないときは，Bは，Ｃに対して，同時履行の抗弁権を行使して，代金の支払を拒絶することができる。

3．Cが受益の意思表示をした後に，Ａは，甲をＢに引き渡した。ところが，Bは，代金支払日にＣに代金を支払わない。この場合，Ｃは，相当期間を定めて催告したのに代金が支払われなければ，ＡＢ間の売買契約を解除することができる。

4．Cが受益の意思表示をした後に，Ａは，甲をＢに引き渡した。ところが，Ｂは，代金支払日に代金をＣに対して支払わない。この場合，Ｃは，Ｂに対して損害賠償を請求することができる。

【S 84】

解説 本問は，第三者のためにする契約に関する問題である。

第三者のためにする契約とは，契約から生ずる権利を当事者が第三者に得させる債務を負担する契約をいう（民537条1項）。

1　正しい。受益の意思表示により，第三者に権利が発生するまでは，契約当事者は合意により，第三者に帰属させる権利の内容を変更したり，消滅させたりすることができる。これに対して，第三者が受益の意思表示をした後は，第三者の権利は確定し，契約当事者がそれを変更したり消滅させたりすることはできない（民538条1項）。したがって，Ｃが受益の意思表示する前であれば，ＡとＢは契約を合意解除することができる。

2　正しい。第三者のためにする契約の当事者は，相手方に対する抗弁を，第三者に対抗することができる（民539条）。本肢では，Ｂは，Ａに対して有する同時履行の抗弁権を，Ｃに対抗することができる。

3　誤り。第三者のためにする契約において，受益者は契約当事者ではない。解除権を有するのは契約当事者に限られる（民540条1項参照）ので，Cは，ＡＢ間の契約を解除することができない。

4　正しい。受益の意思表示をしたＣは，Ｂに対して，代金の支払を求める権利を有する。したがって，Ｃは，Ｂが代金を支払わない場合，Ｂに債務不履行を理由とする損害賠償を請求することができる。

正解　3

第三者のためにする契約

問題 156　定型取引を行うことの合意をした者が，定型約款の個別の条項に拘束される場合に関する以下の記述のうち，正しいものを1つ選びなさい。

1．定型約款を準備した者との間で定型約款を契約の内容とする旨の合意をした者は，その合意をしただけでは，その定型約款の個別の条項に拘束されることはない。

2．定型約款を準備した者があらかじめその定型約款を契約の内容とする旨を相手方に表示していただけでは，その相手方がその定型約款の個別の条項に拘束されることはない。

3．定型約款の個別の条項が包括的に合意されたものとみなされる場合であっても，相手方の権利を制限し，または相手方の義務を加重する条項については，合意をしなかったものとみなされることがある。

4．定型約款を準備した者が，定型取引を行うことの合意の前に，定型約款の内容を示すよう相手方から求められたにもかかわらずこれを拒んだときは，その拒絶の理由にかかわらず，相手方が，その定型約款の個別の条項に拘束されることはない。

【S 85】

解説　定型取引とは，ある特定の者（定型約款準備者）が不特定多数の者（以下では「相手方」とよぶ）と行う取引であって，その内容が画一的であることが取引の両当事者にとって合理的なものをいう。この定型取引の中で，画一的な内容の契約を結ぶためにあらかじめ準備された条項の総体が定型約款である。本問は，当事者（特に相手方）が定型約款の個別の条項について合意をしたものとみなされ，それに拘束されるための要件を問うものである。

1．誤り。定型取引を行うことの合意をした者が，それに加えて定型約款を契約の内容とする旨の合意をしたときは，定型約款の個別の条項についても合意したものとみなされ，これに拘束される（民 548 条の 2 第 1 項 1 号）。

2．誤り。定型約款準備者があらかじめその定型約款を契約の内容とする旨を相手方に表示していた状況下で定型取引が合意されたときは，たとえ定型約款を契約の内容とする旨の合意がなくても，この合意が擬制され，定型約款の個別の条項に拘束される（民 548 条の 2 第 1 項 2 号）。

3．正しい。定型約款が契約内容に取り込まれた場合でも，その中の個別条項のうち，相手方の権利を制限し，または相手方の義務を加重する条項であって，その定型取引の態様およびその実情ならびに取引上の社会通念に照らして信義則に反して相手方の利益を一方的に害すると認められるものについては，合意しなかったものとみなされる（民 548 条の 2 第 2 項）。

4．誤り。定型取引を行う定型約款準備者は，定型取引合意の前またはその合意の後相当期間内に相手方から請求があった場合には，遅滞なく，相当な方法でその定型約款の内容を示さなければならない（民548条の3第1項本文）。定型約款準備者が定型取引合意前において，相手方からの請求を拒んだ場合には，相手方はその定型約款の個別の条項に拘束されないのが原則である（同条2項本文）。ただし，一時的な通信障害が発生した場合その他正当な事由がある場合は，この限りでない（同項ただし書）。

正解　3

定型約款

問題 157　有償契約と無償契約とを比較した以下の記述のうち，誤っているものを1つ選びなさい。

1．書面によらない贈与は，履行が終わっていない部分について，各当事者が任意に解除をすることができる。売買は，書面によらないものであっても，当事者が任意に解除をすることはできない。

2．賃貸人は，賃貸借の目的物を修繕する義務を負う。使用貸主は，使用貸借の目的物を修繕する義務を負わない。

3．受任者は，委任が有償のときは，善良な管理者の注意をもって委任事務を処理する義務を負う。委任が無償のときは，自己のためにするのと同一の注意をもって委任事務を処理する義務を負う。

4．受寄者は，寄託が有償のときは，善良な管理者の注意をもって寄託物を保管する義務を負う。寄託が無償のときは，自己の財産に対するのと同一の注意をもって寄託物を保管する義務を負う。

【B 72】

解説　契約のなかには，有償であるか無償であるかによって，当事者の義務や責任の内容が異なる場合と，そうではない場合とがある。本問は，その違いに関する知識を問うことを通じて，それぞれの契約における当事者の義務や責任の内容に関する理解を確かめることをねらいとする。

1．正しい。書面によらない贈与は，各当事者が解除をすることができる。ただし，履行の終わった部分については解除ができない（民550条）。売買には，こうした規定はない。

2．正しい。賃貸人は，目的物を使用収益させる義務を負い（民601条），その使用収益に必要な修繕をする義務を負う（民606条1項本文）。これに対して，使用貸主は，借主が目的物を使用収益することを妨げない義務を負うが，積極的に使用収益させる義務は負わない（民593条を民601条と比較せよ）。したがって，使用貸主は修繕義務を負わない。

3．誤り。受任者は，報酬の有無にかかわらず，委任の本旨に従い，善良な管理者の注意をもって委任事務を処理する義務を負う（民644条）。

4．正しい。無償で寄託を受けた受寄者は，自己の財産に対するのと同一の注意をもって寄託物を保管する義務を負う（民659条）。これに対し，有償で寄託を受けた受寄者は，善良な管理者の注意をもって寄託物を保管する義務を負う（民400条参照）。

V 債権各論

正解　3

有償契約と無償契約の比較

問題 158　売買契約の成立時に，買主が売主に 10 万円の解約手付を交付した。この場合に関する以下の記述のうち，誤っているものを1つ選びなさい。

1．当事者双方がどちらも契約の履行に着手していない場合，売主は，買主に対して手付金と同額を現実に提供して，契約の解除をすることができる。
2．売主が契約の履行に着手した場合，買主は，手付金を放棄しても契約の解除をすることができない。
3．買主が，手付金を放棄して契約を解除した。この場合，契約の解除により売主に 20 万円の損害が発生したとしても，売主は，買主に損害賠償を請求することができない。
4．買主が債務を履行しない場合，売主は，これを理由に契約の解除をし，損害の賠償を請求することができる。

【B 73】

解説　手付は，売買契約締結時に交付される金銭である。手付は，解約手付と推定されるというのが判例（最判昭 29・1・21 民集 8・1・64）・通説である。解約手付が交付された場合，相手方が契約の履行に着手するまでは，買主は手付を放棄することにより，売主は交付された手付の倍額を買主に対して現実に提供することにより，理由のいかんを問わず契約の解除をすることができる（民 557 条 1 項）。

1．誤り。売主が解約手付に基づく解除権を行使するには，買主に対して手付金の倍額を現実に提供しなければならない。手付金と同額を現実に提供するだけでは足りない。
2．正しい。解約手付に基づく解除権は，その相手方が契約の履行に着手した後は，行使することができない（民 557 条 1 項ただし書）。したがって，売主が契約の履行に着手した場合，買主は，手付金を放棄しても売買契約を解除することができない。これに対し，買主は，自身が契約の履行に着手していても，売主が契約の履行に着手していない限り，手付金を放棄して売買契約を解除することができる。自ら契約の履行に着手した当事者に解約手付に基づく解除権を認めても，契約の履行に着手した当事者が不測の損害を受けることはないからである。
3．正しい。解約手付に基づき契約の解除がされた場合，相手方は，解除者に対して損害賠償を請求することができない（民 557 条 2 項）。この場合の相手方の損害は，手付金額により填補されると解されているためである。
4．正しい。解約手付が交付された場合であっても，各当事者は，相手方の債務不履行を理由として契約の解除をすることができる。この場合，解除者は，相手方に対し，損害賠償の請求をすることができる（民 415 条・545 条 4 項）。

正解　1

解約手付

問題 159　Aは，自己のアトリエにある絵画甲をBに売却する契約を締結した。この場合に関する以下の記述につき，誤っているものを1つ選びなさい。

1．契約において，甲の引渡場所は定められなかった。この場合，甲の引渡場所は，Aのアトリエである。
2．契約において，Aが甲をBの住所に郵送することが定められたが，郵送費をどちらが負担するかは定められなかった。この場合，郵送費は，AとBが半額ずつ負担する。
3．契約において，契約から3日後に甲を引き渡すことが定められたが，代金の支払時期は定められなかった。この場合，代金の支払時期も契約から3日後である。
4．契約において，Aが甲をBの住所に持参することが定められたが，その日時も，代金の支払時期も定められなかった。この場合，代金支払の場所は，Bの住所である。

【B 74】

解説　売買の目的物の引渡しおよび代金支払の場所および時期は，当事者が契約で自由に決めることができる。民法は，これらの事項につき，当事者が契約で定めなかった場合に適用される任意規定を置いている。

1．正しい。特定物の引渡債務は，特約のない場合，債権発生時に目的物が存在した場所で弁済されなければならない（民484条1項）。絵画甲は特定物であるから，甲の引渡場所は，Aのアトリエである。
2．誤り。売買契約に関する費用であれば，当事者双方が等分して負担することになる（民558条）。契約に関する費用とは，契約書の作成費用，目的物の鑑定費用など，契約を締結するための費用をいう。しかし，甲をBの住所に郵送する費用は，契約を締結するための費用ではなく，契約によって成立したAの債務を弁済するための費用である。債務を弁済するための費用は，特約のない限り，債務者が負担する（民485条本文）。
3．正しい。売買の目的物の引渡債務に期限が付された場合，代金の支払についても同一の期限を付したものと推定される（民573条）。本肢では，甲の引渡しは契約から3日後と定められているので，Bの代金債務の弁済期も，特約のない場合，契約から3日後である。
4．正しい。売買契約から生ずる売主の引渡債務と買主の代金債務とは，特約のない限り，同時履行関係に立つ（民533条）。そして，代金の支払が目的物の引渡しと同時にされるべきときは，特約のない限り，代金を支払うべき場所は，目的物の引渡場所である（民574条）。本肢では，甲の引渡時期も，代金の支払時期も定められていないので，代金の支払は引渡債務の履行と同時にされるべき場合にあたる。したがって，Bは，甲の引渡場所であるBの住所で，代金を支払わなければならない。

正解　2

売買の目的物の引渡しと代金の支払

問題160　売買の効力に関する以下の記述のうち，誤っているものを1つ選びなさい。

1．不動産の売主は，買主に対して，所有権移転についての対抗要件を備えさせる義務を負う。
2．他人の所有する物を目的物とする売買契約も有効である。
3．売買契約に基づいて買主に引き渡された目的物の品質が，その契約の内容に適合しないものであるときは，買主は，売主に対し，履行の追完を請求することができる。
4．売買契約に基づいて買主に引き渡された目的物の品質が，その契約の内容に適合しないものである場合，買主は，目的物が引き渡されてから1年以内にその旨を売主に通知しないときは，契約を解除することができなくなる。

【B 75】

解説　本問は，売買の効力に関する問題である。

1．正しい。民法560条がこのことを定める。
2．正しい。他人の所有する物を目的物とする売買契約も有効である。しかし，売主が目的物を所有していないため，売買契約によっても，その所有権は当然には買主に移転しない。売主は，その所有権を取得して買主に移転する義務を負う（民561条）。
3．正しい。引き渡された目的物が種類，品質または数量に関して契約の内容に適合しないものであるときは，買主は，売主に対して，履行の追完を請求することができる（民562条1項本文）。追完の方法には，目的物の修補，代替物の引渡し，不足分の引渡しがある。売主は，買主に不相当な負担を課すのでなければ，買主が請求するのと異なる方法による履行の追完をすることができる（民562条1項ただし書）。たとえば，売主が買主に引き渡した冷蔵庫が，初期不良により正常に動作しないという場合において，買主が売主に対して修理することを請求したとしても，売主は，同機種の別の物を代わりに給付することで追完することができる。なお，買主は，相当の期間を定めて履行の追完の催告をし，その期間内に履行の追完がないときは，不適合の程度に応じて代金の減額を請求することができる（民563条1項）。また，買主は，債務不履行に関する規定に従って，売主に対して損害賠償（民415条）を求めることや，契約の解除（民541条・542条）をすることができる（民564条）。
4．誤り。契約不適合の場合における売主の担保責任の期間制限は，買主がその不適合を知った時から1年とされており（民566条本文），目的物の引渡しの時から起算するのではない。また，売主が引渡しの時にその不適合を知り，または重大な過失によって知らなかったときは，こうした期間制限は適用されない（同条ただし書）。

正解　4

売買の効力

問題 161　贈与に関する以下の記述のうち，判例がある場合には判例に照らして，誤っているものを１つ選びなさい。

1．Ａは，Ｂに対して自身の所有する建物を贈与する旨を口頭で約束した。その後，この建物の所有権移転登記を終えたが，引渡しをしていない。この場合，Ａは，贈与契約を解除することができる。

2．Ａは，Ｂとの間で，自分が死んだら自己所有の土地建物をＢに贈与する旨を書面で合意した。この契約には，その性質に反しない限り，遺贈の規定が準用される。

3．ＡとＢは，ＢがＡの老後の面倒をみるという約束の下に，ＡがＢに建物を贈与する旨を合意した。ところが，ＡからＢに建物が引き渡され，移転登記もされたにもかかわらず，ＢはＡの老後の面倒をみなかった。この場合，Ａは，Ｂの負担の不履行を理由に贈与契約を解除することができる。

4．Ａは，自身の所有する中古車甲を，Ｂに贈与した。この場合，Ａは，Ｂに対して契約の時の状態で甲を引き渡すことを約束したものと推定される。

【S 86】

解説　本問は，贈与に関する問題である。

1．誤り。書面によらない贈与については，贈与者の贈与意思が明確でないことが多いことにかんがみ，履行の終わっていない部分は，いつでも解除をすることができる（民550条）。不動産の贈与の場合，所有権移転登記がされれば，引渡しが未了でも履行が終わったと解される（最判昭40・3・26民集19・2・526）。これによって贈与者の贈与意思が明確になるからである。

2．正しい。死因贈与には，遺言（遺贈）の規定が準用される（民554条）。ただし，死因贈与と遺言の性質の違い等を理由に，遺言能力，遺言の方式，遺言の撤回に関する規定等は準用されないものと解されている。

3．正しい。負担付贈与には，双務契約に関する規定が準用される（民553条）。そのため，負担が履行されない場合には，贈与者は，贈与契約を解除することができる（民541条）。

4．正しい。民法551条1項がこのことを定める。同項は，「贈与の目的として特定した時」と定めるが，本肢のような特定物の贈与では，契約の時がこれにあたる。契約それ自体や契約締結にいたる種々の事情から，契約の内容に，目的物が一定の品質をもつことが含まれていると解される場合は，贈与者は，この契約内容に適合した目的物を引き渡す義務を負う。

正解　1

問題162　Aは，その所有する甲土地をBに売却する契約（「本契約」という）を，Bとの間で締結した。本契約では，AがBに契約日から２週間後に甲土地を引き渡す旨が定められていた。この場合に関する以下の記述のうち，誤っているものを１つ選びなさい。

1．契約日から１週間後に，AがBに対して代金の支払を請求した。本契約に代金の支払時期の定めがなかったときは，Bは，この請求の時から履行遅滞になる。
2．契約日から３週間後に，甲土地にマツタケが生えた。その時点で代金の支払も甲土地の引渡しもされていないときは，Aがマツタケの所有権を取得する。
3．契約日から３週間後に，BがAに対して甲土地の引渡しを請求した。本契約に代金の支払時期の定めがなく，かつ，Bが代金の提供をしていなかったときは，Aは，Bに対して，同時履行の抗弁を主張することができる。
4．本契約の締結にあたり契約書が作成された場合，その契約書の作成費用は，反対の合意がなければ，AとBが半額ずつ負担する。

【S 87】

解説　本問は，売買の当事者の権利義務に関する問題である。

1．誤り。売買の目的物の引渡しについて期限があるときは，代金の支払についても同一の期限を付したものと推定される（民573条）。代金の支払時期の合意がされなかった場合は，推定が覆らず，引渡時と同一の期限を付したものと扱われる。その結果，本肢では，代金支払時期は契約締結の日から２週間後となり，Bはそれまで履行遅滞にならない。
2．正しい。売買契約の目的物が引き渡されていない間に生じた果実は，売主に帰属する（民575条１項）。これは，引渡しまで，買主が代金の利息支払義務を負わない（同条２項参照）代わりに売主が果実収取権を有するとすることで，法律関係の簡明をはかったものと解されている。したがって，履行期の到来後も，引渡しがされていない限り，売主は果実収取権を失わない。反対に，履行期前でも，売主が目的物を買主に引き渡した場合には，その引渡しを受けた時から買主が果実収取権を有する。
3．正しい。本肢では，代金支払債務の履行期は契約締結から２週間後であり（肢１の解説参照），引渡債務と代金支払債務とは，同時履行関係に立つ（民533条）。同時履行関係は，債務の履行期が過ぎている場合にも維持されるので，AはBに，同時履行の抗弁を主張することができる。
4．正しい。契約書の作成費用や印紙代など，売買契約の締結に必要な費用は，売主と買主が等分に負担するのが原則である（民558条）。

正解　1

売買の当事者の権利義務

問題 163　ＡＢ間で，Ａが所有する甲建物をＢに売却する契約が締結され，Ｂは，Ａに解約手付を交付した。契約において，Ａは，契約締結の日から１ヵ月後に残代金の支払と引換えに甲建物を引き渡すこととされた。この場合に関する以下の記述のうち，誤っているものを１つ選びなさい。

1．契約締結の日から３日後に，Ａは，Ｂに対し，解約手付により契約を解除する旨の意思表示をした。この場合，ＡがＢに手付の倍額を現実に提供しなければ、解除の効力は生じない。

2．契約締結の日から３日後に，Ｂは，手付を放棄する旨を告げて契約を解除した。この場合，Ｂの解除によってＡが受けた損害が手付金額を上回っていたとしても，Ａは，Ｂに損害賠償を請求することができない。

3．契約締結の日から1ヵ月後に，Ｂは残代金支払の準備を整えたが，Ａは甲建物の引渡しの準備をまったく行っていなかった。この場合，ＡＢともに，解約手付による契約の解除をすることはできない。

4．契約締結の日から1ヵ月後に，Ａは甲建物を引き渡そうとしたが，Ｂは代金支払を拒絶した。ＡはＢに支払を催告し，その催告から相当の期間が経過した。この場合，Ａは，債務不履行を理由に契約を解除することができる。

【S 88】

解説　本問は，解約手付に関する問題である。手付が契約時に買主から売主に交付された場合，その手付は民法 557 条の解約手付であると推定するのが判例（最判昭 24・10・4 民集 3・10・437）・通説である。

1．正しい。売主が契約を手付解除するには，手付の倍額が現実に提供されなければならない（民 557 条 1 項本文）。これは，買主が手付を放棄する場合と均衡を保ち，買主が手付の倍額を確実に取得できるようにするためである。

2．正しい。民法 557 条 2 項がこの旨を定めている。

3．誤り。民法 557 条 1 項ただし書は，履行の着手をした当事者に対する解除ができないことを定めており，自ら履行に着手した者は，相手方が履行に着手していない限り，解除をすることができる。本肢では，Ａは履行に着手していないので，Ｂは，自分が履行に着手していても，契約を解除することができる。

4．正しい。解約手付が交付された場合であっても，当事者は，相手方の債務不履行を理由に契約を解除することができる。この場合，民法 557 条 2 項は適用されず，一般原則に従って，損害賠償を請求することができる。

正解　3

Ⅴ 債権各論

解約手付

問題164　引き渡された目的物が契約の内容に適合しない場合における売主の担保責任に関する以下の記述のうち，誤っているものを１つ選びなさい。

1．家電量販店Ａは，客Ｂに冷蔵庫を販売し，Ｂの自宅に配送した。しかし，配送された冷蔵庫には初期不良があり，正しく作動しなかった。この場合において，Ｂが冷蔵庫の修理を求めたときでも，Ａは，初期不良のない冷蔵庫を給付することによって履行の追完を行うことができる。

2．精米店Ａは，飲食店Ｂに，魚沼産コシヒカリ米を1kgあたり500円で300kg売却する旨の売買契約を締結した。しかし，米をＢの店舗に配達する期日に，Ａは，200kgしか配達せず，残る100kgは配達するつもりがないと明言した。この場合，Ｂは，Ａに対して代金の減額を請求することができる。

3．ＡとＢの間で，Ａの所有する甲土地を，Ｂの自宅を建築するための用地として売却する旨の契約が締結された。代金は1㎡あたり30万円で計算するものとされ，登記簿上の甲土地の面積が50㎡とされていたので，代金は1500万円とされた。しかし，甲が引き渡された後にＢが行った測量で，甲土地の面積は40㎡しかないことが判明した。この場合，Ｂは，この面積の不足を知った時から１年以内に，このことをＡに通知しなければ，損害賠償を請求することができなくなる。

4．ＡとＢの間で，Ａの所有する甲土地を，Ｂの自宅を建築するための用地として売却する旨の契約が締結された。契約の中では，Ａは，民法の定める担保責任を負わない旨が定められていた。甲土地が引き渡された後に，甲土地の土壌に有害物質が含まれており，そのままでは宅地として利用できないことが判明した。この場合において，Ａが，甲の土壌に有害物質が含まれることを知りながらＢに告げていなかったときは，Ｂは，Ａに対して履行の追完を求めることができる。

【S 89】

解説　本問は，契約不適合について売主が負う担保責任に関する問題である。

1．正しい。売主は，買主に不相当な負担を課すものでないときは，買主が請求した方法と異なる方法による履行の追完をすることができる（民562条1項ただし書）。このため，修補を求められた売主が，代物の給付によって履行の追完をすることも（それが買主に不相当な負担を課すものでないことが前提であるが）可能である。

2．正しい。引き渡された目的物が種類，品質または数量に関して契約の内容に適合しないものである場合，買主は，代金減額請求を行うことができる。数量に関する契約不適合は，「目的物の実際に有する数量を確保するため，その一定の面積，容積，重量，員数または尺度あることを売主が契約において表示し，かつ，この数量を基礎として代金額が定められた」売買（最判昭43・8・20民集22・8・1692），すなわち数量指示売買において，売買の目的物に数量不足があった場合に認められるが，本肢はこれにあたる。

買主が代金減額請求を行うためには，原則として，買主が相当の期間を定めて履行の追完の催告をし，その期間内に履行の追完がないことが要件とされている（民563条1項）。ただし，履行の追完が不能であるとき，売主が履行の追完を拒絶する意思を明確に表示したときなど，一定の場合には，こうした催告なく，直ちに代金の減額を請求することができる（同条2項）。本肢では，Aは残る100kgは配達するつもりがないと明言しているので，Bは催告をすることなく直ちに代金の減額を請求できる。

3．誤り。契約不適合が，目的物の種類または品質に関するものである場合，買主は，その不適合を知ったときから1年以内にその旨を売主に通知しないときは，売主の担保責任を追及することができなくなる（民566条本文）。しかし，本肢のように，契約不適合が数量に関するものである場合には，このような期間制限はない（民566条と民562条の書き出しの文言を比較せよ）。売主の担保責任に期間制限が設けられているのは，履行を完了したことについての売主の期待を保護するためであるが，数量に関する不適合については，売主が比較的容易に判断できるところ，このような期待を特に保護する必要がないからである。

4．正しい。売主が担保責任を負わない旨の特約も有効である。しかし，売主は，知りながら告げなかった事実については，こうした特約によっても担保責任を免れないものとされている（民572条）。

正解　3

契約不適合について売主が負う担保責任

問題 165　以下の文中のカッコ内に入る語の組み合わせとして，正しいものを１つ選びなさい。

民法の定める典型契約のうち，物の貸し借りに関する契約には，消費貸借，使用貸借，賃貸借の３種類がある。このうち，（　a　）においては，借主は借りた物自体を返還する必要がなく，借りた物と同種・同等・同量の物を返還することが借主の債務内容となる。残る２つの契約類型では，借主は，借りた物自体を返還しなければならないが，そのうち借主が目的物を無償で使用できるのは（　b　），借主が使用にあたって対価を支払う必要があるのは（　c　）である。

1．a＝消費貸借　b＝使用貸借　c＝賃貸借
2．a＝消費貸借　b＝賃貸借　c＝使用貸借
3．a＝使用貸借　b＝消費貸借　c＝賃貸借
4．a＝使用貸借　b＝賃貸借　c＝消費貸借
5．a＝賃貸借　b＝使用貸借　c＝消費貸借
6．a＝賃貸借　b＝消費貸借　c＝使用貸借

【B 76】

解説　貸し借りに関する契約は，貸借型契約とよばれることがある。このうち，消費貸借は，借主が「種類，品質及び数量の同じ物をもって返還をすること」（民587条）を債務として負うものである。このため，借主は，貸主から借りた物自体は消費してしまってもよい。典型例として，金銭の貸し借りがあげられる。なお，利息付きの消費貸借（民589条）は有償契約，利息付きでない消費貸借は無償契約である。このため，aには「消費貸借」が入る。

消費貸借は，原則として，借主が貸主から金銭その他の物を受け取った時にその効力を生じる契約であり（民587条），したがって要物契約である。ただし例外として，書面によって締結するときには，貸主と借主の間で約束がされただけで，金銭その他の物の引渡しを要することなく契約が効力を生じるとされており（民587条の２），したがって諾成契約である。

貸し借りの目的物自体を返還しなければならない契約のうち，借主が目的物を無償で使用できるのは使用貸借（民593条），対価たる賃料を支払う必要があるのは賃貸借（民601条）である。このため，bには「使用貸借」，cには「賃貸借」が入る。前者は無償契約であり，後者は有償契約である。いずれも諾成契約である。なお，賃貸借においては，貸主を賃貸人，借主を賃借人という。

正解　1

貸借型契約

問題166　消費貸借・使用貸借・賃貸借に関する以下の記述のうち，誤っているものを1つ選びなさい。

1．使用貸借と賃貸借においては，借主は，善良な管理者の注意をもって目的物を保存する義務を負う。それに対し，消費貸借の借主は，そのような義務を負わない。

2．使用貸借は，借主の死亡によって終了する。それに対し，賃貸借と消費貸借においては，借主の死亡は契約の終了事由ではない。

3．使用貸借においても賃貸借においても，借主は，契約が終了したときに，目的物を受け取った後にこれに附属させた物を収去する義務を負う。

4．使用貸借においても賃貸借においても，借主は，契約が終了したときに，目的物を受け取った後に目的物に生じた損傷を，通常の使用および収益によって生じた目的物の損耗を含めて原状に復する義務を負う。

【S 90】

解説　本問は，貸借型契約の比較に関する問題である。

1．正しい。使用貸借・賃貸借の借主は，目的物を返還しなければならないので，その物の保存について善管注意義務を負う（民400条）。それに対し，消費貸借の借主は，受け取った物の所有権を取得し，自由に処分することができる。返還するのは，受け取った物自体でなくても，同種・同等・同量の物でよい（民587条）。

2．正しい。民法597条3項が，使用貸借は借主の死亡によって終了する旨を定めている。消費貸借・賃貸借には，このような規定はない。

3．正しい。使用貸借・賃貸借が終了して借主が目的物を返還するとき，借主は目的物を受け取った後にこれに附属させた物を収去する義務を負う（民599条1項本文・622条）。ただし，目的物から分離できない物や，分離するのに可分の費用を要する物については，収去義務を負わない（同項ただし書）。

4．誤り。使用貸借・賃貸借が終了して借主が目的物を返還するとき，借主は目的物を受け取った後にこれに生じた損傷を原状に復する義務を負う（民599条3項本文・621条本文）。もっとも，賃貸借においては，通常の使用および収益によって生じた目的物の損耗と目的物の経年変化については原状回復の対象外とされている（民621条本文）。これは，賃貸借の場合には，通常損耗等の可能性を織り込んで賃料が決定されるのが通常だからである。使用貸借についてはこのような規定がなく，借主が通常損耗等についても原状回復義務を負うか否かは契約解釈によって決せられる。なお，使用貸借においても賃貸借においても，目的物の損傷が借主の責めに帰することができない事由によるものであるときは，借主はその損傷について原状回復義務を負わない（民599条3項ただし書・621条ただし書）。

正解　4

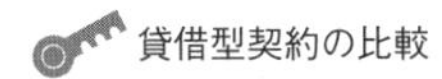

問題 167　消費貸借に関する以下の記述のうち，誤っているものを１つ選びなさい。

1．代替性のない物は，消費貸借の目的物とすることができない。

2．ＡがＢから 50 万円を借りたが，その際に利息の特約は付されなかった。この場合，Ａは，利息を支払う必要はない。

3．ＡがＢから 50 万円を借りたが，返還の時期は定められなかった。この場合，Ａは，Ｂから返還の請求を受けた時から相当期間内に弁済すれば，履行遅滞とならない。

4．ＡがＢから 50 万円を借り，返還時期は２年後と定められた。この場合，Ｂは，１年後に 50 万円をＡに返還することはできない。

【B 77】

解説　消費貸借は，借主が，目的物を消費することを前提に，借りた物と同種，同等，同量の物を返還する義務を負う契約である（民 587 条）。消費貸借の目的物は金銭が一般的であるが，それに限られない。たとえば農業分野では，種苗の消費貸借が行われることがある。

1．正しい。消費貸借は，借りた物と同種，同等の物が存在することを前提とする。したがって，消費貸借の目的物となるのは，金銭や大量生産される製造物など代替物に限られる。絵画や土地など，物の客観的性質により取引上代替性のない物である不代替物を消費貸借の目的物とすることはできない。

2．正しい。貸主が利息を得るためには，当事者間で利息の特約をすることが必要である（民 589 条 1 項）。なお，利息の特約はされていたが，利率の定めはされなかった場合の利率は，その利息が生じた最初の時点の法定利率となる（民 404 条 1 項）。また，商人間において金銭の消費貸借がされたときは，利息支払の合意がされていなくても，借主は法定利率により利息を支払う義務を負う（商 513 条 1 項）。

3．正しい。当事者が返還時期を定めなかったときは，貸主が返還の催告をし，相当期間が経過した時に返還義務の履行期が到来する（民 591 条 1 項）。その意味で，民法 591 条 1 項は，民法 412 条 3 項の特則である。したがって，借主は，返還の請求を受けた時から相当期間内に弁済すれば，履行遅滞とならない。

4．誤り。借主は，返還時期の定めの有無にかかわらず，いつでも返還をすることができる（民 591 条 2 項）。当事者が返還時期を定めた場合に，借主がその時期の前に目的物を返還すると，貸主が損害を受けることもあるが，そのような場合には，貸主は借主に対し，その被った損害の賠償を請求することができる（同条 3 項）。

正解　4

消費貸借

問題 168　ＡＢ間で，ＡがＢに 100 万円を貸し付け，Ｂが１年後に利息を付してこれを返還する旨の合意が書面でされた。この場合に関する以下の記述のうち，誤っているものを１つ選びなさい。

1．ＡはＢに 100 万円を引き渡す義務を負う。
2．ＢはＡから貸付金 100 万円を受け取った。AB間で利率が定められていない場合，Ｂは，法定利率によりＡに利息を支払う義務を負う。
3．ＢはＡから貸付金 100 万円をまだ受け取っていない。この場合において，Ｂが破産手続開始の決定を受けたときは，AB間の契約は効力を失う。
4．AB間で，年利 6%の利率で利息を支払うことが合意され，ＢはＡから 100 万円を受け取った。その 2ヵ月後，Ｂは，2ヵ月分の利息をつけて，Ａに 100 万円を返済した。この場合，ＡはＢに対して，損害賠償を請求することはできない。

【S 91】

解説　本問は，消費貸借の効力に関する問題である。

1．正しい。消費貸借が書面でされた場合には，諾成契約である消費貸借契約が成立するから，貸主は借主に対して，金銭その他の物を引き渡す義務（貸す義務）を負う（民 587 条の 2 第 1 項）。この場合，借主には貸主から金銭等の提供があればこれを受領し，契約条件にしたがって返還すべき義務（借りる義務）が発生するとも考えられる。もっとも，借主は，貸主から金銭等を受け取るまでは，契約の解除をすることができるから（民 578 条の 2 第 2 項前段），借主が金銭等の受領を強制されることはない。ただし，借主による契約の解除によって貸主が損害を受けたときは，貸主は借主に対して，その賠償を請求することができる（同項後段）。
2．正しい。利息を生じる債権について別段の意思表示がないときは，その利率は，その利息が生じた最初の時点における法定利率による（民 404 条 1 項）。
3．正しい。書面でする消費貸借は，借主が貸主から金銭等を受け取る前に当事者の一方が破産手続開始の決定を受けたときは，その効力を失う（民 587 条の 2 第 3 項）。したがって，ＢはＡから貸付金 100 万円を受け取る前に，Ｂが破産手続開始決定を受けた場合も，Ａが破産手続開始決定を受けた場合も，AB間の消費貸借契約は効力を失う。
4．誤り。民法 591 条 3 項は，当事者が返還の時期を定めた場合において，借主がその時期よりも前に返還をし，それによって貸主が損害を受けたときには，借主は損害賠償義務を負うものと定めている（民 136 条 2 項ただし書も参照）。Ｂは，期限前の償還によってＢに損害が生じたことおよびその額を主張立証して，Ａに対し損害賠償を請求することができる。もっともＢは，返還された金銭を他に貸すことができる場合もある。このため，残りの期間の利息に相当する金額が当然にＢの損害となるわけではない。

正解　4

消費貸借の効力

問題 169　甲建物の賃貸借に関する以下の記述のうち，誤っているものを1つ選びなさい。

1．賃貸人が甲建物の老朽化による雨漏りを知ったにもかかわらず，相当期間内に必要な修繕をしない。この場合，賃借人は，特約のない限り，自らした修繕にかかる費用の支払を請求することができる。
2．賃借人は，賃貸人に無断で甲建物を第三者に転貸してはならない。
3．賃借人は，賃貸人の同意を得ずに甲建物にエアコンを取り付けた場合，賃貸借終了時にそれを取り外した状態で甲建物を返還しなければならない。
4．期間の定めのある賃貸借において，賃貸人が賃借人の賃料不払を理由に契約を解除した場合，解除の効力は賃貸借契約成立時にさかのぼって生ずる。

【B 78】

解説　本問は，賃貸借の基本的な効力に関する問題である。

1．正しい。賃貸人は，目的物を使用・収益させる義務（民 601 条）の一環として，使用収益に必要な修繕義務を負う（民 606 条 1 項本文）。目的物の修繕が必要であるときは，賃借人は，賃貸人がすでにこれを知っているのでない限り，遅滞なくその旨を賃貸人に通知しなければならないが（民 615 条），賃貸人が相当の期間内に必要な修繕をしないときは，賃借人は，その修繕をすることができる（民 607 条の 2 第 1 号）。この場合，その費用は賃借物について賃貸人の負担に属する必要費（民 608 条 1 項）にあたるため，賃貸人にその償還を請求することができる。建物の老朽化による雨漏りの修理は，目的物の使用収益に必要な修繕であるから，賃借人は，そのために支出した費用の償還を賃貸人に請求することができる。

なお，賃借人の責めに帰すべき事由によって賃貸物の修繕が必要となったときは，賃貸人は修繕義務を負わない（民 606 条 1 項ただし書）。

2．正しい。賃借人は，賃貸人の承諾を得なければ，賃借権の譲渡または賃借物の転貸をすることができない（民 612 条 1 項）。これは，人によって使用の仕方が違うため，賃借権の譲渡または賃借物の転貸により賃貸人の利益を害するおそれがあることを理由とする。賃貸人は，賃借権の無断譲渡または賃借物の無断転貸があったときは，賃貸借を解除することができる（同条 2 項）。しかし，賃貸人の利益を害さない場合にまで解除を認める必要はない。そこで賃借権の無断譲渡または賃借物の無断転貸がされても，「賃貸人に対する背信行為と認めるに足りない特段の事情がある場合」には，民法 612 条 2 項に基づく解除は認められない（最判昭 28・9・25 民集 7・9・979）。

3．正しい。賃借人は，賃貸借終了時に，目的物を契約締結時の原状で返還する義務を負う（民621条参照）。賃借建物に，照明器具やエアコンなどを取り付けた賃借人は，それを取り外して建物を返還しなければならない。なお，借地借家法が適用される建物賃貸借については，賃借人が賃貸人の同意を得てエアコンなどの造作を取り付けたときは，賃借人に造作買取請求権が生ずる場合がある（借地借家33条1項）。本問では，賃貸人の同意を得ていないので，この造作買取請求権が生ずる余地もない。
4．誤り。賃貸借のような継続的な契約においては，解除に遡及効を認める意味はない。したがって，賃貸借の解除は，将来に向かってのみ効力を生ずる（民620条前段）。

正解　4

賃貸借の効力

問題170　賃借権の対抗要件に関する以下の記述のうち，誤っているものを1つ選びなさい。

1．動産の賃借人が賃借物の引渡しを受けたときは，賃借人は，その後に賃借物の所有権を譲り受けた者に対して，賃借権を対抗することができる。

2．建物の所有を目的としない土地の賃貸借において，賃借人は，土地の賃借権を登記したときは，その後に土地を譲り受けて所有権移転登記を得た者に対して，土地の賃借権を対抗することができる。

3．建物の所有を目的とする土地の賃貸借において，賃借人は，借地上に建てた所有建物につき自己名義の保存登記をしたときは，その後に土地を譲り受け，その移転登記を得た者に対して，土地の賃借権を対抗することができる。

4．建物の賃借人が賃借物の引渡しを受けたときは，賃借人は，その後に賃借物の所有権を譲り受けた者に対して，賃借権を対抗することができる。

【B 79】

解説　賃借権は債権であるから，賃借人は賃貸人以外の第三者に対して，賃借権を主張することができないのが原則である。しかし，不動産の賃借権は，登記をすれば，その後に当該不動産につき物権を取得した第三者に対抗することができる。また，借地借家法には，建物所有を目的とする借地権（賃借権と地上権を含む）および建物賃借権につき，当該不動産についての登記以外の方法で賃借権の対抗力を得る方法が認められている。

1．誤り。動産の賃借権は，引渡しを受けても目的物の譲受人に対抗することができない。動産の賃借権は登記することもできないので，賃借権を目的物の譲受人に対抗する手段はない。

2．正しい。建物所有を目的としない賃借権に借地借家法は適用されないが，民法605条により，賃借権を登記すれば，第三者に対抗することができる。もっとも，賃借権に基づく登記請求権が認められていないため，賃借人は，賃貸人の協力を得なければ賃借権を登記することができない。

3．正しい。建物所有を目的とする借地権は，土地の賃借権または地上権の登記がなくても，借地上に建物が存在し，その建物の所有権が借地人名義で登記されている場合には，第三者に対抗することができる（借地借家10条1項）。

4．正しい。借地借家法31条により，建物の賃借人は，賃借権の登記がなくても，建物の引渡しを受けることにより，その後にその建物について物権を取得した者に対して賃借権を対抗することができる。

正解　1

賃借権の対抗要件

問題 171　Aは，Bとの間で，Aが所有する甲建物を2年間賃貸する契約を締結し，Bに甲建物を引き渡した。その後，Cが，Aから甲建物を買い受けた。この場合に関する以下の記述のうち，誤っているものを1つ選びなさい。

1．Cは，甲建物の所有権移転登記を得ていない。この場合においても，Bは，Cに対して，甲建物の修繕を請求することができる。
2．Cは，甲建物の所有権移転登記を得ていない。この場合において，CがBに賃料の支払を請求したときは，Bは，これを拒絶することができる。
3．賃貸借が終了し，甲建物はCに明け渡された。この場合，Bは，Cに対して，敷金の返還を請求することができる。
4．AC間で，賃貸人たる地位はAに留保する旨およびCがAに甲建物を賃貸する旨の合意がされた。この場合においても，Bは，Cに対して，甲建物の修繕を請求することができる。

【S 92】

解説　本問は，不動産の賃貸人たる地位の移転に関する問題である。

1．正しい。賃貸借の目的不動産の所有権が譲渡された場合，賃借権に対抗力が備わっているときには，賃貸人たる地位は新所有者に移転する（民605条の2第1項）。目的物を使用収益させる義務は，賃借物の所有者でなければ履行できず，反対に所有者であればその人的属性に関わりなく履行することができることと，新所有者は対抗力ある賃借権を否定することができないことから，目的物の所有者を賃貸人とすることが適切だからである。また，建物賃貸借の対抗要件は，賃借権の登記（民605条）または建物の引渡し（借地借家31条1項）である。Bの賃借権には対抗力があり，Aの賃貸人たる地位はCに承継される。したがって，BはCに対して，甲建物の修繕を請求することができる。

なお，本肢において，Cは甲建物の所有権移転登記を得ていないが，賃貸物である不動産について所有権移転登記がされていることは，賃貸人が賃借人に対して，賃貸人たる地位の移転を対抗するための要件であって（肢2の解説を参照），賃借人が賃貸人に対して，賃貸人たる地位の移転を主張するための要件ではない。したがって，Cが甲建物の所有権移転登記を得ていないことは，BがCに対して，賃貸人たる地位がAからCに移転したことを主張することの妨げにはならない。

2．正しい。建物の譲渡による賃貸人たる地位の移転は，賃貸物である建物について所有権の移転の登記をしなければ，賃借人に対抗することができない（民605条の2第3項）。そのため，Cは，賃貸人たる地位の移転をBに対抗することができず，Bは，Cからの賃料請求を拒絶することができる。

3．正しい。対抗力ある賃貸借の目的物の譲渡にともない，賃貸人たる地位が移転した場合，敷金の返還にかかる債務は，譲受人が承継する（民605条の2第4項）。その結果，敷金返還義務を負うのは，Aではなく，Cとなる。

4．誤り。建物の譲渡による賃貸人たる地位の移転は，建物の譲渡人および譲受人が，賃貸人たる地位を譲渡人に留保する旨およびその建物を譲受人が譲渡人に賃貸する旨の合意をしたときは，生じない（民605条の2第2項前段）。この場合，一種の転貸借関係（CA間の賃貸借，AB間の転貸借）が生じる。したがって，BはCに対して，甲建物の修繕を請求することはできない。もっとも，譲渡人と譲受人との間の賃貸借が終了したときは，譲渡人に留保されていた賃貸人たる地位は，譲受人に移転するとされている（同項後段）。

正解　4

不動産の賃貸人たる地位の移転

問題 172　Bは，Aから賃借した物を，Aの承諾を得てCに転貸した。この場合に関する以下の記述のうち，正しいものを１つ選びなさい。

1．Aは，Cに対して修繕義務を負わない。
2．Aは，Bに対して修繕義務を負わない。
3．Cは，Bに対して賃料支払義務を負わない。
4．Cは，Aに対して賃料支払義務を負わない。

【B 80】

解説　賃借人は，賃貸人の承諾を得なければ，転貸借をすることができない（民612条1項）。賃借権の譲渡についても同様である。

賃借人Bが，賃貸人Aの承諾を得て，Cに賃借物を転貸した場合，AB間の賃貸借（これを，原賃貸借という）はそのまま存続する。転借人Cは，転貸人Bに対して，転貸借契約に基づく義務を負う。これに対し，AC間には，契約関係は存在しない。しかし，民法は，転借人は，原賃貸人に対して直接に義務を負うと定めている（民613条1項前段）。これは，たとえば，BがCから賃料を受け取っていながらAに賃料を支払わないなど，Aに不当な不利益が生じないようにすることを目的とする。したがって，転借人は原賃貸人に対して直接義務を負うが，原賃貸人は転借人に対して直接に義務を負わない。

1．正しい。AとCとの間に賃貸借契約は存在しない。また，上述のとおり，民法613条1項前段は，原賃貸人が転借人に対して直接に義務を負うとは定めていない。Cに対して修繕義務を負うのは，Cの賃貸人Bである。
2．誤り。Aは，賃貸借契約の相手方であるBに対して修繕義務を負う（民606条1項）。
3．誤り。Cは，転貸借契約の相手方であるBに対して，賃料を支払う義務を負う。
4．誤り。AとCとの間に賃貸借契約は存在しない。もっとも，民法613条1項前段により，Cは，Aに対しても，AB間の賃貸借に基づくBの債務の範囲を限度として，賃料支払義務を負う。もちろん，Cは，AまたはBのどちらか一方にのみ賃料を支払えばよい。ただし，Cは，Bへの賃料支払期限より前に，Bに賃料を支払った場合，その支払の事実をもってAからの賃料請求を拒むことはできない（同条1項後段）。Cから直接に賃料の支払を受ける機会を，Aから不当に奪うことのないようにするためである。

正解　1

問題 173　AがBに甲建物を賃貸したところ，Bは，甲建物をCに転貸した。この場合に関する以下の記述のうち，判例がある場合には判例に照らして，誤っているものを1つ選びなさい。

1．BがAの承諾を得ないで甲建物をCに転貸した場合であっても，このBの行為をAに対する背信行為と認めるに足りない特段の事情があるときは，Aは，Bとの間の賃貸借契約を解除することができない。

2．BがAの承諾を得て甲建物をCに転貸した。AB間の賃料額が月額20万円，BC間の賃料が月額30万円だった場合，Cは，20万円の限度で，転貸料をAに対して直接に支払う義務を負う。

3．BがAの承諾を得て甲建物をCに転貸した場合において，AがBの賃料不払を理由にAB間の賃貸借契約を解除し，Cに甲建物の明渡しを請求したときは，BC間の賃貸借契約も終了する。

4．BがAの承諾を得て甲建物をCに転貸した場合において，AがBとの間の賃貸借契約を合意解除したときは，Aは，Cに対して甲建物の明渡しを請求することができる。

【S 93】

解説　本問は，建物の転貸借に関する問題である。

1．正しい。民法612条2項は，賃借物の無断転貸が解除原因となると規定する。ただし，判例によれば，無断転貸により第三者に目的物を使用収益させたことが，賃借人の賃貸人に対する背信行為と認めるに足りない特段の事情がある場合には，賃貸人は，同項による解除をすることができない（最判昭28・9・25民集7・9・979等）。

2．正しい。原賃貸人が転貸借を承諾しても，原賃貸人と転借人との間に直接の契約関係が生じるわけではない。そこで，民法613条1項は，原賃貸人の利益を保護するために，転借人は原賃貸人に対して直接義務を負うこととしている。ただし，AがBに対して請求できる賃料の額を限度とする。

3．正しい。AB間の賃貸借契約がBの債務不履行により解除されたとしても，BC間の転貸借契約は，当然に効力を失うわけではない。もっとも，Aは，この解除をもってCに対抗することができ（民613条3項ただし書参照），判例によれば，AがCに対して明渡しを請求した時に，BC間の契約は履行不能により終了する（最判平9・2・25民集51・2・398）。

4．誤り。肢3の債務不履行解除と異なり，AB間の合意解除は，Cに対抗することができない（民613条3項本文）。転借人の地位が不当に損なわれる可能性があるからである。

正解　4

建物の転貸借

問題 174 屋外駐車場として使用する目的で，土地の賃貸借契約が締結された。この場合に関する以下の記述のうち，誤っているものを1つ選びなさい。

1．賃貸借契約に期間の定めがなかった場合，賃借人は，いつでも解約の申入れをすることができる。
2．賃貸借契約に期間の定めがなかった場合において，賃貸人が解約を申し入れたときは，特約のない限り，賃貸借契約は，解約申入れの意思表示が賃借人に到達した日に終了する。
3．賃貸借契約に期間の定めがあった場合，賃借人が期間満了前に契約の更新を申し入れたとしても，賃貸人は，更新を拒絶することができる。
4．賃貸借契約に期間の定めがあった場合において，期間満了後も賃借人が使用収益を継続し，賃貸人がこれを知りながら異議を述べなかったときは，契約が更新されたものと推定される。

【B 81】

解説 賃貸借の更新と終了に関する問題である。土地賃貸借のうち，建物所有を目的とするものには，借地借家法が適用される。しかし，本問の賃貸借は，建物所有を目的とするものではないので，同法は適用されない。

1．正しい。期間の定めのない賃貸借の当事者は，いつでも解約の申入れをすることができる（民617条1項）。これに対し，建物所有を目的とする土地賃貸借の場合には，借地借家法の適用があり，契約において期間が定められていないときには借地権（建物所有を目的とする地上権または賃借権）の存続期間は30年となる（借地借家3条）。

2．誤り。期間の定めのない土地の賃貸借は，特約のない限り，解約申入れの意思表示が相手方に到達した日から1年後に終了する（民617条1項1号）。

3．正しい。民法上，賃貸借の更新をするかどうかは各当事者の自由である（契約自由の原則）。賃貸人が契約の更新を拒絶するために正当な事由は不要である。

これに対し，建物所有を目的とする土地賃貸借の場合には，賃借人は，建物がある限り，契約の更新を請求することができる（借地借家5条1項本文。ただし，更新がされない賃貸借もある〔借地借家22条・23条〕）。このとき，賃貸人は遅滞なく異議を述べることにより更新を阻止することができるものの（借地借家5条1項ただし書），この異議を述べるためには正当な事由が必要である（借地借家6条）。

4．正しい。賃借人が期間満了後に目的物の使用収益を継続し，賃貸人がこれを知りながら異議を述べなかったときは，従前の契約と同一の条件で契約を更新したものと推定される（民619条1項前段）。もっとも，この場合，各当事者は民法617条の規定により解約の申入れをすることができる（民619条1項後段）。

これに対し，借地借家法の適用がある賃貸借のうち更新があるものについては，賃借人が期間満了後も目的物の使用を継続する場合において，賃貸人が遅滞なく異議を述べなかったときは，従前の契約と同一の条件で契約を更新したものとみなされる（借地借家5条2項）

正解　2

賃貸借の更新・終了

問題 175　ＡＢ間でＡがＢに甲建物を賃貸する旨の契約が結ばれ，ＡはＢに甲建物を引き渡した。以下の記述のうち，賃貸借が終了しないものを１つ選びなさい。

1．Ａの過失により，甲建物が全部滅失した場合
2．甲建物が朽廃しその効用を失った場合
3．Ｂの過失により甲建物が一部滅失し，残存部分のみでは，Ｂが賃借をした目的を達することができなくなったため，これを理由に，Ｂが賃貸借契約を解除する旨の意思表示をした場合
4．Ｂが死亡した場合

【B 82】

解説　本問は，賃貸借契約の特殊な終了原因に関する問題である。

1．終了する。目的物が全部滅失した場合には，賃貸借は終了する（民 616 条の２）。そのような場合には，賃貸借の目的が達成されえなくなるから，賃貸借は，目的物が滅失した原因にかかわらず，当然に終了する。
2．終了する。目的物が滅失していなくても，目的物の使用および収益をすることができなくなった場合には，賃貸借は終了する（民 616 条の２。建物の朽廃により賃貸借が終了したとする裁判例として最判昭 32・12・３民集 11・13・2018 も参照）。
3．終了する。目的物の一部が滅失し，残存部分のみでは賃貸借の目的を達することができない場合には，賃借人に解除権が認められている（民 611 条２項）。賃借人に帰責事由がある場合でも，解除が妨げられることはない。
4．終了しない。使用貸借が借主の死亡によって終了すると定められている（民 597 条３項）のに対して，賃貸借には，賃借人の死亡によって終了する旨の規定は置かれていない。

正解　4

賃貸借の特殊な終了原因

問題 176　ＡＢ間でＡがＢに甲建物を賃貸する旨の合意がされ，ＡはＢに甲建物を引き渡した。この場合に関する以下の記述のうち，正しいものを１つ選びなさい。

1．AB間で契約期間は定められなかった。この場合，Ａは，いつでも，正当な事由がなくても，賃貸借の解約の申入れをすることができる。

2．AB間で契約期間は３年と定められたが，契約締結から１年後に，甲建物が第三者の過失により焼失した。Ａが同じ土地の上に乙建物を建てた場合，当初の賃貸借契約から３年が経過していなければ，AB間の賃貸借は，乙建物を目的物として継続する。

3．AB間で契約期間は３年と定められたが，契約締結から１年後に，Ａが解約申入れをした。この解約申入れに正当の事由があれば，解約申入れの日から6ヵ月を経過することによって賃貸借は終了する。

4．AB間で契約期間は３年と定められた。AB間で契約の更新がない旨の合意がされなかった場合において，Ｂが期間の満了前に契約の更新を請求したときは，Ａは，正当な事由がなければ更新を拒絶することができない。

【S 94】

解説　本問は，建物賃貸借の効力についての基本的な理解を問うものである。

1．誤り。民法上は，期間の定めのない賃貸借については，各当事者は，いつでも解約の申入れをすることができるとされている（民 617 条 1 項）。しかしながら，借地借家法 28 条により，建物の賃貸人は，正当な事由がなければ，解約の申入れをすることができない。正当な事由の有無は，建物の賃貸人および賃借人がそれぞれ建物の使用を必要とする事情のほか，賃貸借の従前の経過，建物の利用状況および建物の現況，賃貸人が立退料の支払を申し出ているときはその金額なども考慮して判断される。なお，賃借人からの解約申入れについては，このような制限はない。

2．誤り。賃貸借契約は，目的物の全部が滅失その他の事由によって使用および収益をすることができなくなった場合には，終了する（民 616 条の 2）。また，甲建物の敷地に乙建物が建てられても，乙建物は甲建物とは別の物であるから，乙建物につき賃貸借が継続することはない。乙建物を目的物とする賃貸借契約が新たに締結されない限り，甲建物の賃借人は，乙建物の賃借権を取得しない。

3．誤り。借地借家法の適用を受ける借家契約のうち，期間の定めのない場合には，解約申入れの手続を用いて契約を終了させることができる（借地借家 27 条 1 項）。しかし，本肢のように，期間の定めのある場合には，賃務不履行に基づく契約解除を除けば，期間満了に際して更新拒絶をするしかない（借地借家26条1項）。

4．正しい。借地借家法28条により，賃貸人は，正当な事由がなければ，契約の更新を拒絶することができない。なお，当事者は，賃貸借契約において契約の更新がない旨を合意することもできる（借地借家38条）。この合意は，賃借権の存続が保護されないという重大な結果を賃借人にもたらすので，公正証書によるなど，書面によってされなければならない。これに反した場合，契約を更新しない旨の合意は効力を生じず，借地借家法28条が適用される。

正解　4

問題 177　ＡＢ間で甲建物の賃貸借契約が締結され，ＡはＢから敷金を受け取った。この場合に関する以下の記述のうち，正しいものを１つ選びなさい。

1．Ｂは，賃料を支払わず，敷金を賃料に充当するようＡに求めた。この場合，Ｂは，敷金の残額がある間，債務不履行に陥らない。
2．Ｂは，賃貸借の終了後，敷金返還との同時履行を主張して，Ａからの甲建物明渡請求を拒絶することができる。
3．賃貸借が終了し，Ｂが甲建物を明け渡した。この時点において，ＢのＡに対する賃料債務が存在しているときは，敷金は当然にその債務に充当される。
4．Ｂが，甲建物の賃借権をＣに譲渡し，Ａがこれを承諾した。この場合，敷金に関する権利義務関係は，当然にＣに承継される。

【S 95】

解説　本問は，敷金に関する問題である。

1．誤り。敷金は，賃貸借に基づいて生ずる賃借人の賃貸人に対する債務を担保する目的で賃貸人に交付される。そのため，賃貸借契約の存続中に，賃借人の側から未払賃料につき敷金を充当するよう請求することはできない（民622条の2第2項後段）。したがって，Ｂは，敷金が残っていても，賃料不払により債務不履行に陥る。
2．誤り。敷金は，賃貸借契約存続中に生じた債務だけでなく，契約終了後賃貸物が返還されるまでに賃借人が賃貸人に対して負担する債務をも担保する趣旨で交付される。そのため，賃借人が敷金の返還を受けることができるのは，賃貸借が終了し，かつ賃貸物が返還されたときである（民622条の2第1項1号）。賃貸物の返還は敷金の返還に対して先履行の関係に立ち，同時履行の関係に立つものではない。Ｂは，同時履行の抗弁権を行使することができない。
3．正しい。賃借物が返還された場合には，敷金はその時点で残存していた賃借人の債務に当然に，すなわち相殺の意思表示等を必要とすることなく，充当される。賃貸人が賃借人に返還すべき額は，敷金の額から残存債務の額を控除した残額となる（民622条の2第1項柱書）。
4．誤り。賃借権が適法に譲渡されることによって賃借人が交替した場合，敷金は新賃借人に承継されない。その結果，賃貸人は旧賃借人に対して，敷金を返還しなければならない（民622条の2第1項2号）。したがってＢがＡに交付していた敷金の返還請求権をもつのはＢであり，Ｃではない。もっとも，ＡＢ間でＢが交付していた敷金をもってＣの債務を担保することが合意されていた場合や，ＢがＣに敷金返還請求権を譲渡した場合には，敷金に関する権利義務関係はＣに承継されうる（最判昭53・12・22民集32・9・1768）。

正解　3

敷金

問題 178　以下の文中のカッコ内に入る語の組み合わせとして，正しいものを1つ選びなさい。

民法の定める典型契約のうち，雇用，請負，委任，寄託は，役務提供型契約とよばれることがある。これらをいくつかの観点から分類すると，まず，（　a　），（　b　），（　c　）においては，役務それ自体が給付の目的とされるのに対して，（　d　）においては，役務の結果（仕事の完成）が目的とされる。また，（　a　）においては，役務提供者が相手方の指揮命令に従って役務を提供しなければならないのに対して，（　b　）においては，役務提供者が裁量により役務提供の態様や方法を決めることができるという違いがある。これらに対し，（　c　）においては，物の保管という限定された役務が問題となる。

1．a＝委任　b＝雇用　c＝寄託　d＝請負
2．a＝委任　b＝請負　c＝寄託　d＝雇用
3．a＝雇用　b＝委任　c＝請負　d＝寄託
4．a＝雇用　b＝委任　c＝寄託　d＝請負

【B 83】

解説　役務提供型契約のうち，請負は，役務自体ではなく役務の結果を給付の目的とする点で，他の3つと異なる。請負人の債務は仕事の完成であり，注文者は「仕事の結果に対してその報酬を支払う」（民632条）。したがって，問題文のdに入る語は，請負である。

つぎに，役務自体が給付の目的となる契約のうち，寄託は，物の保管という特定の役務を対象とする点に特徴がある（民657条）。問題文のcに入る語は，寄託である。

委任の役務の対象は，法律行為である（民643条）。しかし，法律行為でない事務を役務の対象とする契約（これを，準委任という）にも，委任の規定が準用される（民656条）。これに対し，雇用の役務の対象には，何ら限定はない（民623条）。委任と雇用の違いは，給付される役務の内容ではなく，給付の態様にある。弁護士への委任に典型的にみられるように，受任者は，いつ，どこで，どのように給付をするかを自らの裁量により決めることができる。これに対し，労働者は，使用者の指揮命令に従って役務を提供しなければならない。したがって，aには雇用が，bには委任の語が入る。

正解　4

役務提供型契約

問題 179 以下の記述のうち，誤っているものを 1 つ選びなさい。

1．労働者は，原則として，自ら労働に従事しなければならず，自己に代わって第三者に従事させることができない。
2．請負人は，原則として，請け負った仕事を自ら完成させなければならず，自己に代わって第三者に完成させることができない。
3．受任者は，原則として，委任された法律行為を自ら行わなければならず，自己に代わって第三者に行わせることができない。
4．受寄者は，原則として，寄託物を自ら保管しなければならず，自己に代わって第三者に保管させることができない。

【B 84】

解説 本問は，役務提供型契約とよばれる典型契約のうち，債務者が自ら債務を履行しなければならず，他人に債務の履行をゆだねてはならないことを原則とする契約と，そうではない契約の区別を問うものである。

1．正しい。雇用は，労働者の個性に着目して締結される。したがって，労働者は，使用者が承諾した場合を除き，自ら労働に従事しなければならない（民 625 条 2 項）。労働者が使用者の承諾なしに自己に代わって第三者を労働に従事させたときは，使用者は，契約を解除することができる（同条 3 項）。
2．誤り。請負は仕事の完成を目的とし（民 632 条），仕事を完成する方法は，請負人にゆだねられている。したがって，請負人は，履行補助者を使って債務を履行することができるだけでなく，下請負人を利用することもできる。しかし，請負人は，自らが仕事を完成する義務を負っているのであるから，自己の指揮・監督をまったく離れた態様で仕事を第三者にさせることはできないと解されている。
3．正しい。委任は，当事者間の信頼関係を基礎とする契約であるから，受任者は，委任された法律行為を自分で行わなければならない。受任者は，委任者の許諾を得たとき，またはやむをえない事由があるときでなければ，復受任者を選任することができない（民 644 条の 2 第 1 項）。
4．正しい。寄託は，寄託者が受寄者を信頼して特定の受寄者に物の保管を依頼する契約である。したがって，受寄者は，寄託者の承諾を得たとき，またはやむをえない事由があるときでなければ，寄託物を第三者に保管させることができない（民 658 条 2 項）。

正解　2

自己執行義務

問題 180　請負に関する以下の記述のうち，正しいものを１つ選びなさい。

1．請負には，無償の請負と有償の請負とがある。

2．請負における仕事とは物をつくることであり，それ以外の仕事の完成を目的とする契約は，請負ではない。

3．請負人は，注文者に生じた損害を賠償すれば，いつでも契約を解除することができる。

4．請負が仕事の完成前に解除された場合において，請負人がすでにした仕事の結果のうち可分な部分の給付によって注文者が利益を受けるときは，請負人は，注文者が受ける利益の割合に応じて報酬を請求することができる。

【B 85】

解説　請負は，請負人がある仕事を完成する義務を負い，注文者がその仕事の結果に対して報酬を支払う義務を負う契約である（民632条）。請負は，役務の提供それ自体を目的とするのではなく，仕事の完成を目的とする点に特徴がある。報酬は，仕事の「結果」に対して支払われるので，請負人は，役務を給付しても，仕事が完成しなければ，報酬を請求することができないのが原則である。また，請負において，仕事の完成は注文者の利益のためにされるので，注文者は，請負契約成立後も，請負人が仕事を完成するまで，請負人の損害を賠償していつでも契約を解除することができる（民641条）。

1．誤り。請負契約は，有償契約である（民632条）。無償で仕事を完成することを内容とする契約も，契約自由の原則により有効に成立する。しかしながら，それは請負ではなく，非典型契約である。

2．誤り。請負の目的となる仕事の内容に限定はない。たとえばクリーニングや物の運送なども，請負契約における「仕事」にあたる。

3．誤り。仕事の完成はもっぱら注文者の利益のためにされるので，注文者は，仕事が完成するまで，請負人の損害を賠償して，自由に契約を解除することができる（民641条）。これに対し，請負人は，注文者の利益のために仕事を完成する義務を負うため，注文者と異なり，任意に契約を解除することができない。

4．正しい。請負が仕事の完成前に解除された場合において，請負人がすでにした仕事の結果のうち可分な部分の給付によって注文者が利益を受けるときは，その部分については仕事の完成があったものとみなされる（民634条柱書前段・同条2号）。したがって，請負人は，注文者が受ける利益の割合に応じて，注文者に対して報酬を請求することができる（同条柱書後段）。

正解　4

請負

問題 181　Aは，Bとの間で，BがAの所有地上に建物を建築する旨の請負契約を締結した。この場合に関する以下の記述のうち，判例がある場合には判例に照らして，誤っているものを1つ選びなさい。

1．建築中の建物が台風により損傷した場合，特約のない限り，Bは，それによって増加した建築費用をAに請求することができない。

2．Bが建築に必要な材料すべてを提供したが，報酬は建物完成時までまったく支払われていなかった。この場合であっても，完成した建物の所有権は，特約のない限り，Aに原始的に帰属する。

3．完成しAに引き渡された建物の品質が，契約に適合するものではなかった。その原因は，Aの提供した材料の性質にあったが，Bは，この材料が不適切であることを知らなかった。この場合，Aは，建物の品質が契約に適合しないことを理由とする救済を受けることができない。

4．完成しAに引き渡された建物の品質が，契約に適合するものではなかった。引渡しの当時，Bは，この不適合を過失なく知らずにいた。この場合において，Aが，不適合を知った時から1年以内にその旨をBに通知しなかったときは，Aは，建物の品質が契約に適合しないことを理由とする救済を受けることができなくなる。

【S 96】

解説　本問は，請負に関する問題である。

1．正しい。請負人が仕事の完成に要した費用は，請負の対価として定められた報酬に含まれる。請負人は，報酬と別に費用を請求することができない。したがって，不可抗力により費用が増加した場合であっても，特約のない限り，請負人は，増加した費用を注文者に請求することができない。

2．誤り。判例は，加工の法理（民246条1項本文）に基づき，特約のない限り，完成した建物の所有権は，材料を提供した契約当事者に帰属すると解する。それによれば，請負人が材料の全部または主要部分を提供した場合には，建物の所有権は請負人に帰属し，引渡しによって注文者にその所有権が移転する（大判大3・12・26民録20・1208）。ただし，判例は，注文者が報酬の大半を支払っていた場合には，建物完成と同時に所有権を注文者に原始的に帰属させる合意があったとする（大判昭18・7・20民集22・660）。学説には，請負人に所有権を帰属させることが，報酬債権が請負人に支払われることを担保する機能を果たしていることを理由に，判例を支持する見解もある。しかしながら，学説においては，請負人が材料の全部を提供した場合であっても，完成した建物の所有権は注文者に帰属すると解する見解も有力である。当事者の通常の意思のほか，注文者の所有する敷地上の建物について請負人の所有であることを認めても，注文者は土地の所有権に基づく建物の妨害排除を請求することができるので，実際上，請負人の注文者に対する報酬債権の支払を担保する役割を果たさないことなどが理由とされている。

3．正しい。契約不適合が注文者の提供した材料の性質によって生じたときは，請負人は責任を負わない（民636条本文）。請負人がその材料が不適切であることを知っていたのにそれを告げなかった場合はこの限りではないが（同条ただし書），本肢はこの場合にあたらない。

4．正しい。契約不適合があった場合，注文者がその不適合を知った時から1年以内にその旨を請負人に通知しない時は，請負人は責任を免れる（民637条1項）。請負人が，仕事の目的物を注文者に引き渡した時において，その不適合を知り，または重大な過失によって知らなかったときは，責任を免れないが（同条2項），本肢はこの場合にあたらない。

正解　2

請負

問題 182　委任に関する以下の記述のうち，誤っているものを1つ選びなさい。

1．委任契約に基づいて，委任者の代理人として売買契約を締結した受任者は，代理行為の相手方から受領した売買代金を委任者に交付しなければならない。
2．受任者は，当然に，委任者に報酬の支払を請求することができる。
3．受任者は，委任事務を処理するについて費用を要するときは，委任者に費用の前払を請求することができる。
4．受任者は，いつでも委任契約を解除することができる。

【B 86】

解説　委任は，委任者が受任者に法律行為をすることを委託する契約である。委任は，請負と異なり，法律行為の実行による結果の実現（仕事の完成）ではなく，法律行為をすること自体を給付の内容とする（民 643 条）。受任者は，有償・無償の区別に関わらず，委任の本旨に従い，善良な管理者の注意をもって委任事務を処理する義務を負う（民 644 条）。この点は，寄託の場合と異なる（民 659 条参照）。これは，委任者が受任者を信頼して法律行為を委託するという，委任の特殊な信頼関係に基づくものとされている。

1．正しい。受任者は，委任事務を処理するにあたって受け取った金銭その他の物を，委任者に引き渡さなければならない（民 646 条1項）。
2．誤り。委任は，無償が原則であり，受任者は，特約のある場合にのみ報酬を請求することができる（民 648 条1項）。
3．正しい。委任事務を処理するについて費用を要する場合，受任者は，委任者にその前払を請求することができる（民 649 条）。
4．正しい。委任は，当事者の信頼関係を基礎とするため，各当事者は，いつでも委任契約を解除することができるとされている（民 651 条1項）。ただし，相手方に不利な時期に委任の解除をしたときは，やむをえない事由があった場合を除き，その解除により相手方に生じた損害を賠償しなければならない（同条2項1号）。また，受任者の利益をも目的とする委任を解除した委任者は，やむをえない事由があった場合を除き，受任者に生じた損害を賠償しなければならない（同項2号）。

正解　2

委任

問題 183　委任に関する以下の記述のうち，正しいものを１つ選びなさい。

1．委任は，委任者が受任者に委任状を交付しなければ成立しない。

2．受任者が委任事務を処理するために必要な費用を支出した場合，委任者は，現に利益を受けている限度で受任者に費用を償還する義務を負う。

3．受任者が委任事務の履行を始める前に，当事者双方の責めに帰することができない事由によって委任事務の履行が不能となった。この場合，受任者は報酬を請求することができない。

4．委任が委任者の利益のみならず受任者の利益のためにも締結された場合，委任者は契約を解除することができない。

【S 97】

解説　本問は，委任についての基本的な理解を問うものである。

1．誤り。委任は，当事者の合意のみによって成立する諾成契約である（民643条）。委任状の交付は，第三者に委任の存在を示すためにされるが，委任契約の成立要件ではない（民522条2項も参照）。

2．誤り。受任者が委任事務を処理するために必要な費用を支出した場合，委任者は，その費用および支出の日以後の利息を受任者に償還しなければならない（民650条1項）。その利益が現存しているかどうかは問わない。

3．正しい。有償委任には，委任事務の履行それ自体に対して報酬が支払われる場合（履行割合型）と，委任事務の履行により得られる成果に対して報酬が支払われる場合（成果完成型）の2種類がある。当事者双方の責めに帰することのできない事由によって，事務処理をすることができなくなった場合の報酬については，①履行割合型の委任においては，すでにした履行の割合に応じて（民648条3項1号），②成果完成型の委任においては，すでにした事務処理の成果が可分であり，かつ受任者がこの成果の給付によって利益を受けるときに，受任者が受ける利益の割合に応じて（民648条の2第2項・634条1号），受任者は報酬を請求することができる。いずれにせよ，受任者が委任事務の履行を始める前に，その履行が不能になった場合は，受任者は報酬を請求することができない。

4．誤り。委任の各当事者は，いつでも委任を解除することができる（民651条1項）。受任者の利益をも目的とする委任を委任者が解除したときには，やむをえない事由があった場合を除き，委任者は，受任者に生じた損害を賠償しなければならないが（同条2項2号），解除を妨げるものではない。

正解　3

問題 184　寄託に関する以下の記述のうち，誤っているものを1つ選びなさい。

1．寄託者は，受寄者が寄託物を受け取るまで，契約の解除をすることができる。
2．消費寄託の受寄者は，寄託物を自由に使用することができる。
3．特定物の寄託者は，寄託契約において返還時期の定めがある場合であっても，その時期の到来する前に寄託物の返還を請求することができる。
4．消費寄託の寄託者は，寄託契約において返還時期の定めがない場合には，返還の催告後相当期間が経過した後でなければ，受寄者に返還を請求することができない。

【S 98】

解説　本問は，寄託についての基本的な理解を問うものである。

1．正しい。寄託契約は寄託者のために締結されるものであるから，有償寄託であれ無償寄託であれ，寄託者は，受寄者が寄託物を受け取るまで，契約の解除をすることができる（民657条の2第1項前段）。ただし，受寄者がその契約の解除によって損害を受けたときは，寄託者はその損害を賠償しなければならない（同項後段）。
2．正しい。消費寄託とは，受寄者が寄託物を消費でき，寄託された物ではなく，その物と種類，品質および数量の同じ物をもって返還することを約する寄託である（民666条1項）。消費寄託においては，受寄者が寄託物の所有権を取得するから，寄託物の使用も自由にすることができる。
3．正しい。寄託者にとって保管の必要がなくなったにもかかわらず保管を継続させる意味はないので，寄託者は，返還時期が契約に定められていた場合であっても，いつでも寄託物の返還を受寄者に請求することができる（民662条1項）。
4．誤り。消費寄託にも，寄託の規定が適用される。したがって，寄託契約において返還時期の定めがない場合にはもちろん，返還時期の定めがある場合であっても，寄託者は，いつでもその返還をすることができる（民662条1項）。消費貸借の場合の規律と異なるが（民法591条1項は，相当期間を定めて返還の催告をすることができると定める），それは，消費貸借が借主のための契約であるのに対し，消費寄託は寄託者のための契約であることによって説明できる。

正解　4

 寄託

問題 185　組合に関する以下の記述のうち，正しいものを1つ選びなさい。
1．組合契約における出資は，金銭によって行わなければならない。
2．組合の業務執行は，業務執行者を選任した場合を除いて，組合員全員の同意を得て行われなければならない。
3．組合の金銭債権者は，債権発生時に組合員の損益分配の割合を知らなかったときは，各組合員に対し等しい割合で債務の履行を求めることができる。
4．契約で組合の存続期間を定めなかった場合，各組合員はいつでも組合を脱退して，組合財産の分割を求めることができる。

【B 87】

解説　組合は，互いに出資をして共同の事業を行うことを目的とする契約である（民667条1項）。
1．誤り。組合の当事者は全員出資をする必要がある（民667条1項）が，出資は金銭による必要はない。金銭以外の動産や不動産，さらに，労務（同条2項参照）や信用など，財産的価値のあるものであれば何でもよい。
2．誤り。組合の事業執行は，内部的業務執行（事業利益を各組合員に分配する事務など）と，外部的業務執行（組合が事業を遂行するために外部の者と契約を締結する行為など）とに分かれる。業務執行者が選任されていない場合，内部的業務は，組合員の過半数の同意で決定し，各組合員がこれを執行する（民670条1項）。外部的業務執行については，組合員の過半数の同意を得て行うものとされている（民670条の2第1項）。なお，常務については，各組合員が単独で執行することができる（民670条5項・670条の2第3項）。
3．正しい。組合の債権者は，組合に対し，組合財産を引当てとして，弁済を請求することができる（民675条1項）。このほか，債権者は，各組合員に対し，その個人財産を引当てとして，組合員の損失分担の割合に応じて弁済を請求することもできる。損失分担の割合は，組合員の合意があればそれにより，合意がなければ出資の価額に応じて決まる（民674条1項）。しかしながら，債権者がその債権の発生時に組合員の損失分担の割合を知らなかったときは，債権者は，各組合員に対して等しい割合で弁済を請求することができる（民675条2項）。
4．誤り。存続期間を定めなかったときは，各組合員はいつでも組合を脱退することができる（民678条1項本文。例外につき，同ただし書参照）。この場合，脱退した組合員は持分の払戻しを受けることができる。もっとも，組合は他の組合員により存続するため，組合の活動に不可欠な財産を維持する必要がある。そこで，組合は，脱退した組合員の出資の種類を問わず，金銭で持分の払戻しをすることができるとされている（民681条2項）。

正解　3

問題 186　組合に関する以下の記述のうち，誤っているものを1つ選びなさい。

1．組合員は，他の組合員が出資債務の履行をしないことを理由として，組合契約を解除することができない。
2．組合契約において業務執行者が定められた場合，その業務執行者は，その業務執行権の範囲内で他の組合員を代理する権限を有する。
3．組合契約において業務執行者が定められた場合には，総組合員の同意によって組合の業務について決定することはできない。
4．やむをえない事由があるときは，各組合員は，組合の解散を請求することができる。

【S 99】

解説　本問は，組合に関する問題である。

1．正しい。組合には，契約総則に定められている規定の一部が適用されない。たとえば，同時履行の抗弁（民 533 条）や危険負担の規定（民 536 条）は，組合契約には適用されない（民 667 条の 2 第 1 項）。また，組合員は，他の組合員が組合契約に基づく債務の履行をしないことを理由として，組合契約を解除することができない（同条第 2 項）。
2．正しい。組合契約により業務執行者が定められた場合，業務執行者のみが組合員を代理することができる（民 670 条の 2 第 2 項前段）。
3．誤り。組合契約により業務執行者が定められた場合には（民 670 条第 2 項），業務執行者が組合の業務を決定し，執行する（同条 3 項前段）。もっとも，その場合であっても，組合の業務について，総組合員の同意によって決定し，または総組合員が執行することは妨げられない（同条 4 項）。
4．正しい。組合は，①組合の目的である事業の成功またはその成功不能，②組合契約で定めた存続期間の満了，③組合契約で定めた解散事由の発生，④組合員全員の同意によって解散する（民 682 条）。こうした解散事由がない場合においても，やむをえない事由があるときには，各組合員は，組合の解散をすることができる旨を，民法 683 条が定めている。

組合

問題 187　組合に関する以下の記述のうち，正しいものを1つ選びなさい。

1．Aは，X組合の金銭債権者である。Aは，X組合の財産から債権の弁済を受けられない場合でなければ，X組合の組合員個人に対して，権利を行使することができない。

2．Aは，X組合の金銭債権者である。Bは，AがX組合の債権者となった後に，X組合を脱退した。この場合，Aは，Bに対して，権利を行使することができない。

3．Cは，X組合の組合員であり，Dは，Cに対する債権をもっている。Dは，Cが組合財産の上にもつ持分に対して，この債権の弁済を受けるための強制執行をすることができる。

4．Cは，X組合の組合員であり，Dは，Cに対する債権をもっている。Dは，CがX組合に対してもつ利益配当請求権に対して，この債権の弁済を受けるための強制執行をすることができる。

【S 100】

解説　本問は，組合の財産と組合員の財産の関係についての問題である。

1．誤り。組合の債権者は，組合財産に対して権利を行使することも（民675条1項），組合員に対して権利を行使することも（同条2項）できる。会社法の定める持分会社（合名会社，合資会社，合同会社）では，社員は，会社財産ですべての債務が弁済されないときに，第二次的に責任を負うだけであるが（会社580条1項），組合における組合員の責任は，そうした第二次的なものにとどまらない。

2．誤り。脱退した組合員は，その脱退前に生じた組合の債務について，組合員であった当時の責任の範囲内で弁済する責任を負っている（民680条の2第1項本文）。組合員の資力を信頼して債権を取得した債権者を保護する趣旨である。ただし，脱退した組合員が弁済をしたときは，組合に対して求償権を有する（同条2項）。

3．誤り。組合員の債権者は，組合財産に対してその権利を行使することができない（民677条）。このため，組合員の債権者は，組合員がもつ組合財産上の持分を差し押さえたり，組合に対して負う債権との間で相殺をしたりすることができない。組合財産の維持のために，組合員による組合財産上の持分の処分などを禁じる民法676条と同じ趣旨である。

4．正しい。利益配当請求権が差し押さえられても，組合の活動や存続を妨げることはない。したがって，利益配当請求権は，組合員個人の他の財産と同様に，強制執行の対象になる。

正解　4

V 債権各論

組合の財産と組合員の財産の関係

問題 188　Aは，Bから絵画甲を購入する契約を締結した。Bが甲の代金として500万円の支払をAに対して求めたところ，Aは代金は300万円だったはずだと主張して争いになった。そこで，AとBは，Aが代金の支払に代えて，有名画家Cの作品である絵画乙をBに引き渡す旨の和解契約（「本契約」という）を締結した。この場合に関する以下の記述のうち，誤っているものを1つ選びなさい。

1．本契約は，契約書が作成されていなくても効力を生ずる。
2．Aについて保佐開始の審判がされていたが，Aは，保佐人に無断で本契約を締結していた。この場合，Aは，本契約を取り消すことができる。
3．本契約成立後に，AB間で甲の代金を500万円と定めていた事実が判明した。この場合，Bは，その事実を証明すれば，本契約の締結に際して錯誤があったことを理由として，本契約を取り消すことができる。
4．本契約成立後に，乙は時価30万円程度の贋作であることが判明した。この場合，Bは，本契約の締結に際して錯誤があったことを理由として，本契約を取り消すことができる。

【S 101】

解説　本問は，和解契約の効力に関する問題である。

1．正しい。契約は当事者の合意のみによって効力を生ずるのが原則であり，特別の定めがない限り，契約書を作成することは契約の成立要件ではない（民522条2項）。そして，和解契約について，契約書の作成は成立要件とされていない（民695条参照）。
2．正しい。被保佐人が和解契約を締結するには，保佐人の同意を得なければならない（民13条1項5号）。和解契約は，対象となる権利関係の処分を内容とすることから，財産上の重要な行為として保佐人の同意が必要とされている。本号の和解には，裁判上の和解（民訴89条・267条・275条），調停での合意なども含まれる。
3．誤り。和解契約により，当事者は，和解の対象がたとえ真実と異なっていたとしても，その内容を争うことはできなくなる（民696条参照）。この効力を，和解の確定力という。したがって，和解契約後に，甲の代金が実は500万円であることが明らかになっても，Bは，Aに500万円の支払を請求することができない。
4．正しい。和解の確定力は，和解の対象以外の事柄，すなわち，和解の前提ないし基礎として争われなかった事項に及ばない。判例は，たとえば，賃貸人の承諾があることを前提に，転貸借の当事者が延滞賃料の額について和解をしたところ，賃貸人の承諾がなかった場合に，錯誤の規定の適用を認めている（大判昭9・7・25新聞3728・12）。また，代金債務の存否に関する争いをやめるため，「特選金菊印苺ジャム」であることを前提に一定数の苺ジャムの代物弁済をする旨の和解契約が締結されたところ，同ジャムは見込みに反する粗悪品であった場合に，錯誤の規定の適用を認めている（最判昭33・6・14民集12・9・1492）。

正解　3

和解

問題 189 事務管理の効果に関する以下の記述のうち，誤っているものを1つ選びなさい。

1．管理者は，事務管理の開始後，管理の継続が本人の意思に反することが明らかになったときは，本人の利益になる場合であっても，事務管理を中止しなければならない。
2．管理者は，事務を管理するにあたって受領した金銭を本人に引き渡す義務を負う。
3．管理者は，事務の管理に対する報酬を本人に請求することができる。
4．管理者は，本人の意思に反しない事務管理につき，本人のために有益な費用を支出した場合，本人に対して費用の償還を請求することができる。

【B 88】

解説 事務管理は，法律上の義務なくして，他人のためにする意思で他人の事務の管理を始めることによって成立する（民 697 条 1 項)。ただし，本人の意思または本人の利益に反することが明らかな場合には，民法 700 条ただし書の趣旨などから，事務管理は成立しないと解されている。本問は，事務管理によって当事者が負う義務に関する問題である。

1．正しい。事務管理の継続が本人の意思に反し，または本人の利益に適合しないことが明らかな場合，管理者は事務管理を中止しなければならない（民 700 条ただし書)。
2．正しい。受任者の義務に関する民法 646 条の規定は，事務管理に準用される（民 701 条)。したがって，管理者は，事務を管理するにあたって受領した金銭を本人に引き渡す義務を負う（民 646 条 1 項準用)。
3．誤り。民法は，他人の委託を受けて事務処理を行う委任および準委任についてさえ，報酬の特約がなければ，受任者は報酬を請求することができないと定める（民 648 条 1 項)。事務管理における管理者は，本人の委託なしに勝手に本人の事務を管理するのであるから，本人に報酬を請求することはできない。
4．正しい。管理者は，事務の管理に際して本人のために有益な費用を支出したときは，本人にその償還を請求することができる（民 702 条 1 項)。ただし，管理者が本人の意思に反して事務管理をしたときは，本人が現に利益を受けている限度においてのみ，費用の償還を請求することができる（同条 3 項)。

本人の意思に反する場合の事務管理の成否と民法 702 条 3 項との関係については，見解が分かれる。一方に，本人の意思に反していても，そのことが明らかでない場合には事務管理が成立することを前提として，本項は，償還請求することができる費用を限定する規定であるとする見解がある。他方に，本人の意思に反するときには事務管理が成立しないことを前提として，本項は，不当利得に基づく償還請求はすることができることを注意的に定めた規定とする見解もある。

正解　3

事務管理

問題 190　事務管理に関する以下の記述のうち，誤っているものを1つ選びなさい。

1．消防官が職務の遂行として市民を救助した場合，事務管理は成立しない。
2．客観的に見て自己の事務であるものを他人の事務と誤信して管理を始めた場合には，事務管理は成立しない。
3．事務管理を開始した者は，その後に事務管理が本人の意思に反することが明らかになった場合であっても，本人，その相続人または法定代理人が管理をすることができる時まで事務管理を継続しなければならない。
4．本人の身体に対する急迫の危害を免れさせるために事務管理をした者は，管理の際に軽過失によって本人の服を破いてしまった場合，その服の損傷について損害賠償責任を負わない。

【S 102】

解説　事務管理とは，委任その他の契約または法律の規定によって義務を負担しているのでないにもかかわらず，他人の事務を管理する場合であって，管理者が他人のために管理をする意思を有しているときに成立する法律関係である（民 697 条参照）。本問は，事務管理の要件および効果について問うものである。

1．正しい。事務管理は，管理者が「義務なく」他人のためにその事務の管理を始めることにより成立する。したがって，警察官や消防官（消防吏員）など国や地方公共団体の職員が職務の遂行として市民を救助した場合は，救助活動が義務的行為とされるため，事務管理は成立しない。
2．正しい。事務管理が成立するためには，「他人のため」の事務であることが必要である。この点，客観的に自己の事務であることが明らかなものについては，たとえそれを他人の事務と誤信していたとしても，事務管理は成立しない。たとえば，台風で隣人の家の瓦が飛んだと思って修理してやろうと瓦を購入したところ，飛んだのは自分の家の瓦だったときは，事務管理は成立しない。
3．誤り。事務管理は，本人の意思および利益に適合しなければならない。それゆえ，管理の継続が本人の意思または利益に明らかに反する場合には，管理を継続してはならない（民 700 条ただし書）。
4．正しい。緊急事務管理の場合には，管理者は悪意または重過失についてのみ責任を負う（民 698 条）。これに対して，事務管理が成立した場合，原則としては，管理者に善良な管理者の注意をもって事務処理にあたる義務が課されると解されている（委任に関する民 644 条に対応）。

正解　3

V 債権各論

事務管理

問題 191　不当利得の「法律上の原因なく」（民 703 条）利益を受けることという要件に関する以下の記述のうち，誤っているものを 1 つ選びなさい。

1．売主Aと買主Bが建物の売買契約を締結し，Aは建物を引き渡し，Bは代金を支払った。その後，建物が落雷により焼失した。この場合，Bは，Aに対して不当利得に基づいて，代金の返還を請求することができる。

2．Aは，2 年前から，Bが所有する土地で，自己の所有地ではないと知りながら，家庭菜園を営んでいた。Bは，つい最近になってこのことに気がついた。この場合，Bは，Aに対して不当利得に基づいて，土地の使用利益の返還を請求することができる。

3．Aは，Bの預金通帳と印鑑を盗んで，C銀行からBの預金 300 万円の払戻しを受けた。この払戻しは，民法 478 条により有効とされた。この場合，Bは，Aに対して不当利得に基づいて，300 万円の返還を請求することができる。

4．労働者Aは，使用者Bから，給与の支払として 25 万円を受け取った。しかし，AB間の雇用契約上，Aに支払われる報酬は 20 万円とされていた。この場合，Bは，Aに対して不当利得に基づいて，過剰に支払った 5 万円の返還を請求することができる。

【B 89】

解説　不当利得に基づく返還義務が発生する具体的場面を問うことにより，民法 703 条の「法律上の原因なく」という要件についての理解を深める問題である。

1．誤り。Aは代金を保持しているのに対して，Bは建物を失ったが，Aの代金保持は，AB間の売買契約という法律上の原因があるためである。したがって，Aは代金を適法に保持することができ，BのAに対する不当利得返還請求権は発生しない。

2．正しい。Aの得た土地の使用利益は，AB間で何らの法律上の原因がないにもかかわらず取得された利得である。

3．正しい。Aが取得した 300 万円は，AB間で何らの法律上の原因がないにもかかわらず取得された利得である。

4．正しい。Aが取得した 25 万円のうち，契約上支払われるべきだった額を上回る 5 万円の部分は，AB間で法律上の原因がないにもかかわらず取得された利得である。

正解　1

不当利得の要件

問題 192　既婚者Ｘは，もっぱらＹとの不倫関係を維持・継続させるために，Ｙに対して，自らが所有し登記されている甲建物を贈与することにした。この場合に関する以下の記述のうち，判例がある場合には判例に照らして，誤っているものを１つ選びなさい。

1．甲建物につきＹへの所有権移転登記はされていない。この場合，Ｙは，贈与契約に基づいて，Ｘに対して移転登記手続の請求をすることはできない。

2．贈与契約に基づいて，Ｙへの甲建物の引渡しとＹ名義への所有権移転登記がされた。この場合，Ｘは，Ｙに対して不当利得の返還を請求することはできない。

3．贈与契約に基づいて，Ｙへの甲建物の引渡しとＹ名義への所有権移転登記がされた。この場合，Ｘは，Ｙに対して所有権に基づいて甲建物の返還を請求することはできない。

4．贈与契約に基づいて，Ｙへの甲建物の引渡しとＹ名義への所有権移転登記がされた。その後に，Ｙは，ＸＹ間の贈与の事情を知るＺに甲建物を譲渡した。この場合，Ｘは，Ｚに対して甲建物の返還を請求することができる。

【S 103】

解説　本問は，不法原因給付に関する問題である。

1．正しい。配偶者のある者が愛人との不倫関係を維持・継続させる目的でその愛人に建物を贈与する契約は，公序良俗に反していて無効である（民90条）。よって，ＹのＸに対する贈与契約の履行請求は認められない。

2．正しい。本件贈与契約は無効であるが，Ｘの給付は不法原因給付（民708条）にあたる（最判昭46・10・28民集25・7・1069は，登記済建物については，引渡しおよび登記の移転をしたときに「給付」ありとする）。したがって，Ｘは，Ｙに対して不当利得返還請求をすることはできない。

3．正しい。Ｘは，Ｙに対して，不当利得返還請求をすることができなくても，所有権に基づく返還請求権を行使することができるかが問題となるが，最大判昭45・10・21民集24・11・1560は，贈与者の履行行為が不法原因給付にあたるときは，所有権は受贈者に移転すると判示する。したがって，Ｘは，もはや無権利者であり，甲建物の返還を請求することができない。

4．誤り。肢３の解説で述べたとおり，この事案のＸは，無権利者である。したがって，Ｚがたとえ贈与契約の締結された事情について悪意であっても，Ｘは，返還請求権を行使することができない。

正解　4

問題 193　不法行為の要件に関する以下の記述のうち，判例がある場合には判例に照らして，正しいものを１つ選びなさい。

1．不法行為が成立するためには，加害者が法律上「○○権」という名で保護されている権利を侵害することが必要である。
2．不法行為の要件の１つである過失とは，「ついうっかり」といったような精神的に緊張感が欠けている状態を指す。
3．不法行為が成立するためには，被害者に損害が発生したことが必要であるが，その損害は財産上のものである必要はない。
4．不法行為が成立するための因果関係の立証には，一点の疑義も許されない自然科学的な証明が必要である。

【B 90】

解説　民法709条は，「故意又は過失によって他人の権利又は法律上保護される利益を侵害した者は，これによって生じた損害を賠償する責任を負う」と規定している。すなわち，条文上，不法行為の成立要件として，①加害者の故意または過失，②被害者の権利または法律上保護される利益の侵害，③損害の発生，④加害者の故意・過失と被害者の権利・利益侵害との間の因果関係（「故意又は過失『によって』」と規定されている）および⑤権利・利益侵害と損害との間の因果関係（「『これによって』生じた損害を賠償する」と規定されている）が要求されている。

もっとも，不法行為の成立要件に関しては諸説あり，たとえば，②の要件は不要であり，因果関係についても，加害者の故意または過失と損害の発生の間にあればよいと解する説もある。本問は，不法行為の成立要件に関する，条文または判例の基本的な知識を問うものである。

1．誤り。平成16年に民法典の規定は現代語化されたが，それ以前は，「他人の権利を侵害したる者は」と規定されていた。そこで，いかなる権利・利益が不法行為法上の保護の対象となるのかについて，判例の変遷があった。かつて，判例は，浪花節のレコードを複製したことが「他人の権利を侵害した」といえるかが問題となった事案において，浪花節は著作権の保護の対象にならないと判示した（桃中軒雲右衛門事件：大判大３・７・４刑録20・1360）。この判決は，「著作権」であれば不法行為法の保護を受けるが，そうでなければ不法行為法の保護の対象にならない旨を判示したものととらえられた。しかし，その後，大学湯事件（大判大14・11・28民集４・670）により，判例は変更された。この事件では，不法行為の侵害行為の対象は，所有権・地上権・債権・無体財産権・名誉権など１つの具体的な権利の場合もあるが，そのような意味ではまだ「権利」とよべない程度のものであっても，法律上保護される１つの利益である場合もありえ，われわれの法律観念上，その侵害に対し不法行為に基づく救済を与えることが必要であると思われる利益であればよい，と判示されている。この判例を受けて，民法709条の文言は，平成16年の民法改正の際に，「他人の権利又は法律上保護される利益」に変更された。

2．誤り。過失の内容について，本肢のような主観的な心理状態とする定義もありえ，実際かつてはそのように説かれていた。しかしながら，現在では，過失とは客観的な注意義務違反をいうと解されている。たとえば，大阪アルカリ事件（大判大5・12・22民録22・2474）では，硫煙を排出した工場に対し，その周辺の農家の地主らが米麦の減収分の損害の賠償を求めた事案において，「損害を予防するが為め」「事業の性質に従い相当なる設備を」施していれば，故意・過失はないと判示している。

3．正しい。不法行為が成立するには損害の発生が要件とされているが，ここにいう損害には精神的損害も含まれている（民710条・711条）。そして，精神的損害に対して支払われる賠償金を慰謝料という。

4．誤り。因果関係は何と何の間に必要なのかについて，先に述べたように争いはあるが，いずれにせよ，不法行為が成立するためには，事実のレベルで，加害行為（故意または過失ある行為）から被害者の権利・利益の侵害（または損害）が生じたという関係が必要であるとされている。この事実のレベルでの因果関係のことを事実的因果関係とよんでいる。因果関係の証明度について，最判昭50・10・24民集29・9・1417は，「訴訟上の因果関係の立証は，一点の疑義も許されない自然科学的証明ではなく，経験則に照らして全証拠を総合検討し，特定の事実が特定の結果発生を招来した関係を是認しうる高度の蓋然性を証明することであり，その判定は，通常人が疑を差し挟まない程度に真実性の確信を持ちうるものであることを必要とし，かつ，それで足りるものである」と判示している。したがって，一点の疑義も許されない自然科学的証明までは要求されていない。

正解　3

不法行為の要件

問題 194　つぎの文章は，不法行為の成立要件である事実的因果関係の証明の負担を緩和する方策に関するものである。以下の文中のカッコ内に入る語の組み合わせとして正しいものを1つ選びなさい。

加害工場が排出した有害物質により汚染された魚を食べたために，被害者が疾病を発症したことを理由として，不法行為に基づく損害賠償を請求する例を考えてみよう。被害者は，間接的に因果関係の存否判断に影響を与える事実として，①加害企業が汚染物質を排出したこと，②汚染経路，③被害者の疾病の特性と原因物質について証明をすると，裁判官が「因果関係あり」と判断することができるものと考えられる。しかし，下級審裁判例では，（　a　）が証明されたときは，加害者がそれを覆すに足る特段の事情につき反証しない限り，因果関係の存在を認定することができる旨判示するものがある。これを（　b　）という。

つぎに，加害工場のあるコンビナートから有害物質が排出され，それにより近隣地域に住む被害者がぜんそくに罹患したことを理由として，不法行為に基づく損害賠償を請求する例を考えてみよう。別の下級審裁判例は，特定の個人の疾病罹患についての因果関係が明らかではない場合であっても，その個人の属する集団の観察等，疫学上の知見（たとえば，コンビナートからの風にさらされている地域ほど，ぜんそく発生率が高いというデータ）によって因果関係の推認を行うこと認める。これを（　c　）という。

1．a＝①および②　b＝因果関係の推定　c＝確率的心証
2．a＝①および②　b＝因果関係の割合的認定
　　c＝疫学的因果関係による立証
3．a＝②および③　b＝因果関係の推定
　　c＝疫学的因果関係による立証
4．a＝②および③　b＝因果関係の割合的認定　c＝確率的心証

【S 104】

解説　本問は，被害者の事実的因果関係の立証の負担を緩和するための技術を理解することを目的としている。前半は，新潟水俣病事件（新潟地判昭46・9・29判時642・96）で判示された事項であり，aには②および③が入る。このような立証責任の緩和のことをb.「因果関係の推定」という。また，後半は，四日市公害訴訟判決（津地裁四日市支判昭47・7・24判時672・30）で判示された事項であり，c.「疫学的因果関係による立証」を認めている。

なお,「因果関係の割合的認定」または「確率的心証」とは，因果関係の存在につき，肯定の証拠と否定の証拠が並び存する場合に，それを総合し，その心証度に応じて因果関係の存在を認定し，その結果，それに応じた損害賠償額を決定することを意味する。

正解　3

因果関係の立証

問題 195　不法行為に基づく損害賠償請求権を行使する主体に関する以下の記述のうち，判例がある場合には判例に照らして，誤っているものを1つ選びなさい。

1．加害行為の時点で被害者が胎児であった場合，被害者は，出生後に加害者に対して財産的損害に対する賠償を請求することができない。
2．生命侵害の場合，被害者の父は，加害者に対して自らの精神的損害に対する賠償を請求することができる。
3．生命侵害の場合，被害者の相続人は，相続人として，加害者に対して被害者の財産的損害に対する賠償を請求することができる。
4．生命侵害の場合，被害者の相続人は，相続人として，加害者に対して被害者の精神的損害に対する賠償を請求することができる。

【S 105】

解説　本問は，不法行為に基づく損害賠償請求権を誰が行使することができるのかという問題について，条文や判例の知識を問うものである。

1．誤り。民法3条1項は，「私権の享有は，出生に始まる」と規定しているが，民法721条は，その原則を修正して，「胎児は，損害賠償の請求権については，既に生まれたものとみなす」と規定している。
2．正しい。民法711条は「他人の生命を侵害した者は，被害者の父母，配偶者及び子に対しては，その財産権が侵害されなかった場合においても，損害の賠償をしなければならない」と規定している。
3．正しい。生命侵害を理由とする財産的損害の賠償請求権の相続性について，民法典施行後間もない時期は，相続否定説が有力であった。そこでは，相続人自身の扶養請求権の侵害を理由とする賠償請求権を行使すればよいと考えられていた。その後，大正時代から昭和初期にかけて相続肯定説が学説上有力化するに至り，また，判例も古くから相続肯定説をとっている（大判大15・2・16民集5・150）。同判決は，即死の直前の傷害の時点で賠償請求権が発生し，これを相続人は相続するという理由づけを行っている。
4．正しい。生命侵害を理由とする慰謝料請求権の相続性について，判例は，相続性を否定する立場をとっていたが（大判明43・10・3民録16・621），被害者が死亡する前に慰謝料請求の意思表示をしていれば，相続を認める立場に転じた（大判昭2・5・30新聞2702・5）。しかし，被害者がどのように意思を表現するかによって結論が異なるのは不合理であるという批判が生じるに至った。このような批判を受けて，最大判昭42・11・1民集21・9・2249は，それまでの立場をさらに転換して，慰謝料請求権は，被害者の意思表示を必要とすることなく，当然に相続されるとした。

正解　1

損害賠償請求権の行使主体

問題196　自転車に乗っていたＡが過失によりＢに衝突し，Ｂが負傷した。この場合に関する以下の記述のうち，判例がある場合には判例に照らして，誤っているものを１つ選びなさい。

1．Ｂは負傷したが，仕事に何の影響もなく，給与も事故前と同様に支払われていた。この場合には，Ｂの逸失利益についての賠償は認められない。
2．Ｂの精神的損害に対する賠償額は，裁判所の裁量により定まる。
3．Ａに制裁を与えるため，裁判所は，Ｂがこうむった実損害を超える賠償を命じることができる。
4．衝突につきＢにも過失があった場合，裁判所は，Ａの負う損害賠償額を減額することができる。

【B 91】

解説　本問は，不法行為に基づく損害賠償額の算定に関する問題である。

1．正しい。判例は，損害とは，不法行為がなければ被害者が置かれていたであろう財産状態と不法行為があったために被害者が置かれている財産状態との差額であると，とらえている（損害＝差額説。たとえば，最判昭56・12・22民集35・9・1350）。そして，損害は，積極的損害・逸失利益（消極的損害）・精神的損害という３つの項目に分けられている。積極的損害とは，被害者が不法行為によって直接に支出・負担した費用である。逸失利益とは不法行為がなければ得られたであろう利益である。精神的損害とは，被害者が不法行為によってこうむった精神的苦痛である。本問では，逸失利益が問題となっているが，前掲・最判昭56・12・22は，交通事故により負傷した被害者に収入の減少がなかった事案において，「特段の事情のない限り，労働能力の一部喪失を理由とする財産上の損害を認める余地はない」と判示している。

2．正しい。裁判所は，諸般の事情を斟酌して精神的損害の額を算定することができ，算定根拠を示す必要はない（大判明43・4・5民録16・273）。

3．誤り。実際の損害額の２倍・３倍の額の賠償を認めて，加害者に対する制裁を行うことを「懲罰的損害賠償」という。アメリカ合衆国カリフォルニア州で下された懲罰的損害賠償を認める判決の執行を日本で行うことができるかが問題となった事案において，最判平9・7・11民集51・6・2573は，「我が国の不法行為に基づく損害賠償制度は，被害者に生じた現実の損害を金銭的に評価し，加害者にこれを賠償させることにより，被害者が被った不利益を補塡して，不法行為がなかったときの状態に回復させることを目的とするものであり……，加害者に対する制裁や，将来における同様の行為の抑止，すなわち一般予防を目的とするものではない」と判示している。

4．正しい。民法722条2項は，「被害者に過失があったときは，裁判所は，これを考慮して，損害賠償の額を定めることができる」と定めており，この規定は賠償額の減額を認める規定であると解されている。

正解　3

損害賠償額の算定

問題 197　不法行為に基づく損害賠償責任に関する以下の記述のうち，誤っているものを1つ選びなさい。

1．責任無能力者を監督する法定の義務を負う者は，その責任無能力者が第三者に加えた損害を賠償する責任を負うが，監督の義務を怠らなかったときは，この責任を免れる。
2．ある事業のために他人を使用する者は，被用者がその事業の執行について第三者に加えた損害を賠償する責任を負うが，被用者の選任およびその事業の監督について相当の注意をしたときは，この責任を免れる。
3．土地の工作物の占有者は，その土地上の工作物の設置または保存に瑕疵があることによって他人に生じた損害を賠償する責任を負うが，損害の発生を防止するのに必要な注意をしたときは，この責任を免れる。
4．土地の工作物の所有者は，その土地上の工作物の設置または保存に瑕疵があることによって他人に生じた損害を賠償する責任を負うが，損害の発生を防止するのに必要な注意をしたときは，この責任を免れる。
5．動物の占有者は，その動物が他人に加えた損害を賠償する責任を負うが，動物の種類および性質に従い相当の注意をもってその管理をしたときは，この責任を免れる。

【B 92】

解説　本問は，民法典に規定されている，特殊な不法行為責任に関する問題である。

1．正しい。民法714条の定めるこうした責任を，監督義務者責任という。
2．正しい。民法715条の定めるこうした責任を，使用者責任という。ただし，免責については，実際にこれを認める裁判例はほとんどないといわれている。
3．正しい。民法717条の定めるこうした責任を，工作物責任という。
4．誤り。工作物責任において，占有者が免責された場合の所有者の責任には，免責の余地がない。
5．正しい。民法718条の定めるこうした責任を，動物占有者責任という。

正解　4

特殊な不法行為責任

問題198　不法行為が成立する場合であっても，加害者が支払う損害賠償額が減額されるときや，損害賠償をしなくてもよくなるときがある。以下のうち，損害賠償の減額事由にも，損害賠償請求権の消滅事由にもあたらないものを1つ選びなさい。

1．過失相殺
2．無過失責任
3．損益相殺
4．消滅時効

【B 93】

解説　損害賠償の減額事由，損害賠償請求権の消滅事由には具体的にどのようなものがあるのかを問う問題である。

1．賠償額の減額にあたる。不法行為に基づく損害賠償請求の要件がみたされたとしても，被害者に過失があったときには，裁判所はこれを考慮して賠償額を減額することができる（民722条2項)。これを過失相殺という。

2．賠償額の減額とも，損害賠償請求権の消滅とも無関係である。無過失責任とは，加害者に故意・過失がなくても，被害者は不法行為を理由とする損害賠償を請求することができるという考え方・制度である。たとえば，大気汚染防止法25条は，「工場又は事業場における事業活動に伴う健康被害物質（中略）の大気中への排出（中略）により，人の生命又は身体を害したときは，当該排出に係る事業者は，これによって生じた損害を賠償する責めに任ずる。」と規定し，加害者の故意・過失を要件としていない。これは，損害賠償の減額，賠償請求権の消滅とは無関係なものである。

3．賠償額の減額にあたる。被害者が，不法行為によって損害をこうむると同時に，同一の原因によって利益を得た場合には，損害と利益との間に同質性がある限り，その利益の額を賠償されるべき損害から控除する。これを損益相殺という。民法に損益相殺を明文で認める規定はないが，判例上，損益相殺の考え方を認めるものがある（最判昭38・5・24集民66・165）。たとえば，最大判平5・3・24民集47・4・3039は，夫が交通事故により死亡したため，妻が加害者に対し，夫の損害賠償請求権を相続したとして請求をした事案において，妻が取得する遺族年金のうち，支給を受けることが確定している部分については，損益相殺の考え方に従って処理をした。

4．損害賠償請求権の消滅事由にあたる。不法行為を理由とする損害賠償請求権は，被害者が損害と加害者を知った時から3年（民724条1号）または，不法行為の時から20年（同条2号）で消滅時効にかかり，損害賠償請求権が消滅する。ただし，「人の生命又は身体を害する不法行為による損害賠償請求権」については，被害者が損害と加害者を知った時から「5年」（民724条の2）または，不法行為の時から20年で消滅時効にかかる。

正解　2

損害賠償額の減額，損害賠償請求権の消滅

Ⅵ 親 族

問題 199　親族関係に関する以下の記述のうち，誤っているものを１つ選びなさい。

1．ＡとＢとが婚姻をした。この婚姻によりＢの父ＣとＡとの間に，姻族関係が発生する。
2．Ａの弟Ｄは，Ａと直系血族の関係にある。
3．ＡのおじＥは，Ａと３親等の関係にある。
4．Ａは，異性のいとこＦと婚姻をすることができる。

【B 94】

解説　本問は，親族関係に関する基本的知識を問う問題である。民法は，６親等内の血族，配偶者，３親等内の姻族を親族としている（民725条）。血族とは，法的親子関係の連鎖でつながる者をいう。親等とは，親族関係の遠近を数える単位であり，１つ世代を上がるまたは下がるごとに１親等と数える。

1．正しい。姻族とは，血族の配偶者および配偶者の血族をいう。本問におけるＣは，Ａの配偶者の血族でありＡの姻族である。また，仮にＡの弟に配偶者がいれば，血族の配偶者であるため，その者もＡの姻族である。725条は３親等内の姻族を親族としている。ＡとＣの間のように，自己の配偶者の直系血族（「直系」という言葉の意味については，肢２の解説を参照）との間の親等は，Ａの配偶者であるＢとＣとの間の世代数を数える。つまり，ＡとＢのように，配偶者の間には親等はない。したがって，ＡとＣとの間には，ＡとＢの婚姻により，１親等の姻族関係が発生する。
2．誤り。直系とは，ある者からみて，祖父母・父母や子・孫のように，世代を直上または直下した形でつながる関係をいう。ＡとＡの弟Ｄとの関係は，父母という同一の祖先から分岐した形でつながる関係であり，直系の関係にはない。こうした関係を傍系という。
3．正しい。ＡとＡのおじＥとの間も傍系である。傍系血族間の親等は，Ａから同一の祖先であるＡの祖父母までさかのぼり，そこからおじに下るまでの世代数を数えるので，２＋１＝３親等となる。なお，ある者からみて，父母・祖父母・おじ・おばのように，自分よりも前の世代にある血族を尊属といい，子・孫・おい・めいのように，自分より後の世代にある血族を卑属という。したがって，Ａからみて，おじＥは，Ａの傍系尊属となる。
4．正しい。民法734条１項は，３親等内の傍系血族の間での婚姻を禁じているが，ＡとＡのいとこＦの間は４親等あるので，同条１項の婚姻障害には該当しない。

正解　2

親族の範囲

問題200　氏に関する以下の記述のうち，誤っているものを1つ選びなさい。

1．婚姻によって氏をあらためた夫または妻は，離婚によって婚姻前の氏に復するが，離婚の日から3ヵ月以内に戸籍法所定の届出をすれば，離婚の際に称していた氏を称することができる。
2．嫡出子は，父母の氏を称する。
3．嫡出でない子は，母の氏を称する。
4．父母の氏を称していた嫡出子は，父母の離婚により，親権者となった者の氏を称する。

【S 108】

解説　本問は，氏に関する問題である。

1．正しい。民法767条1項は,「婚姻によって氏を改めた夫又は妻は，協議上の離婚によって婚姻前の氏に復する」としているが，同条2項は,「婚姻前の氏に復した夫又は妻は，離婚の日から3箇月以内に戸籍法の定めるところにより届け出ることによって，離婚の際に称していた氏を称することができる」としている。また，民法767条は協議離婚の場合についての規定であるが，民法771条が裁判上の離婚の場合にも同条を準用している。
2．正しい。民法790条1項がこの旨を規定する。
3．正しい。民法790条2項がこの旨を規定する。
4．誤り。嫡出子は父母の氏を称し，この氏は父母の離婚によっても影響されない（民790条1項ただし書も参照)。たとえば，婚姻によって氏をあらためた母（民750条に基づき，婚姻により夫または妻の氏を称することとなるが，この例では妻が氏を変えたこととする）が離婚によって婚姻前の氏に復する（民767条1項）と，母と子とは異なる氏を称することになる。このような場合には，子は，家庭裁判所の許可を得て氏を母の氏に変更することができる（民791条1項)。

正解　4

氏

問題 201　婚姻の要件に関する以下の記述のうち，正しいものを 1 つ選びなさい。

1．婚姻は，当事者の合意のみにより，有効に成立する。
2．婚姻は，当事者に婚姻をする意思がなくても，役所に婚姻届を提出することのみにより，有効に成立する。
3．直系姻族の間では，婚姻をすることができない。
4．成年被後見人が婚姻をするときには，その成年後見人の同意を要する。
5．男女とも，18 歳にならなければ婚姻をすることができない。

【B 95】

解説　本問は，婚姻の要件に関する問題である。婚姻の中心的な要件として，当事者の婚姻をする意思と届出という方式が必要である。ただし，民法 731 条〜737 条に婚姻をすることができない場合やさらなる要件が必要とされる場合（たとえば，民法 737 条 1 項は未成年の子が婚姻をする場合に，父母の同意を要求している）が列挙されている点にも注意が必要である。

1．誤り。婚姻が有効に成立するには，当事者に婚姻をする意思があるだけでなく，届出という方式も必要である（民 739 条）。
2．誤り。婚姻は，当事者に婚姻をする意思がないと，無効である（民 742 条 1 号）。
3．正しい。民法 735 条は，直系姻族間の婚姻を禁止している。姻族とは，血族の配偶者および配偶者の血族をいい，直系とは，ある者からみて，祖父母・父母や子・孫のように，世代を直上または直下した形でつながる関係をいう（→問題 199）。したがって，直系姻族とは，たとえば，妻と夫の父母，あるいは夫と妻の父母の間の関係を指す。そして，夫婦がたとえ離婚して姻族関係が終了したとしても（民 728 条 1 項），民法 735 条により，元妻は元夫の父と婚姻することはできず，元夫は元妻の母と婚姻することはできないこととなる。
4．誤り。未成年者が婚姻をする際には，父母の同意が必要である（民 737 条 1 項）が，成年被後見人が婚姻をする際には，その成年後見人の同意を要しない（民 738 条）。婚姻に関しては，成年被後見人の意思をできる限り尊重するべきであるという考えに基づいている。ただし，成年被後見人に意思能力がない場合は，当該婚姻は無効となる。
5．誤り。男は 18 歳に，女は 16 歳にならなければ，婚姻をすることができない（民 731 条）。

正解　3

問題 202　婚姻の成立に関する以下の記述のうち，判例がある場合には判例に照らして，誤っているものを１つ選びなさい。

1．男Ａと女Ｂが協議離婚した。その時点で，Ｂは懐胎していなかった。この場合，Ｂは，離婚後直ちに再婚をすることができる。

2．婚姻の届書を作成する時点では当事者であるＡＢとも意思能力を有していたが，届書を役所に提出する時点でＡが重病により意思能力を失っていた場合，婚姻は無効である。

3．ＡＢ双方が，夫婦としてともに生活する意思が全くないにもかかわらず，子に嫡出性を付与することのみを目的として婚姻届を提出した場合，婚姻は無効である。

4．事実上の夫婦ＡＢの一方ＡがＢの意思に基づかないで婚姻届を提出した場合，婚姻は無効となるが，その後も共同生活を実質的に継続しておりＢが追認すれば，婚姻は届出時にさかのぼって有効となる。

【S 106】

解説　婚姻の成立要件に関する条文および判例の知識を問うものである。

1．正しい。民法 733 条 1 項は，女にのみ前婚の解消または取消しの日から 100 日の再婚禁止期間を設けている。その趣旨は，女が離婚後に子を産んだ場合に，嫡出推定が重複し，前婚の夫と再婚の夫のどちらが父親であるかわからなくおそれがあるためである。しかし，民法 733 条 2 項 1 号は，女が前婚の解消時に懐胎していなかった場合には，民法 733 条 1 項は適用しないとしているため，離婚後直ちに再婚をすることができる。最大判平 27・12・16 民集 69・8・2427 は，女にのみ 6ヵ月の再婚禁止期間を課していた旧民法 733 条 1 項は，憲法 14 条 1 項および憲法 24 条 2 項に違反すると判示した。この判決を受けて，平成 28 年に法改正され，再婚禁止期間が 100 日に短縮される（民 733 条 1 項）とともに，離婚時に懐胎していない場合には離婚後直ちに再婚ができることとなった（同条 2 項 1 号）。

2．誤り。最判昭 45・4・21 判時 596・43 は,「婚姻意思を有し，かつ，その意思に基づいて婚姻の届書を作成したときは，かりに届出の受理された当時意識を失つていたとしても，その受理前に翻意したなどの特段の事情のないかぎり，右届書の受理により婚姻は有効に成立する」としている。

3．正しい。最判昭 44・10・31 民集 23・10・1894 は，当事者に婚姻の他の効果を享受する意思がなく，子に嫡出性を付与するためだけに婚姻届が提出された事案において，当該婚姻は無効であると判示している。同判決は，婚姻意思ありというためには,「当事者間に真に社会観念上夫婦であると認められる関係の設定を欲する効果意思」が必要であると述べている。

4．正しい。最判昭 47・7・25 民集 26・6・1263 は，本肢のような事案において，追認は有効であると判示している。

正解　2

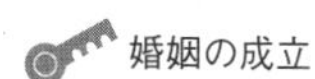
婚姻の成立

問題 203　婚姻の効力に関する以下の記述のうち，誤っているものを 1 つ選びなさい。

1．夫婦であっても，同居する義務はない。
2．夫婦は互いに貞操義務を負う。
3．夫が日常の家事に関して第三者と契約をしたとき，妻はその契約により生じた債務について，連帯してその責任を負う。
4．夫婦は，婚姻に際し，夫の氏と妻の氏のいずれを称するかを定めなければならず，そのいずれとも異なる氏を称するものとすることはできない。
5．未成年者が婚姻をしたときは，これにより成年に達したものとみなされる。

【B 96】

解説　婚姻により，さまざまな効果が発生する。婚姻の効果は，夫婦間に生ずるのみにとどまらず，夫婦の婚姻中に生まれた子に対しても生ずる（たとえば，民法 772 条の嫡出推定）。さらには，配偶者の血族とも親族関係が発生する（民 725 条 3 号）。本問は，このような婚姻の効果に関する問題である。

1．誤り。夫婦は同居する義務を負う（民 752 条）。合意または家庭裁判所の審判（家事別表第 2 第 1 項）によって同居の具体的態様が決められたにもかかわらずこれに従わない場合，同居義務の不履行が生ずる。この場合について，大決昭 5・9・30 民集 9・926 は，間接強制もすることができないと判示している。ただし，同居義務違反は，悪意の遺棄（民 770 条 1 項 2 号）として離婚原因となりうることに注意が必要である。
2．正しい。民法は，婚姻の効力として正面から貞操義務を規定してはいない。しかしながら，不貞行為が離婚原因となることから（民 770 条 1 項 1 号），配偶者には互いに貞操義務があると考えられている。
3．正しい。民法 761 条がこの旨を規定する。「日常の家事に関して」第三者と結ぶ契約とは，たとえば，クリーニング店に服のクリーニングを頼む場合のように，夫婦の共同生活に必要とされる一切の事務に関する契約のことであると解されている。
4．正しい。民法 750 条は，「夫又は妻の氏を称する」と規定している。
5．正しい。未成年者が婚姻をしたときは，これによって成年に達したものとみなされる（民 753 条）。未成年の子は，成年年齢に達するまで親の親権に服するのが原則（民 818 条 1 項）であるが，婚姻をすれば親の親権から解放されて，親権者の同意を得なくても，子自ら法律行為をする能力を取得することになる。

正解　1

婚姻の効力

問題 204　ＡとＢは夫婦である。法定夫婦財産制に関する以下の記述のうち，判例がある場合には判例に照らして，誤っているものを１つ選びなさい。

1．Ａが婚姻前から有している貯金は，Ａの特有財産である。
2．Ａが対価を出して不動産を購入した場合，ＡＢの合意に基づいて登記簿上の所有名義をＢ名義にしたとしても，当該不動産はＢの特有財産ではない。
3．Ａが婚姻後に得た給料は，ＡＢの共有財産である。
4．ＡＢのいずれに属するのか明らかでない財産は，その共有に属するものと推定される。

【S 107】

解説　民法は法定夫婦財産制として夫婦別産制を採用している（民 762 条）が，本問は，そのことの具体的意味を問うものである。

1．正しい。Aが婚姻前から有している貯金は，特有財産（夫婦の一方が単独で有する財産）とされる（民 762 条 1 項）。
2．正しい。最判昭 34・7・14 民集 13・7・1023 は，原審において，民法 762 条 1 項は，夫婦のいずれか一方の財産であることの明らかなものはその者の特有財産とする旨を定めたのに止まり，夫婦がその一方の財産を合意のうえで他方の所有名義とした場合にまで，これをその所有名義人の特有財産とする趣旨であるとは解せられない旨の判断がなされたのに対し，「相当として是認できる」と判示している。
3．誤り。Aが婚姻後に得た給料も，自己名義で得た財産とされるので（民 762 条 1 項），Aの特有財産となる。Aの特有財産の増加に対するBの貢献は，離婚による財産分与（民 768 条），法定相続分（民 900 条）または寄与分（民 904 条の 2）等の問題において考慮されるにとどまる。
4．正しい。民法 762 条 2 項がそのように定めている。

正解　3

夫婦別産制

問題205　離婚に関する以下の記述のうち，正しいものを１つ選びなさい。

1．夫婦間で協議が調っていれば，裁判所による判決を経なくても，離婚をすることができる。
2．夫婦の一方Ａによる不貞な行為があり，他方Ｂが離婚訴訟を提起した。この場合，裁判所は，離婚を認容する判決を下さなければならない。
3．夫婦であったＡとＢが離婚した後にＡが死亡した。この場合，Ｂは，Ａの相続人となる。
4．夫婦が婚姻中に子をもうけた場合，離婚後も共同してその子の親権を行使する。

【Ｂ 97】

解説　本問は，離婚に関する基本的な制度枠組みについて問うものである。

1．正しい。民法は，協議離婚（民763条以下）と，裁判離婚（民770条以下）という，２つの離婚の方式について規定している。その他にも，調停離婚・審判離婚（家事244条・284条），和解離婚（人訴37条）という方式も存する。協議離婚の場合，民法764条が同739条を準用しており，離婚届を出すことにより効力を生ずることとなる。
2．誤り。民法770条１項１号では，配偶者の不貞行為が裁判離婚の離婚原因とされている。しかし，同条２項は，「裁判所は前項第１号……に掲げる事由がある場合であっても，一切の事情を考慮して婚姻の継続を相当と認めるときは，離婚の請求を棄却することができる」と規定している。したがって，不貞行為があったとしても，裁判所は，場合によっては離婚請求を棄却することができる。
3．誤り。離婚により，配偶者としての関係は終了することになる。婚姻の効果として認められる配偶者の相続権（民890条）についても，離婚により将来に向かって消滅することになる。
4．誤り。婚姻中は，父母が共同して親権を行使する（民818条３項）が，離婚後は，父母のどちらか一方のみが親権を行使することとなる（民819条１項～３項）。

正解　1

離婚

問題 206　夫婦ＡＢの離婚に関する以下の記述のうち，判例がある場合には判例に照らして，誤っているものを１つ選びなさい。

1．婚姻関係の破綻について責任のある配偶者からの離婚請求が認容されることはない。
2．Ａの生死が３年以上明らかでないとき，Ｂは離婚の訴えを提起することができる。
3．ＡＢは，家庭裁判所の手続を経なくても，その協議で，離婚をすることができる。
4．離婚するＡＢに嫡出子がいる場合，離婚に際し，ＡＢの一方を子の親権者と定めなければならない。

【S 109】

解説　本問は，離婚に関する問題である。

1．誤り。かつて判例は，婚姻関係の破綻について責任のある配偶者（有責配偶者）からの離婚請求は認められないとしていた（最判昭 27・2・19 民集 6・2・110）。しかし，最大判昭 62・9・2 民集 41・6・1423 は，これをあらためて，一定の要件（相当長期間の別居がされていることや，未成熟子がいないことが離婚請求を認める方向での考慮要素とされている）のもとで有責配偶者からの離婚請求を認めることを明らかにしている。
2．正しい。配偶者の生死が３年以上明らかでないときに，離婚の訴えを提起することができる（民 770 条１項３号）。
3．正しい。夫婦の協議による離婚が認められている（民 763 条）。
4．正しい。離婚に際し，父母の一方を親権者に定めなければならない（民 819 条１項～３項）。離婚後に父母が共同で親権を行使することはできない。

Ⅵ
親族

正解　1

離婚

問題207　以下の文中のカッコ内に入る語の組み合わせとして，正しいものを1つ選びなさい。

民法772条1項は，「妻が婚姻中に懐胎した子は，夫の子と推定する」と規定する。夫の子と推定される場合において，（　a　）は，子が嫡出であることを否認することができる。この否認権は，嫡出否認の訴えによって行使することになるが，この訴えは，（　a　）が子の出生を知った時から（　b　）年以内に行使しなければならない。

1．a＝夫または妻　　b＝3
2．a＝夫または妻　　b＝1
3．a＝夫　　b＝3
4．a＝夫　　b＝1

【B 98】

解説　本問は，嫡出推定・否認制度に関する問題である。

民法772条1項は，問題文のように規定するが，婚姻中に懐胎したのか否か判断が難しい場合もあるため，同条2項は，「婚姻の成立の日から200日を経過した後又は婚姻の解消若しくは取消しの日から300日以内に生まれた子は，婚姻中に懐胎したものと推定する」と規定し，出生時を基準とする推定ルールも設けている。民法772条の推定が及ぶ場合について，民法774条は「夫は，子が嫡出であることを否認することができる」と規定し，夫のみに否認権を与えている。したがって，aには「夫」が入る。この規定は，明治民法822条を受け継いでいるが，妻に否認権を認めない理由について，明治民法の起草者の1人梅謙次郎は，妻に否認させるのは実際難しいことと妻の不品行を法廷で主張する権利を与えると風俗を害することをあげている。現在は，否認権者を夫のみに限定することに対して，批判的な意見もある。

さらに，嫡出否認の訴えには期間制限が設けられており，夫が子の出生を知った時から1年以内に提起しなければならない（民777条）。したがって，bには「1」が入る。この規定も，明治民法825条の規定を受け継いだものである。梅謙次郎は，夫が自己の子でないと知っている以上，直ちに抗議すべきは当然であり，1年以上放置した場合は自己の子であると承認したものというべきである，と述べている。また，事柄の性質上証拠保全が難しいこと，妻の不品行の有無を歳月を経たのちに提起することは風俗を害することもその趣旨としてあげている。

以上のように，嫡出否認の訴えには出訴権者・出訴期間について厳格な制限があるが，これを緩和するために，民法772条2項の期間内に子が生まれたとしても，一定の場合に嫡出推定は及ばないとすることが，判例上認められている（たとえば，最判昭44・5・29民集23・6・1064）。

正解　4

嫡出推定・否認制度

問題 208　以下の記述のうち，正しいものを1つ選びなさい。

1．婚姻成立後に妻の産んだ子は，夫の子と推定される。
2．親子関係不存在確認の訴えを提起することができるのは，夫だけである。
3．嫡出否認の訴えは，妻の産んだ子が自分の子でないことを夫が知った時から1年以内に提起しなければならない。
4．夫の嫡出否認権は，子の出生後にその嫡出であることを承認したときは消滅する。

【S 111】

解説　本問は，嫡出父子関係に関する問題である。

1．誤り。民法 772 条1項は，妻が婚姻中に懐胎した子は，夫の子と推定されるとしている。本肢は「懐胎した」ではなく「産んだ」となっているため誤りである。同条2項では，婚姻成立の日から 200 日を経過した後，または婚姻の解消もしくは取消しの日から 300 日以内に生まれた子について，婚姻中に懐胎したものと推定している。なお，戸籍実務は，婚姻成立後 200 日以内に生まれた子も，すべて嫡出子として，出生届が受理されている（推定されない嫡出子）。
2．誤り。親子関係不存在確認の訴え（人訴2条2号）は，確認の利益が認められれば，誰でも提起することができ，提訴期間にも限定がない。訴えを提起しうる者が原則として夫のみとされるのは，嫡出否認の訴えである（民 774 条）。
3．誤り。嫡出否認の訴えの提起期間は，夫が子の出生を知った時から1年と定められている（民 777 条）。自分の子でないことを知らなかった場合でも，期間は進行を開始する。
4．正しい。民法 776 条に定められている。

正解　4

問題 209　Ｃは，戸籍上，Ａ男とＢ女の嫡出子として届けられていた。この場合におけるＡとＣとの親子関係に関する以下の記述のうち，判例がある場合には判例に照らして，正しいものを１つ選びなさい。

1．Ｃは，ＡＢの婚姻から１年が経過してから出生した。ＡＢＣは円満な家庭生活を営んでいたが，Ｃの出生後５年が経過して，ＡとＣは生物学的親子関係にないことが判明した。この場合，Ａは，嫡出否認の訴えによってＣとの親子関係を否定することができる。

2．Ｃは，ＡＢの婚姻から１年が経過してから出生した。出生直後に，Ｂは，子Ｃを代理して，嫡出否認の訴えによってＡＣ間の親子関係を否定することができる。

3．Ａは，Ｂと婚姻して１年後から２年間服役していた。Ａの服役中にＢがＣを懐胎した場合，Ａは，嫡出否認の訴えによらなくとも，Ｃとの親子関係を否定することができる。

4．ＣがＡＢの婚姻から2ヵ月後に出生した場合，Ａは，嫡出否認の訴えによらなければＣとの親子関係を否定することができない。

【S 112】

解説　本問は，親子関係を否定する方法としての,「嫡出否認の訴え」と「親子関係不存在確認の訴え」の違いを問うものである。

1．誤り。民法 772 条 1 項は，妻が婚姻中に懐胎した場合に，夫の子と推定している。また，同条 2 項は，婚姻成立から 200 日経過後に生まれた子は婚姻中に懐胎されたものと推定するとしている。よって，本肢のＣには，嫡出推定が及ぶ。この推定をくつがえすためには，嫡出否認の訴えを提起しなければならない。この訴えには，夫が子の出生を知った時から 1 年以内（民 777 条）という出訴期間の限定がある。本肢では，出訴期間がすでに過ぎているため，Ａは，嫡出否認の訴えを提起することができない。

2．誤り。嫡出否認の訴えの提訴権者は夫のみである（民 774 条）。

3．正しい。民法 772 条の要件が満たされていても，子の懐胎時に外形的客観的な事情から婚姻の実態が存しない場合には,「推定の及ばない子」とされる（最判昭 44・5・29 民集 23・6・1064 ）。この場合，親子関係不存在確認の訴えにより親子関係を否定することができる。この訴えは，確認の利益を有する者ならば誰でも提起することができ，出訴期間の制限もない。

4．誤り。Ｃの出生は婚姻の成立から 200 日が経過していないので，本来は非嫡出子として扱われるべきだが，一般の意識にも反するので，生来の嫡出子として扱うのが戸籍実務である。しかし，民法 772 条の推定を受けるわけではないので，嫡出否認の訴えによらずに，親子関係不存在確認の訴えを起こすことができる（大判昭 15・9・20 民集 19・1596 ）。

正解　3

嫡出否認の訴えと親子関係不存在確認の訴え

問題 210　認知に関する以下の記述のうち，判例がある場合には判例に照らして，正しいものを1つ選びなさい。

1．嫡出でない子を産んだ母は，認知をしない限り，子と親子関係を成立させることができない。

2．認知の効力は，出生時にさかのぼって生じる。

3．未成年者が認知をするには，法定代理人の同意が必要である。

4．子は，父が死亡した後に認知の訴えを提起することができない。

【S 113】

解説　本問は，認知に関する問題である。

1．誤り。民法779条は,「嫡出でない子は，その父又は母がこれを認知することができる」と規定するが，判例は，母とその嫡出でない子との間の親子関係は，原則として，母の認知をまたず，分娩の事実により当然に発生すると解している（最判昭37・4・27民集16・7・1247）。

2．正しい（民784条本文)。その結果，扶養義務は出生時から存在していたことになる。

3．誤り。民法780条は,「認知をするには，父又は母が未成年者又は成年被後見人であるときであっても，その法定代理人の同意を要しない」と規定している。

4．誤り。父の死後3年間は，認知の訴えを提起することができる（民787条ただし書)。この場合，検察官が被告となる（人訴42条1項)。

Ⅵ 親族

正解　2

認知

問題211　普通養子縁組に関する以下の記述のうち，正しいものを1つ選びなさい。

1．未成年者を養子とする際に，その者が養親となる者の配偶者の前婚の子である場合，家庭裁判所の許可は不要である。
2．養子となる者が縁組時に10歳の場合，その者の法定代理人の承諾は不要である。
3．縁組が行われると，養子の実親に対する扶養の義務は消滅する。
4．縁組の当事者が協議離縁をする際には，家庭裁判所の許可が必要である。

【S 114】

解説　本問は，普通養子縁組に関する問題である。

1．正しい。未成年者を養子とするには，家庭裁判所の許可を得なければならない（民798条本文）。ただし，自己または配偶者の直系卑属を養子とする場合，許可は不要となる（同条ただし書）。そのような場合には，養子制度の濫用のおそれがないと考えられているためである。
2．誤り。養子となる者が15歳未満であるときは，その法定代理人の承諾が必要である（民797条）。これを「代諾養子縁組」とよぶ。
3．誤り。養子は実方と養方の双方との間で親族関係に立つため（民727条参照），いずれの親に対しても相続権を有し，扶養の権利義務も消滅しない。
4．誤り。協議離縁は，協議離婚と同様，当事者の合意と届出だけで成立する（民811条1項・812条の準用する739条）。

正解　1

普通養子縁組

問題 212　普通養子縁組と特別養子縁組の異同に関する以下の記述のうち，誤っているものを１つ選びなさい。

1．普通養子縁組は，縁組の届出によって成立する。これに対して，特別養子縁組は，家庭裁判所の審判により成立する。
2．普通養子縁組においては，養子となる者は成年者でもよい。これに対して，特別養子縁組においては，成年者が養子となることはできない。
3．普通養子縁組においては，配偶者のある者が未成年者を養子とする場合，夫婦が同時に養親となる必要はない。これに対して，特別養子縁組においては，養子となる者が夫婦の他方の嫡出子である場合を除いて，夫婦がともに養親となることを要する。
4．普通養子縁組においては，養親と養子との間の合意により離縁することができる。これに対して，特別養子縁組においては，合意により離縁することはできない。

【S 115】

解説　本問は，普通養子縁組と特別養子縁組の異同を問うものである。普通養子縁組とは，実方との親族関係を継続させたまま養方との親子関係を創設させるものである。特別養子縁組とは，実方との親族関係を断絶し，完全に養方の嫡出子として扱うものであり，実親の監護が著しく困難または不適当であるなどの事情がある場合に利用することを予定している。

1．正しい。普通養子縁組は，当事者の意思の合致と届出によって成立する（民 799 条・739 条）。これに対して，特別養子縁組は，子の利益のために縁組を成立させる必要のある場合に，家庭裁判所の審判によって成立する（民 817 条の 2）。
2．正しい。普通養子縁組においては，養親より年長でないことが要件とされているにとどまり（民 793 条），成年者であってもよい。これに対して，特別養子縁組においては，養子となる者は，原則として 6 歳未満，例外的に 8 歳未満とされている（民 817 条の 5）。
3．誤り。普通養子縁組において，配偶者のある者が未成年者を養子とする場合には，配偶者とともにしなければならない（民 795 条）。これに対して，特別養子縁組においては，養親となる者は，配偶者のある者でなければならず，夫婦がともに養親となることを要する（民 817 条の 3）。
4．正しい。普通養子縁組においては，協議離縁（民 811 条）または裁判離縁（民 814 条）により，縁組を解消することができる。これに対して，特別養子縁組においては，協議離縁は認められていない。裁判離縁は，厳格な要件の下においてではあるものの，認められる（民 817 条の 10）。

正解　3

普通養子縁組と特別養子縁組の異同

問題 213　親権に関する以下の記述のうち，誤っているものを1つ選びなさい。

1．嫡出でない子を父が認知した場合において，父と母が婚姻関係にないときは，親権者は，父または母のどちらか一方である。
2．子は，親権者が指定した場所に，その居所を定めなければならない。
3．親権者は，子の財産に関する法律行為について，子を代理する権限を有する。親権者が子を代理する場合，親権者と子との間で利益が相反する行為については，親権者は子の不利益にならないように配慮しながら代理行為をしなければならない。
4．父母がいずれも死亡して，未成年者に親権を行う者がいない場合，後見が開始する。

【B 99】

解説　本問は，単独親権か共同親権か，親権の主たる効果は何か等，親権の基本的な制度枠組みに関する問題である。

1．正しい。嫡出子については，父母の婚姻中は父母の共同親権に服することになるが（民818条3項本文），嫡出でない子については，父または母の単独親権に服する（民819条4項参照）。認知された子は，父母が婚姻をすれば準正により嫡出子の身分を取得するため（民789条1項），父母の共同親権に服することになる。本問では，父と母が婚姻関係にないので，認知された子の親権者は，父または母のどちらか一方となる。
2．正しい。民法820条は，親権者に子を監護し教育する権利を与えるとともに，義務を負わせている。このような親権の人格的な側面のことを，一般に身上監護権という。身上監護権の具体的内容として，民法は，居所指定権（民821条），懲戒権（民822条），職業許可権（民823条）を定めている。
3．誤り。親権者は，子の財産に関する法律行為について，子を代理する権限を有する（民824条本文）。しかし，親権者と子との間で利益が相反する行為については，親権者は，子のために特別代理人を選任することを家庭裁判所に請求しなければならない（民826条1項）。特別代理人を選任せずに，親権者が子を代理して法律行為をしたときは，無権代理となる（大判昭11・8・7民集15・1630）。
4．正しい（民838条1号）。父母が死亡した場合には，後見が開始する。また，父母の一方が生存していても，親権を失っている場合や，子の財産管理権を失っている場合にも，後見が開始する。未成年後見の制度は，親権を補完する意味をもっている。

正解　3

親権

問題 214　単独親権者Aが未成年の子Bを代理して行った行為に関する以下の記述のうち，判例がある場合には判例に照らして，正しいものを1つ選びなさい。

1．Aは，Bの同意を得ずにBを代理して，婚姻を成立させることができる。
2．Aは，Bの同意を得ずにBを代理して，労働契約を締結することができる。
3．Aは，Bの同意を得ずにBを代理して，A所有の不動産をBに与える贈与契約を締結することができる。
4．第三者であるCがDに対して負っている債務について，Aは，自らが連帯保証人になるとともに，Bの同意を得ずにBを代理して，Bも連帯保証人になる旨の契約を締結することができる。

【S 110】

解説　本問は，親権者による代理に関する問題である。

1．誤り。本人の意思を尊重すべき身分行為には，原則として親権者の代理権は及ばない。
2．誤り。子の行為を目的とする債務負担をともなう場合には，本人の同意を要する（民824条ただし書）。なお，親権者または後見人が未成年者を代理して労働契約を締結することについては，特別法に明文の禁止規定がある（労基58条1項）。
3．正しい。この場合，民法826条が規定する利益相反行為にあたり，特別代理人の選任を必要とするか否かが問題となる。なぜなら，契約の一方当事者Aが契約の相手方の代理人になっており（民108条1項がこれを禁じている），このような行為も利益相反行為に含まれるように見えるからである。しかし，判例（大判昭6・11・24民集10・1103）は，未成年者が親権者から単純に贈与を受けるような未成年者に何ら不利益がないような行為は，利益相反行為には含まれないとしている。
4．誤り。何が利益相反行為にあたるかは，その行為自体の外形で判断し，親権者の意図や当該行為の実質的効果等によって判断すべきではないというのが判例の立場である（大判大7・9・13民録24・1684，大判昭2・6・13民集6・347）。本肢の連帯保証契約は，ＢＤ間で締結するものであり，民法108条1項が禁じる自己契約でも双方代理でもない。しかし，「行為の外形」から判断して，親権者のために子の利益を犠牲にする行為である（たとえば，子が連帯保証債務を弁済すれば，その分親権者の責任が軽減される）ため，利益相反行為にあたる（最判昭43・10・8民集22・10・2172）。

正解　3

Ⅶ　相　続

問題215 相続人に関する以下の記述のうち，誤っているものを１つ選びなさい。

1．被相続人が配偶者Ａを遺して死亡した場合，Ａは相続人である。
2．被相続人に子がおらず，配偶者Ｂと父Ｃを遺して死亡した場合，Ｃは相続人である。
3．被相続人が死亡した時にその妻Ｄは被相続人の子Ｅを懐胎しており，のちに無事出産した。この場合，Ｅは相続人である。
4．被相続人が子Ｆと弟Ｇを遺して死亡した場合，Ｇは相続人である。

【B 100】

解説 民法は相続人となる者の範囲を画一的に定めている（民887条1項・889条1項・890条）。本問は，誰が相続人となるのかを問う問題である。

1．正しい。相続人は，配偶者相続人と血族相続人の２種類に分けられる。このうち，配偶者相続人は，常に相続人となる（民890条）。
2．正しい。血族相続人には，被相続人の子（民887条1項），直系尊属（民889条1項1号），兄弟姉妹（民889条1項2号）の３カテゴリーがあり，この順に相続の順位が第１順位，第２順位，第３順位となる。そして，第１順位の子がいる場合，直系尊属も兄弟姉妹も相続人にならない。第２順位の直系尊属は，子がいない場合にはじめて相続人となる（民889条1項柱書）。
3．正しい。条文にはないが，ある者の相続人となる者は，被相続人死亡時に権利主体として存在しているものでなければならない，という原則がある（被相続人と相続人の同時存在の原則）。もっとも，この原則の例外として民法886条の規律がある。同条は，１項において「胎児は，相続については，既に生まれたものとみなす」と規定している。死産となった場合には，この擬制ははたらかないが（同条２項），本肢のケースでは，被相続人が死亡した時点で胎児であった子は相続人となる。
4．誤り。血族相続人のうち，第３順位の兄弟姉妹は，第１順位・第２順位の血族相続人がいない場合にはじめて相続人となる（民889条1項2号）。

正解 4

相続人

問題 216　Aには，20 年前に死亡した亡夫との間に生まれた子Bのほか，連れ添って10 年になる内縁の夫Cがいた。Aは，2年前から闘病生活を送っていたが，Cによる献身的な看護の甲斐なく死亡した。この場合に関する以下の記述のうち，判例がある場合には判例に照らして，正しいものを1つ選びなさい。

1．Aの療養看護に努めたCには，Aの相続財産について寄与分が認められる。
2．Aの療養看護に努めたCは，Aの特別縁故者としてAの相続財産から一定の財産の分与を受けることができる。
3．離婚にともなう財産分与に関する規定が類推適用され，Cは，Aの相続財産から財産分与を受けることができる。
4．Aの相続財産は，すべてBに帰属する。

【S 116】

解説　本問は，内縁配偶者と相続に関する問題である。

1．誤り。寄与分とは,「相続人」の中に，被相続人の事業に関する労務の提供または財産上の給付，被相続人の療養看護その他の方法により，被相続人の財産の維持または増加について特別の寄与をした者がいる場合に，この者に対して特別に与えられる相続財産中の取り分のことである（民 904 条の 2 第 1 項)。そこで，Cが「相続人」と言えるかが問題となるが，配偶者相続権（民 890 条）は，法律上の婚姻のみに認められる効果であり，内縁関係には類推適用されない。したがって，本問のAが死亡しても，Cは相続人とはならない。よって，Cに寄与分は認められない。
2．誤り。被相続人と生計を同じくしていた者や被相続人の療養看護に努めた者等，被相続人と特別の縁故があった者（特別縁故者）に対する相続財産の分与は，被相続人に相続人がいない場合にのみ，認められる（民 958 条の 3)。いくらCがAの療養看護に努めたとしても，相続人（B）がいる以上は，Cには民法 958 条の 3 に基づく相続財産の分与は認められない。
3．誤り。以上のように，内縁夫婦の一方が死亡しても，生存内縁配偶者には，死亡した内縁配偶者の相続財産につき，相続法上，何の権利も認められない。そのため，学説の中には，内縁の死亡解消の場合に，離婚の際の財産分与の規定（民 768 条）を類推適用し，死亡した内縁配偶者の相続人に対して財産分与を請求することができるとする立場がある。しかし，判例は，このような財産分与規定の類推適用を否定している（最決平 12・3・10 民集 54・3・1040)。
4．正しい。肢 3 の解説のとおり，CはAの相続人にならないため，BがAの唯一の相続人であり，Aの相続財産は，すべてBに帰属する。

正解　4

問題 217　相続によって相続人が被相続人から承継するものに関する以下の記述のうち，誤っているものを1つ選びなさい。

1．被相続人が金銭債務を負っていたとき，相続の開始により，その債務は相続人に承継される。
2．被相続人が扶養請求権を有していたとき，相続の開始により，その扶養請求権は相続人に承継される。
3．被相続人が委任契約の当事者であったとき，被相続人の死亡により，その委任契約は終了する。
4．相続人として被相続人の配偶者のみがいる場合，被相続人が所有していた祖先の墓が，相続の開始により，配偶者以外の者に帰属する場合がある。

【B 101】

解説　相続は，被相続人から相続人への財産の移転をもたらす。本問は，相続によっていかなる財産・いかなる権利義務・いかなる地位が移転するのかを問う問題である。

1．正しい。相続人は，相続開始の時から，被相続人の財産に属した一切の権利義務を承継するのが原則である（民 896 条本文）。物権，債権，債務，さらには善意・悪意といった地位等も一体として包括的に承継される。被相続人が金銭債務を負っていたときは，この原則的な処理に従うことになる。
2．誤り。民法 896 条本文に定められた原則の例外として，被相続人の一身に専属する権利義務については，相続による承継の対象とならない（同条ただし書）。扶養請求権は，まさに一身に専属する権利であるとされており，相続性が否定されている。
3．正しい。民法 896 条本文の原則により，契約当事者たる地位も相続人に移転すると解されている。たとえば，被相続人が売買契約の売主であった場合には，相続人は売主の担保責任を負うべき地位に置かれることになる。しかし，個別的に，死亡を法律関係の終了原因とする規定が置かれている場合がある。委任契約は，受任者または委任者の死亡が契約の終了事由となっている（民 653 条1号）。その他にも，使用借主の死亡も契約の終了事由となっている（民 597 条3項）。
4．正しい。民法 896 条本文に定められた原則の例外として，系譜，祭具および墳墓の所有権は，慣習に従って祖先の祭祀を主宰すべき者が承継する（民 897 条）。

正解　2

相続の客体

問題 218　被相続人Aの財産をBが共同相続人の1人として，相続する場合に関する以下の記述のうち，Bの法定相続分として誤っているものを1つ選びなさい。

1．Bは Aの夫であり，Bのほかに，BとAとの間の子であるC，D，Eが相続人である。この場合，Bの相続分は2分の1である。
2．BはAの子であり，Bのほかに，Aの子であるC，D，Fが相続人である。この場合，Bの相続分は4分の1である。
3．BはAの父方の祖父であり，Bのほかに，Aの母方の祖父母であるC，Dが相続人である。この場合，Bの相続分は2分の1である。
4．BはAの孫であり（Bの父ZはAの子であり，Aよりも先に死亡している），Bのほかに，Aの子であるC，DおよびAの孫でありZの子であるEが相続人である。この場合，Bの相続分は6分の1である。

【S 117】

解説　本問は，共同相続人の法定相続分に関する問題である。

1．正しい。被相続人の配偶者（B）と子が相続する場合，配偶者の相続分は2分の1である（民900条1号）。
2．正しい。被相続人の子数人が相続人となる場合，各自の相続分は相等しいものとされる（民900条4号）。したがって，Bの相続分は，4分の1である。
3．誤り。相続人として直系尊属が数人いるときは，各自の相続分は相等しいものとされる（民900条4号）。したがって，祖父母は，父方か母方かは関係なく均分に相続することになるので，Bの相続分は，3分の1である。
4．正しい。条文はないものの，相続が開始された時点で生きている者だけが相続人となりうる，という同時存在の原則がある。それによれば，Bの父Zは，Aの相続人となりえない。もっとも，この場合，民法887条2項により，BおよびEが，Zに代わって相続人となる（代襲相続という）。つまり，BおよびEは，Zの相続分（3分の1）を相続する。そして，同一の被代襲者（Z）に複数の代襲相続人（BおよびE）がいるときは，その者たちは，民法900条4号の規定に従って相続する（民901条1項）。したがって，Bの相続分は，6分の1である。

Ⅶ
相続

正解　3

共同相続人の法定相続分

問題219　被相続人Aは，財産4000万円を残して死亡した。相続人は，Aの子BおよびCである。生前Aは，Bに対して，家の購入資金として2000万円の贈与を行っていた。さらに，Aは，Cに対して，2000万円の遺贈を行っている。以下の文中のカッコ内に入る語の組み合わせとして，正しいものを1つ選びなさい。

この場合のB・Cそれぞれの具体的相続分の額を算定するためには，まず，みなし相続財産の算定を行わなければならない。Bに対する贈与は，民法903条1項の「生計の資本としての贈与」にあたるので，相続財産への持戻しの対象となる。Cに対する遺贈は，持戻しの対象と（　a　）。そこで，みなし相続財産としては，Aの残した4000万円に（　b　）となる。Cの具体的相続分の額は，この額にCの法定相続分を乗じ，遺贈の額（　c　）。したがって，Cの具体的相続分の額は（　d　）である。

1．a＝ならない　b＝2000万円を加えた6000万円
　c＝を控除する　d＝1000万円
2．a＝ならない　b＝2000万円を加えた6000万円
　c＝は考慮しない　d＝3000万円
3．a＝なる　b＝4000万円を加えた8000万円
　c＝を控除する　d＝2000万円
4．a＝なる　b＝4000万円を加えた8000万円
　c＝は考慮しない　d＝4000万円

【S 118】

解説　遺贈や生前贈与により相続人が得た財産をどう扱うかについて，大きく分けて2つの考え方がある。第1の立場は，生前贈与や遺贈による取得分は相続とは無関係であり，相続分の計算に影響を及ぼさないという立場である。第2の立場は，生前贈与や遺贈は相続を補完するものであり，相続分はこれらも含めて計算すべきであるという立場である。民法典は，第2の立場を原則としている。この立場に基づいて，民法903条1項では，特別受益者がいる場合における具体的相続分の算定法が定められている。

みなし相続財産を算定する際には，特別受益となる贈与の価額のみ加算し，遺贈の額は加算しない（aには「ならない」が入る）。なぜなら，遺贈は相続財産（この事案で言えば4000万円）の中から一定の額（2000万円）を渡すことだからである。したがって，この事案でのみなし相続財産の価額は6000万円となる（bには，「2000万円を加えた6000万円」が入る）。

具体的相続分の額は，この額にそれぞれの法定相続分を乗じ，遺贈の額を控除する（民903条1項）（cには「を控除する」が入る）ので，Cの具体的相続分の額は1000万円である（dには「1000万円」が入る。なお，これに加えて，Cは，遺贈により2000万円を受け取る）。

正解　1

具体的相続分

問題 220　相続人が複数いる場合における，相続が開始してから遺産分割が終了するまでの間の法律関係に関する以下の記述のうち，判例がある場合には判例に照らして，誤っているものを１つ選びなさい。

1．各共同相続人は，自らの相続分を第三者に譲渡することができる。
2．被相続人が負担していた借入金債務は，遺産分割により帰属が明らかになるまで，共同相続人が連帯して負担する。
3．被相続人が所有していた賃貸マンションから生ずる賃料債権は，遺産分割を経ることなく当然に相続分に応じて分割され，各共同相続人に帰属する。
4．相続財産に含まれる金銭を共同相続人の１人が保管している場合，他の共同相続人は，遺産分割前に相続分相当額の金銭の交付を求めることができない。

【S 119】

解説　本問は，共同相続における遺産分割前の法律関係に関する問題である。

1．正しい。民法905条は，各共同相続人が自らの相続分を第三者に譲渡することができることを前提とした規定である。同条は，このようにして共同相続人の１人が相続分を第三者に譲渡した場合，他の共同相続人が相続分を買い戻す権利がある旨を規定している。譲受人は相続人と同じ地位を取得し，遺産分割にも参加することができることとなるが，他の共同相続人は，譲受価額および費用を償還して，その参加を防ぐことができる。
2．誤り。被相続人が負担していた借入金債務は，遺産分割を経ることなく，被相続人の死亡により当然に相続分に従い分割され，各相続人に帰属する（最判昭34・6・19民集13・6・757）。より一般的に，可分債務は，被相続人の死亡により当然に相続分に従い分割され，各相続人に帰属すると解されている（大決昭5・12・4民集9・1118）。
3．正しい。最判平17・9・8民集59・7・1931がこの旨を判示している。
4．正しい。最判平4・4・10判時1421・77は，「遺産分割まで」は他の共同相続人は金銭の支払を請求することができないと判示している。「遺産分割まで」と述べているのは，判例が，金銭は遺産分割の対象となることを前提としているためである。判例は，金銭を金銭債権としてではなく，特定物として把握していることになる。

正解　2

問題 221　被相続人Ａには，相続人として子ＢおよびＣがいた。相続財産として，甲土地があり，遺産分割が終了する前に甲土地について相続を原因とする法定相続分による共有登記がされた。その後，ＢＣ間の遺産分割協議により，甲土地はＢに帰属することとなった。この場合に関する以下の文中のカッコ内に入る語の組み合わせとして正しいものを，判例がある場合には判例に照らして，１つ選びなさい。

〔事例１〕Ｃが，遺産分割前に甲土地の持分権にＤのために抵当権を設定しており，登記も経由していた。この場合，Ｂは，Ｄに対して抵当権設定登記の抹消手続を請求することが（　ａ　）。

〔事例２〕Ｃが，遺産分割前に有していた甲土地の持分権を遺産分割後にＤに譲渡し，その持分権の移転登記もされた。この場合，Ｂは，遺産分割によるＢの法定相続分を超える持分権の取得をＤに対抗することが（　ｂ　）。

1．ａ＝できる　　　ｂ＝できる
2．ａ＝できる　　　ｂ＝できない
3．ａ＝できない　　ｂ＝できる
4．ａ＝できない　　ｂ＝できない

【S 120】

解説　本問は，遺産分割の遡及効の制限についてと，遺産分割後にあらわれた第三者に対する遺産分割の効力について問うものである。

〔事例１〕の場合，遺産分割は相続開始時にさかのぼって効力を生ずる（民 909 条本文）が，遺産分割前にＣの持分権にＤのために抵当権が設定されたときは，Ｄは，民法 909 条ただし書にいう「第三者」に該当する。そこで，Ｂは，Ｄに対して，遺産分割による甲土地の所有権の取得を主張することができない。したがって，Ｂの抹消登記手続請求は認められない。なお，Ｄを保護するにあたり，権利を保護する資格要件としての登記が必要か否かについては学説上議論があるが，〔事例１〕では登記が具備されているので，Ｄはいずれにせよ保護される。

〔事例２〕の場合には，遺産分割後にＣの持分権が譲渡されている。この場合には，民法 909 条ただし書は適用されない。そこで，Ｄを無権利者Ｃからの譲受人として保護すべきことになるのかが問題となる。この点について判例は，ＢとＤは民法 177 条の対抗関係に立ち，Ｂは，甲土地上のＣの持分権の取得について，その旨の登記を経ずにＤに対抗することができない旨判示している（最判昭 46・1・26 民集 25・1・90）。

正解　4

遺産分割

問題 222　以下の行為のうち，家庭裁判所が関与する必要がないものを 1 つ選びなさい。

1．単純承認
2．限定承認
3．相続放棄
4．財産分離

【S 121】

解説　本問は，相続のいかなる制度を利用する場合に家庭裁判所の関与が必要になるのかを問うものである。

1．必要がない。単純承認とは，被相続人の権利義務を無限に承継することを内容とする相続人の意思表示である（民 920 条）。民法 915 条 1 項は，自己のために相続の開始があったことを知った時から 3ヵ月以内に単純承認・限定承認・相続放棄のいずれかを選択しなければいけないとしているが，民法 921 条 2 号は，この期間内に限定承認または相続放棄をしなかったとき，単純承認をしたものとみなしている。民法 921 条は，単純承認が生ずる他の事由についても規定しているが，いずれの場合も家庭裁判所の関与は予定されていない。

2．必要がある。限定承認とは，相続財産の限度でのみ被相続人の債務・遺贈を弁済すべきことを留保して相続を承認するとの，相続人による意思表示である（民 922 条）。限定承認をすると，相続財産中の積極財産から相続債務および遺贈の弁済がされる。このような清算が行われるため，家庭裁判所の関与が予定されている（民 924 条以下）。

3．必要がある。民法は，相続の開始により相続の効果が当然に発生するとしつつ，その効果を受諾するか拒否するかの自由を相続人に認めている。相続放棄とは，自己に対する関係で不確定的に帰属した相続の効果を確定的に消滅させる相続人の意思表示である。相続放棄をすると，推定相続人ははじめから相続人ではなかったものとみなされる（民 939 条）。相続放棄は，民法 938 条により家庭裁判所にその旨を申述しなければならない。

4．必要がある。財産分離とは，相続財産と相続人の固有財産との混合を防ぐため，一定の者（相続債権者・受遺者・相続人の債権者）の請求により，相続財産を分離して管理し，清算する手続をいう。財産分離においては，限定承認と同様，清算が行われるため，家庭裁判所の関与が予定されている（民 941 条以下）。

正解　1

家庭裁判所が関与する相続問題

問題223　相続の承認および放棄に関する以下の記述のうち，正しいものを1つ選びなさい。

1．相続人はいつでも，相続について，単純承認，限定承認または放棄をすることができる。
2．単純承認をした場合，相続人は，被相続人が有していた積極財産の限度でのみ，被相続人の債務を弁済する責任を負う。
3．相続人が数人あるときは，限定承認は，共同相続人の全員が共同してしなければならない。
4．相続人が数人あるときは，相続放棄は，共同相続人の全員が共同してしなければならない。

【B 102】

解説　相続人個人の意思を尊重するためには，相続するか否かの選択肢を認めることが望ましいといえる。しかし他方で，被相続人の債権者など，相続には相続人以外の利害関係人もおり，法律関係を安定させる要請もある。そのような相反する要請を考慮して，民法は，一定の期間内に限り，相続人に単純承認・限定承認・放棄という3つの選択肢を認めている。

1．誤り。相続人は，自己のために相続の開始があったことを知った時から3ヵ月以内に，相続について，単純承認，限定承認または放棄をしなければならない（民915条1項)。限定承認または放棄をせずにこの期間を経過した場合は，単純承認をしたものとみなされる（民921条2号)。
2．誤り。単純承認とは，被相続人の権利義務を無限に相続人が承継することである（民920条)。これにより，被相続人の積極財産（プラスの財産）も消極財産（債務などのマイナスの財産）も，相続人がすべて包括的に引き継ぐことになる。「無限に」とは，相続人の固有財産が被相続人の負った債務の引き当てになることを意味している。
3．正しい。限定承認とは，相続によって得た財産の限度においてのみ被相続人の債務および遺贈を弁済すべきことを留保して，相続の承認をすることである（民922条)。これにより，相続人は被相続人の積極財産も消極財産も包括的に引き継ぐが，被相続人の負った債務（および遺贈）の引き当てとなる財産は，被相続人の積極財産に限定される。相続人が数人ある場合，限定承認は，相続人全員が共同でしなければならない（民923条)。
4．誤り。相続放棄をした者は，相続開始時から相続人でなかったものとみなされる（民939条)。放棄には相続人全員が共同して行わなければならないという制限はなく，単独で行うことができる。

正解　3

問題 224　相続の承認または放棄に関する以下の記述のうち，判例がある場合には判例に照らして，誤っているものを1つ選びなさい。

1．相続人が自己のために相続の開始があったことを知った時から3ヵ月以内に単純承認，限定承認，相続放棄のいずれも選択しなかった場合，単純承認がされたものとみなされる。

2．限定承認は，相続人が数人あるときは，全員が共同して行わなければならない。

3．相続人が相続放棄をした場合，この相続人の債権者は，その相続放棄につき詐害行為取消権を行使することができない。

4．相続人として被相続人の配偶者A，被相続人の子BおよびCがあり，Cのみが相続放棄をした場合，Cの放棄した相続分4分の1については，結果としてABの相続分が8分の1ずつ増える形で配分されることになる。

【S 122】

解説　本問は，相続の承認および放棄に関する問題である。

1．正しい。民法915条1項は，「相続人は，自己のために相続の開始があったことを知った時から3箇月以内に，相続について，単純若しくは限定の承認又は放棄をしなければならない」と規定している。ここに示されている3つの選択肢は対等な関係にはなく，選択をすることなく熟慮期間を徒過した場合，単純承認をしたことになる（民921条2号）。

2．正しい。限定承認とは，相続財産の限度でのみ，被相続人の債務・遺贈を弁済すべきことを留保して相続を承認することである（民922条）。限定承認は，共同相続の場合には，全員共同でのみすることができる（民923条）。

3．正しい。本肢のように，相続人の債権者が詐害行為取消権を行使した事案において，最判昭49・9・20民集28・6・1202は，「相続の放棄のような身分行為については，民法424条の詐害行為取消権行使の対象とならないと解するのが相当である」と判示している。

4．誤り。民法939条は，「相続の放棄をした者は，その相続に関しては，初めから相続人とならなかったものとみなす」と規定している。したがって，設問のような事例の場合，初めからAとBが相続人であったものとみなされ，A・Bの相続分は，それぞれ2分の1となる（民900条1号）。よって，Cの放棄した相続分は，結果的にBに配分されることになる。

正解　4

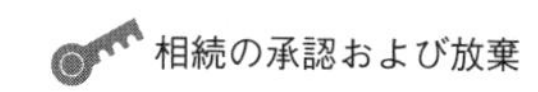

問題 225　以下の文中のカッコ内に入る語の組み合わせとして，正しいものを１つ選びなさい。

遺言は，真実性を確保するために方式が要求されている。普通の方式としては，３種類ある。自筆証書遺言を作成するには，遺言者が，その全文，日付および氏名を自書し，これに印を押さなければならない。（　a　）を作成するには，遺言者が，証書に署名・押印をしたうえで封印をするが，さらに封印した証書の存在を明らかにするために，公証人も関与しなければならない。これらの遺言は，２人以上の者が同一の証書ですることが（　b　）。

1．a＝秘密証書遺言　　b＝できる
2．a＝秘密証書遺言　　b＝できない
3．a＝公正証書遺言　　b＝できる
4．a＝公正証書遺言　　b＝できない

【B 103】

解説　遺言には普通方式と特別方式がある。普通方式には，自筆証書遺言，秘密証書遺言，公正証書遺言の３種類があり，特別方式には，死亡危急者遺言・船舶遭難者の遺言・伝染病隔離者の遺言・在船者の遺言の４種類がある。いずれも遺言内容の真実性を確保するために，方式が要求されているが，要求される方式の内容はそれぞれ異なる。自筆証書遺言については，全文を自書し押印することが要求されている（民 968 条）。公正証書遺言は，遺言者が遺言の内容を公証人に伝え，公証人がこれを筆記して遺言証書を作成する（民 969 条）。秘密証書遺言は，遺言者が遺言証書に署名・押印したうえで封印をするが，さらに封印した証書の存在を明らかにするために，遺言者が公証人および証人の前に封書を提出して，自己の遺言書である旨ならびに遺言者の氏名および住所を申述するなど，公証人の関与が要求されている（民 970 条）。いずれの方式の遺言であっても，遺言の撤回（民 1022 条）が困難とならないように，２人以上の者が同一の証書ですることはできない（民 975 条）。遺言については，遺言者の最終の意思を尊重するのが原則であり，そのため撤回の自由も確保しなければならない。民法 975 条も，撤回の自由を確保するための規定であるといえる。

以上より，a には「秘密証書遺言」が，b には「できない」が入る。

正解　2

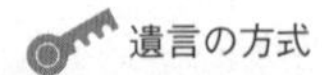
遺言の方式

問題 226　以下の記述のうち，正しいものを1つ選びなさい。
1．未成年者が遺言をするためには，法定代理人の同意が必要である。
2．夫婦は，同一の証書で遺言をすることができる。
3．遺言者は，作成した遺言を，後の遺言によって撤回することができる。
4．遺贈は，遺贈者と受遺者との間の契約によって行われる。

【S 123】

解説　本問は，遺言に関する問題である。

1．誤り。未成年者であっても，15歳に達した者は，単独で遺言をすることができる（民961条）。また，遺言に関しては，制限行為能力制度の適用がない（民962条）。このように，遺言については，制限行為能力制度とは異なる規律がもうけられている。

2．誤り。2人以上の者が同一の証書で遺言をすること（共同遺言）は，民法975条によって禁止されている。夫婦であっても例外ではない。

3．正しい。遺言者は，その生存中はいつでも自由に，遺言の方式に従って，遺言の全部または一部を撤回することができる（民1022条）。「遺言の撤回」とは，有効に作成されたがいまだ効力の発生していない遺言を，遺言者の行為によって将来的に効力を生じさせないようにすることである。

4．誤り。遺贈は，死因贈与とは異なり，遺贈者の単独行為である。

正解　3

遺言

問題 227　遺言の検認と執行に関する以下の記述のうち，誤っているものを1つ選びなさい。

1．公正証書遺言は検認を要しない。

2．遺言の検認が必要であるにもかかわらず，遺言の検認がされなかった場合，その遺言は効力を有さない。

3．被相続人が遺言執行者を指定していない場合でも，遺言執行者が選任されることがある。

4．遺言執行者がいる場合，相続人は，遺言の執行を妨げるべき行為をすることができない。

【S 124】

解説　遺言の内容を実現するためには，遺言の内容に基づいた履行がなされなければならないが，遺言者は遺言の効力発生時には死亡しているという事情を考慮して，2つの制度が準備されている。その1つが，遺言の検認という制度であり，もう1つが遺言執行者に関する制度である。本問は，この2つの制度の理解を問うものである。

1．正しい。遺言には偽造・変造の危険がともなう。そこで，民法は，後日の紛争に備えて，遺言書の原状を保全する手続を用意している。それが，遺言の検認である。公正証書遺言は，遺言書が公証役場に保管されるため，偽造・変造の危険が少ない。そこで，遺言の検認は，公正証書以外の遺言について要求されている（民 1004 条 2 項）。

2．誤り。遺言の検認は，あくまでも証拠保全手続にすぎない。したがって，検認を受けたかどうかは，遺言の効力とは関係がない（大判昭 3・2・22 新聞 2840・15 参照）。

3．正しい。遺言者の死亡後，遺言の内容を実現する義務を負うのは相続人であるのが原則であるが，遺言をした本人ではない相続人は遺言執行に協力的であるとは限らない。そこで遺言者は，遺言執行の実効性を担保するために，遺言執行者を指定することができる（民 1006 条 1 項）。遺言執行者がいないとき，あるいは欠けたときは，利害関係人の請求により，遺言執行者を選任することができる（民 1010 条）。

4．正しい。遺言執行者は，「相続財産の管理その他遺言の執行に必要な一切の行為をする権利義務を有する」（民 1012 条）。遺言執行者に包括的権限を与えることの反射として，相続人は相続財産の処分など「遺言の執行を妨げるべき行為」をすることができなくなる（民 1013 条）。このような形で遺言内容の実現がはかられている。

正解　2

問題228　遺留分に関する以下の記述のうち，正しいものを1つ選びなさい。

1．被相続人の兄弟姉妹は，遺留分を有する。
2．相続人が被相続人の子2人だけである場合，それぞれの遺留分の率は4分の1ずつである。
3．遺留分を侵害する贈与や遺贈は，無効である。
4．相続放棄をせずに，遺留分を放棄することはできない。

【B 104】

解説　本問は，誰がどれだけ遺留分を有するか，遺留分を侵害する贈与や遺贈の効力はどうなるのか，遺留分の放棄はできるのか，といった遺留分に関する条文の知識を問うものである。

1．誤り。遺留分権利者は，兄弟姉妹を除く法定相続人，すなわち被相続人の配偶者，子，直系尊属である（民1028条）。
2．正しい。民法1028条により，遺留分の率は，配偶者か子が相続人に含まれる場合には2分の1，直系尊属のみが相続人の場合は3分の1となる。この率は，遺留分権利者全員の遺留分の率であり，各相続人の遺留分率は，全員の遺留分率に各自の法定相続分を乗じた率となる。したがって，相続人として子が2人の場合，それぞれの遺留分率は，1/2（全員の遺留分の率）×1/2（各自の法定相続分）＝1/4となる。
3．誤り。遺留分を侵害する内容の贈与・遺贈が直ちに無効となるわけではない。遺留分侵害は，遺留分権利者が侵害分を取り戻すという形で救済される。そのような遺留分を取り戻すための請求を遺留分減殺請求という（民1031条）。
4．誤り。民法1043条は遺留分の放棄を認めており，相続放棄をすることなく遺留分を放棄することができる。

Ⅶ 相続

正解　2

遺留分

問題 229　被相続人Aが積極財産2000万円と消極財産1000万円を残して死亡した。相続人は子Bただ1人だけであり，Aは，死亡する半年前に，Cに対して2000万円の贈与を行った。この場合にBがCに対して主張することができる遺留分侵害額に関する以下の記述のうち，判例がある場合には判例に照らして，誤っているものを1つ選びなさい。

1．遺留分算定の基礎となる財産額を算定する際には，Aの消極財産を考慮しない。
2．遺留分算定の基礎となる財産額を算定する際には，AがCに対して行った贈与の額を加算する。
3．遺留分の算定の基礎となる財産額にBの遺留分率を乗じたものが，Bの遺留分の額である。
4．Cの遺留分侵害額は，Bの遺留分の額からBが相続によって得た財産の額を控除し，Bが負担する相続債務の額を加算した額である。

【S 125】

解説　本問は，遺留分権利者の遺留分侵害額の算定方法に関する問題である。

1．誤り。民法1029条1項は，「遺留分は，被相続人が相続開始の時において有した財産の価額にその贈与した財産の価額を加えた額から債務の全額を控除して，これを算定する」と規定する。
2．正しい。民法1030条前段は「贈与は，相続開始前の1年間にしたものに限り，前条の規定によりその価額を算入する」と規定する。したがって，本問では，遺留分算定の基礎となる財産額は，Aの積極財産2000万円に贈与の額2000万円を加えた額から消極財産1000万円を控除した3000万円となる。
3．正しい。遺留分の額は，遺留分算定の基礎となる財産額に民法1028条所定の遺留分の割合を乗じ，複数の遺留分権利者がいる場合はさらに遺留分権利者の法定相続分の割合を乗じ，遺留分権利者が特別受益を得ているときはその価額を控除して算定する（最判平8・11・26民集50・10・2747）。本問のBに特別受益はないため，本肢に誤りはない。本問のBの遺留分の額は，3000万円に2分の1を乗じて（民1028条2号），1500万円となる。
4．正しい。前掲・最判平8・11・26は，遺留分侵害額は，遺留分の額から，遺留分権利者が相続によって得た財産の価額を控除し，同人が負担すべき相続債務がある場合にはその額を加算して算定すると判示する。本問では，Bの遺留分の額1500万円から，Bが相続によって得た額である2000万円を減じ，Bが負担するAの消極財産の額である1000万円を加算する。したがって，遺留分侵害額は，500万円となる。

正解　1

遺留分

問題 230　遺留分減殺請求に関する以下の記述のうち，判例がある場合には判例に照らして，誤っているものを１つ選びなさい。

1．遺留分減殺請求権を行使する場合には，まず遺贈，次いで贈与を対象とし，複数の贈与がされていたときは，後の贈与からはじめ，順次前の贈与に及ぶ。

2．遺留分をもつ相続人は，遺留分を侵害されたことを知った時から１年以内に減殺請求権を行使しなければ，その遺留分を保全することができない。

3．遺留分減殺請求権の行使により，目的物に対する権利は，遺留分の限度において，当然に遺留分権利者に帰属する。

4．遺留分減殺請求を受けた者は，遺贈を受けた財産が現存する場合，その財産を返還しなければならない。

【S 126】

解説　本問は，遺留分減殺請求に関する問題である。

遺言による財産処分は，一定の相続人の遺留分を害することができない。遺留分を害された相続人（遺留分権利者）は，被相続人による遺贈や贈与によって処分された財産の返還を請求し，未履行部分についての履行を拒むことができる（遺留分減殺請求権）。

1．正しい。民法 1033 条および 1035 条の規定のとおりである。できるだけ最近の財産の移動から減殺の対象として，遠い過去の財産移動には手をつけないようにしようという趣旨である。

2．正しい（民 1042 条前段）。なお，相続の開始の時から 10 年を経過したときも同様である（同条後段）。

3．正しい。最判昭 57・3・4 民集 36・3・241 は，「遺留分減殺請求権は形成権であって，その行使により贈与又は遺贈は遺留分を侵害する限度において失効し，受贈者又は受遺者が取得した権利は右の限度で当然に遺留分権利者に帰属する」と判示している。

4．誤り。受贈者および受遺者は，現物の返還に代えて価額による弁償をすることができる（民 1041 条）。

VII 相続

正解　4

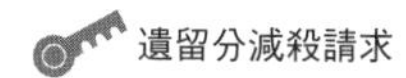

債権法改正対応　民法択一問題集

2018年５月25日　初版第１刷発行

編　　者　法学検定試験委員会

発 行 者　塚　原　秀　夫

発 行 所　株式会社 商 事 法 務

〒103-0025 東京都中央区日本橋茅場町 3-9-10
TEL 03-5614-5643・FAX 03-3664-8844〔営業部〕
TEL 03-5614-5649〔書籍出版部〕
http://www.shojihomu.co.jp/

落丁・乱丁本はお取り替えいたします。　印刷／広研印刷(株)

Printed in Japan
Shōjihomu Co., Ltd.
ISBN978-4-7857-2623-2
*定価はカバーに表示してあります。